读行者

从阅读走进现实

knowledge·power

k n o w l e d g e - p o w e r

读 行 者

成长比成功更重要

全新修订版

GROWTH > SUCCESS

凌志军 著

湖南人民出版社 博集天卷 CS-BOOKY

图书在版编目（CIP）数据

成长比成功更重要 / 凌志军著 .—长沙：湖南人民出版社，2013.8
ISBN 978-7-5438-9713-7

Ⅰ．①成… Ⅱ．①凌… Ⅲ．①成功心理—通俗读物
Ⅳ．① B848.4-49

中国版本图书馆 CIP 数据核字（2013）第 202141 号

上架建议：大众读物 / 励志与成功

成长比成功更重要

作　　者：凌志军
出 版 人：谢清风
责任编辑：胡如虹
监　　制：于向勇
策划编辑：康　慨
特约编辑：楚　静
营销编辑：孙玮婕
封面设计：蒋宏工作室
版式设计：崔振江
内文排版：百朗文化

出版发行：湖南人民出版社［http：//www.hnppp.com］
地　　址：长沙市营盘东路 3 号
邮　　编：410005
经　　销：新华书店

印　　刷：北京嘉业印刷厂
版　　次：2013 年 12 月第 1 版
2017 年 6 月第 4 次印刷
开　　本：700mm × 1000mm　1/16
印　　张：22.5
字　　数：365 千字
书　　号：ISBN 978-7-5438-9713-7
定　　价：35.00 元

质量监督电话：010-59096394
团购电话：010-59320018

目录
contents

新版自序

你手上的这本书，是它的第 8 个版本、第 42 次印刷。过去的出版发行过程，前几次“再版序”中已有交代，不再赘述。这次再版是根据 2009 年版修订重排，内容没有增删。

本书出版 10 年来，读者一直给予关注，直到今天还在读，我想是因为它所涉及的教育问题切中了大家的一个焦虑。很多读者告诉我，这本书改变了他们的观念，进而改变了他们的人生。也有很多读者对我说，书里说的都有道理，也令人向往，可是现今社会就是那样，他们没有办法让自己做出任何改变。

应当说这两方面的感受都反映了实情。与 10 年前相比，今天我们国家教育的种种问题依然如故，其中很多甚至更严重了。千千万万家庭每天陷在一种深深的苦恼中：一方面对教育的弊端痛心疾首，另一方面又不得不随波逐流。看来，问题与冲破问题的期待和努力总是交织在一起，这也是我们国家的一个“中国特色”。

我在书里讲述的人物，10 年来仍在不断谱写新的故事。其中，张亚勤现在是微软公司全球副总裁，张宏江是金山软件首席执行官，他们正在完成从科学家向企业家的转变。李开复先后出任微软、谷歌这两家跨国公司的全球副总裁，此后又经历了一番别出心裁的创业历程，几天前因突如其来的疾病侵袭，开始了一种全新的人生历练……他们都已人到中年，却仍在持续地、不间断地学习新的知识，领悟新的思想，也因此进入新的境界。这也再次证明了这本书的主旨：成长比成功更重要。

祝大家阅读愉快！

凌志军

2013 年 9 月 10 日

李开复序

作为这本书中描写的人物之一，我想借它的再版说几句话。

“成长”是一个关乎教育、人才乃至整个社会的话题。每个学生都渴望知道自己该如何走向成功，每位家长都希望自己的孩子尽快成才，每个老师都期盼自己教出的学生早日取得喜人的成绩。但是，成功并不等同于成长。成功是你的目标，成长是你到达目标的道路。这条道路并非一帆风顺，有的人没能坚持到终点，有的人在挫折面前选择了软弱和妥协，也有的人用正确的方法和坚定的信念取得了令人瞩目的成功。《成长比成功更重要》这本书谈的正是一批最优秀的中国人成长的过程。从王坚到许峰雄，从张宏江、沈向洋到张亚勤，书中每一个真实的故事，每一段生动的点评，每一句诚恳的话语，都可以成为成长之路上的坚实阶梯，可以让学生、家长和老师知道自己怎样做才能不断成功。

凌志军先生最善于从生活中采撷那些看似质朴、平凡，实则意味深长的小故事，稍加琢磨、润色，再饰以精妙、独到的阐发和论述，一篇篇引人入胜、光彩夺目的“成长日记”便跃然纸上了。在这些故事里，有欢笑也有悲伤，有激情也有怅惘，有的让人拍案叫绝，有的让人热泪盈眶。在这本小书里，我们看到一大批聪明、主动的学生不断超越自己，挑战极限，一位又一位伟大的父母、师长用劳动和心血为子女的成长之路默默付出……《成长比成功更重要》像一部小说，更像一部奏鸣曲。《成长比成功更重要》是每个渴望成功者最好的心灵驿站。

感谢凌志军先生，是他的这本书帮助我理清了许多有关人才、教育和成功的思索。在我写给广大青年朋友的《做最好的自己》一书中，不但有许多真实的案例和具体的论断是从这本书中借鉴而来的，连作为全书核心的“成功同心圆”

以及全书的书名，也都或多或少地从凌志军先生和他的这本书中得到了启发。

感谢凌志军先生，他的《成长比成功更重要》一书让我认识的许多人至今一谈起“天才”二字，就会马上想起书中列举的一个又一个普通孩子凭借智慧加勤奋成为旁人眼中的天才的真实案例。“不承认自己是天才的天才们在讲述他们的成长故事”，这些故事可以让家长知道怎样培养孩子，让老师知道怎样完善教学，让学生知道怎样获得自信。

不但学生、家长、老师需要关注《成长比成功更重要》，整个中国社会都应该关注“成长”。中国正在成为世界上最大的经济体，但中国能否成为真正的科技强国，还要取决于我们能否在教育领域赶上西方。美国之所以强盛，主要是因为它拥有最先进的教育体系，并能通过该体系吸引全世界的杰出人才。在那些成功的美国企业中，你可以看到许多优秀的华裔、印裔、英裔、加裔员工，他们都是被美国的教育体系吸引来的。美国的教育体系不仅包括那些知名的高校，也包括深藏在每一位家长和老师头脑里的先进的教育理念，如鼓励孩子追寻爱好和理想，倡导合作、主动、创新等。中国的教育观念和教育体系需要不断发展、变革，中国的下一代需要在更好的环境下健康成长。

凌志军先生希望借《成长比成功更重要》一书“改变对教育的看法”，这应该是中国教育体系走向成功的第一步。希望有更多的人阅读《成长比成功更重要》，认识《成长比成功更重要》，理解《成长比成功更重要》，希望有更多的中国学生在《成长比成功更重要》的帮助和鼓励下，找到真正属于自己的广阔天地。

李开复

2006 年 5 月

2009年版自序

本书出版 6 年来多次再版，加上它的中文繁体字版和外文版，已经有过 6 种版本，大约 20 次印刷。现在再次修订出版，内容并无更动，只是增加了读者和我的一些往来邮件。

这些年很多读者给我来信。有中学生，也有大学生，还有他们的父母和老师。他们对我诉说自己的成功、失败、苦恼和无奈，也谈从这本书里得到的感悟和鼓舞，当然都是围绕着学校教育和家庭教育这个话题。让我觉得这本书没有白写。我倾听着他们的呐喊，分享着他们的酸甜苦辣，每天都在尽力回复他们给我提出的问题。可惜近两年我身患疾病，无力再做这件事。有那么多读者没有得到我的回音，一定有些失望。现在让我借着本书再版的机会，表示我的歉疚！

凌志军

2009 年 3 月 24 日

2006年版自序

本书 2003 年由海南出版社出版。2004 年台湾时报文化出版公司又出版了它的繁体字版，并在全球发行。两版的书名都是《成长》，只是台湾版的蓝色封面上还印有一行副题："发现最好的自己"。迄今两年多来，我接到很多读者的来信。这些读者是不同年龄的学生，以及他们的父母和老师。他们对我倾诉自己的欢乐和苦恼、希望和绝望，其间充满感情，也有很认真的思考。在他们的来信中，我强烈地感觉到，我们国家的孩子们，一定是全世界受到关爱最多却得到快乐最少的孩子。也许正是这个原因，这本书才会在他们中间产生那么强烈的共鸣。现在我把一部分来信和我的回信放在这里，希望能对父母和孩子、老师和学生之间的相互理解有一些帮助。

今天的父母们如果有心计算一下他们每天和自己的孩子说了些什么，也许可以发现，90% 以上的话都是在谈学习。这也证明，教育的话题已经如此深入每一个家庭，以至占据了父母和孩子之间的大部分空间。我写作本书的目的不是要为这个话题提供结论，而是希望我们能用新的眼光来看待我们深陷其中的教育。

说到这里我想给大家转述一个故事。这是一个孩子的父亲亲口告诉我的。其中三个人物——孩子、父亲和老师，对待教育的态度，令人神往：

> 我的孩子是福建省一所中学的高中三年级学生，成绩非常好。有一天我给他带回这本书，他连续读了两天，甚至连学校的复习考试也没有参加。第三天他来到学校，老师问他为什么不来上学，他说他在看一本书，他还想给同学讲一讲他读到了什么。老师说："好吧，你给全班讲，要是

同学们都爱听，我就算你有考试成绩；如果学生不爱听，你就是零分。”于是他开始在全班同学面前讲他的感受。尽管这是一个备战高考的班，但同学们都被他的话迷住了。他讲了一节课，又讲第二节课。老师听了，对他说：“你这两天没有白过，我算你考试满分。”这孩子受到鼓励，回家后要求我给他买10本书，打算分别送给学校成绩最好的5个同学和成绩最不好的5个同学。他对我说：“读了这本书，我懂得了，他们是平等的。”

老实说，这故事让我有些欣慰也有些紧张。这两种看来完全不同的感受其实是出于同一个原因：我看到这本书中的期待——改变我们对教育的看法，正在一点点地实现。

现在陕西师范大学出版社希望再版此书，这也正是我的愿望。我也赞成编者将本书改名为《成长比成功更重要》。这不是为了让它有一种新的面貌，而是因为这个书名较之《成长》更直接地表达了书的主题。但是我也应当说明，现在这本书的内容，与它的初版相比，除了增加一部分我和读者的往来书信之外，并无不同。所以已经有了《成长》的读者，就可以不必再买《成长比成功更重要》了。

感谢李开复先生为本书作序。他的成长故事是本书最动人的篇章之一。今天他已经是一位世界级的计算机科学家，然而在我看来，他对于教育的热情，一点也不亚于他对于计算机科学的热情。他的教育思想在中国校园里产生着广泛而深远的影响，就像他在语音识别领域里的贡献对全世界计算机科学产生着深远影响一样。

凌志军

2006 年 5 月 25 日

前　言

2001年7月的一个傍晚，办公室里的电话铃声忽然响起。我拿起听筒，自报家门，接着就听到那面有个天真而执着的声音："好不容易找到你！好不容易！"她告诉我她叫杨雪，在内蒙古自治区一个小县城给我打电话，然后便对我讲了她的故事，平凡却深深地触动了我。

她是一个高中三年级学生，曾经是一个成绩优异、人人喜欢的孩子。三年前，她以全县第一的分数考入现在这所高中，但是接下来发生了一些很不好的事情，让她心绪极坏，成绩一落千丈，于是情绪更坏，如此恶性循环，直到万念俱灰。有一天她走在大街上，漫无目的，还想到死。就在这时，她看到县城的书店，不由自主地走进去。她喜欢书，想看看有没有可看的东西。"我看见了你的《追随智慧》。我站在那里，读了扉页上的四句话，立刻就被吸引了，又读前言，然后忍不住掏出身上所有的钱，把它买下了。"她在电话里面说，"说出来不怕你笑话，我原来是想拿这钱买安眠药的。"那个晚上她没有睡觉，整夜都沉浸在"微软小子"的那些故事里。"我第一次知道，原来世界上还有这样一种生活。"她决定让自己振作起来，复读高三，"不考上清华大学不罢休。"

这故事让我有一种感觉，五味俱全。第一个反应是欣慰，我甚至想，即使这本书只有她一人读过，我也算没有白写。但我知道，我从来没有想要怂恿所有孩子走上天才之路，甚至对于"不考上清华不罢休"这样的想法，我也不能完全赞同。我劝她不一定非上清华大学，说了很多"只要尽力，结果并不重要"之类的话，还告诉她好大学有很多，可她执意不听。这时候我才明白，一本书居然会对读者产生如此大的影响，连作者本人的阻止都无济于事。

《追随智慧》这本书是在2000年秋天出版的，里面写了微软亚洲研究院里一群中国人的故事。从那时开始，常常有一些年轻的朋友来找我讨论此书。大多数人都说他们从中受到鼓舞，但是自从接到杨雪的电话，我便隐约对自己的工作产生了疑问，这疑问又由于我儿子的一席话一下子清晰起来。当时我正在把一大堆关于这本书的评论整理成册，儿子走进来，随手翻了几页，带着几分敬而远之的口吻说起他对“微软小子”的看法：“这些人都是人精，不是人。”

我对他的话有点好奇。老实说，《追随智慧》这本书在很大程度上是为他写的。他那时也是高中学生，酷爱电脑，于是我就希望他能像我见到的“微软小子”一样优秀，还想象他也能成为一个了不起的计算机科学家。我告诉他，我要写一本他爱看的书。他也的确爱看这本书，看了好几遍。我知道他对书里的人物已了如指掌，于是怂恿他继续说出自己的想法。

“这些人很牛，但不是所有中国人都特别牛。”他说，“他们不代表普通人。他们的嘴里动不动就是人才，可是这种一定要人家当人才的想法，让人太痛苦，而且一家子都跟着苦。有的人确实想出类拔萃，但有的人只想做个普通人，有份稳定的工作，过一种无忧无虑的生活。可是按现在的标准，这样的人就叫没出息。所以中国的孩子是当人才痛苦，不当人才也痛苦。”

听到这番话的那个瞬间，我有点失望，但我很快发现，儿子的话是对的。中国的教育体系的确很像一条制造工业品的流水线，大家都遵循同样的程序、同样的标准，走进去的孩子形形色色，出来的孩子却都一模一样，否则就不发给你大学文凭。很少有人想到，教育孩子和制造汽车是完全不同的两回事。

儿子和杨雪同岁，两个人一个在大都市里，一个在偏僻小城，一个是男孩子，一个是女孩子。他们对于同一本书的反应都很强烈，却如此不同，指向两个极端，尽管都有把问题夸大的倾向，但在他们的同龄人中却有代表性。于是我开始反省，回过头去重新研究微软的那些年轻人，到现在两年过去，我可以说，我已经有了结论，就在本书中。让我们更优秀，这是教育的主旨，看上去天经地义。

谁都想要优秀，这是杨雪的梦想。

但是，还有比优秀更重要的，那就是“我自己”，这是我儿子的梦想。

我希望这两个梦想，而不只是一个，都能成为现实。

我们没有能够更优秀，往往不是因为我们天生不够聪明，而是因为我们失去了“我自己”。不是按照自己的想法去使用聪明，总是按照别人的标准使用自己的聪明。

我们即使优秀了还是不快乐，那基本上还是因为，我们总认为“最好”的含义就是战胜别人，而没有想到真正的最好是“成为最好的我自己”。

2003 年 3 月 20 日，我开始有了这个想法。当时我和凌小宁闲聊，给他讲了杨雪的故事，也把儿子的话告诉他。他沉默片刻，然后说：“我总是对我的两个儿子说，你不需要成为最好的，你只需要成为最好的你自己。”

凌小宁曾是微软亚洲研究院的总工程师，也是我哥哥，比我大一岁，童年时期我们形影不离。家里兄弟姐妹四人之中，他并不比别人更聪明，但他个性最强。对于大家都在追逐的东西，他认为那不一定是好东西，可是他对自己喜欢的东西有一种异乎寻常的执着。10 岁那年，他想买一双冰鞋，是一双崭新的速滑跑鞋，妈妈也许是觉得那鞋太贵，只答应给他买一双半旧的花样冰鞋。别的孩子遇到这种情况，要么号啕大哭，要么不再坚持，但是小宁一声不吭，突然跑开，回来的时候手里多了一个锤子和一把钉子。他走进父母的卧室，还是一声不吭，挥起锤子，把钉子一根接着一根钉进床头的木架，直到妈妈答应他的要求，才停下来。多年以后他长大成人，每天上班下班，却没有手表。那年代手表在“三大件”中名列第二，大城市里人人想要，但是小宁无动于衷，妈妈要给他买块表，他不要，还说“大街上哪里不能看个时间啊”。他每天骑车去一个轧钢厂，工作八小时，把钢条从一个地方搬到另一个地方，一天天这么干着，同时顽强地保留着自己的兴趣。就像我们在《追随智慧》里面提到的，他喜欢无线电半导体，把自己的工资全都花在这些东西上。20 世纪 70 年代中期有所大学录取了他，是“工农兵学员”，那时候离开生产第一线去大学读书，是年轻人梦寐以求的事情，不料他却不去，因为那个专业他不喜欢，他不肯为了一个大学生的招牌去学自己不喜欢的东西。后来北京大学录取了他，他欣喜若狂，忙不迭地打点行装，不是因为什么“名牌大学”，而是因为这次是计算机专业，正是他的所爱。这些事情都已过去多年，至今历历在目，所以当他说“成为最好的你自己”时，我立刻就明白了其中的含义。

他的这句话给我印象深刻，促使我用新的眼光去审视微软亚洲研究院里的那些年轻人。在经过一段长时间的研究之后，我可以很肯定地说，他们的故事之所以个个精彩，不是因为他们特别聪明，甚至也不是因为他们特别杰出，而是因为他们都是“最好的我自己”。

我曾和微软公司中的90多人（大都是中国人，也有些是美国人）谈过话，有300多个小时的录音以及几百万字的材料。这一次我把研究的焦点集中在30个人身上，他们是微软亚洲研究院170个研究员和工程师中最富有特色的一部分。我有时候用“微软小子”来称呼他们，是希望在读者心中留下一个统一的形象，其实他们中间差别巨大。他们出生在20世纪50年代、60年代、70年代和80年代。至少到目前为止，他们被人们当作聪明、成功、快乐和富有的典型例证，而且，他们中的大部分人都很年轻。这一切都是媒体追逐的原因。但是，我关心的不是他们的成功，而是他们的成长；不是他们的今天，而是他们的昨天。

他们对我讲述了各自的成长之路，包括形形色色的故事和思想。我在这里写下的100多个故事，只是其中一部分。对于我来说，问题的关键不是找出他们之间的区别，而是找出他们的共性，找到是什么东西使他们与众不同。有些东西他们有，但别人也有。比如他们都很聪明、很努力，有相当出色的学习成绩，有高等教育的学历，还有无限关爱他们的父母。但是，在我们的国家里，有这样背景的人实在是太多了，所以这些东西都不在我的研究范围内。实际上我们接触到的事实证明，在他们的成长之路上，真正有启示意义的东西不是这些。

线索千头万绪，当我把它们一条一条理清楚的时候，不禁大为惊讶。与我们通常认为是天经地义的那些教育准则对照起来，它们竟是完全不同的：

1. 他们的成长与优越的家庭背景没有任何正相关的关系，事实正相反，与贫寒之家联系密切。在我的30个研究对象中，有28人出生在平常人家，其中22人出生在小城小镇。另外2个拥有大户人家背景的人，也在他们的童年时代经历过家境艰难的磨炼。

2. 我没有发现一个能与他们的成功之路联系起来的家庭教育模式，认为家庭教育一定要严格或者一定要宽松的观点，都可以找到成功的案例。但是，这30个人在受教育的年代里，无一例外地希望有一个宽松的环境。其中那些年龄稍大、已经有了子女的人，全都声明自己将不会以严格甚至强迫的方式来教育自己的子女。

3. 无论是“严格教育模式”还是“宽松教育模式”，家庭都显示出很强烈的正面影响。30个人的父母中有10多个教师，其比例大大高于社会平均水平。但是总的来说，父母对子女影响力的大小，并不取决于父母的职业和受教育水平，也不取决于教育方法，而是取决于父母与孩子的关系是否融洽。

4. 全都有一个充分发展独立意志的过程。越是严厉的父母，越是较早地让孩子离开父母的视线，获得自由的空间。其中三个最典型的采用“严格教育模式”的家庭，都有一个“少小离家”的故事紧随其后。李开复 11 岁离家，沈向洋 11 岁离家，张亚勤 12 岁离家。

5. 我没有发现考试分数“第一名”与日后的成就之间存在必然联系。事实上，这 30 人中的大多数，在学生时期并不是“第一名”。他们更多是处在第三到第十名的位置上。他们中间流行着“不必在意名次”的说法。

6. 他们用在背课本和做习题上的时间，大大低于同学中的平均值。其中 80% 的人在中学和大学时期拥有广泛的兴趣，而不只是满足于符合教学大纲的要求。

7. 他们不仅关心哪些事情是必须要做好的，还更关心哪些事情是自己真正想做的，哪些事情是真正适合自己的，哪些事情是绝对不能做的。他们无一例外地在自己想要做和适合自己做的事情上投入了更多的精力。

8. 我没有发现他们具有超越常人的智商。事实是，在任何一个学习阶段，情商都显示出比智商更重要。他们毫无疑问属于聪明的孩子，但是像他们一样聪明的孩子有很多，比他们更聪明的孩子也有很多。他们之所以与众不同，是因为他们拥有健康的性格、良好的学习态度和学习习惯。

9. 他们都经历过一个“开窍时期”。在此之前，他们全都没有承受过多的来自外界的压力；在此之后，他们全都在内心增加对自己的压力。所谓“开窍时期”，是从混沌到自觉、从不成熟到成熟的飞跃性的转变。他们的“开窍时期”几乎全都发生在大学二年级到三年级，而不像人们通常所期望的发生在初中阶段。父母的这种期望与孩子的生理和心理发育过程无关，而与以考试为先导的教育体系有关。所以大多数父母和老师都把压力集中在孩子的初三和高三，这恰恰是孩子尚未“开窍”而心理又处在逆反阶段的时候，等到孩子进入大学能够承受更大的生理和心理压力的时候，我们的教育体系反而放松了对他们的压力。

10. 他们全都在关键的时候遇到了优秀的老师。让他们难以忘怀的这些老师中，没有一个是教会他们应付考试的人。就像忘掉了那些没有用处的知识一样，他们也忘掉了教给他们那些知识的老师。这 30 个人列举出来的老师有 50 多位，其中有些是外国人，全都拥有大师的头衔和大师的声誉。大部分中国教师中，只有一位是特级教师，其余都是寂寂无闻之辈。这些老师之所以让他们难以忘怀，奥秘全在课堂之外：教给他们如何做人；教给他们如何学习；告诉他们朝哪个方向走去，而那里真的就有他们想要的东西。

我很注意地观察了周围的学生，发现大多数人也能拥有上面十条之中的一条或者几条。但是在我的30个研究对象中，大部分人占了十条，最少的也能拥有其中八条。把各种因素综合起来，可以发现他们身上最重要的特征有三个：

第一，很高的情商。

第二，快乐，享受学习，而不仅仅是完成学习。

第三，优秀，杰出。

这三个概念在英文中都是以E开头的（EQ，Enjoy，Excellence），所以我把它们称为“3E”，进而提出一个新概念“E学生”。

读到这里，你就应当明白，本书的主旨不是教给你怎样去做像他们一样的人，而是教给你怎样成为一个像他们一样优秀的“你自己”。其中逻辑大致如下：

改变我们的教育观念，

E学生，

像天才一样成长，

但你不是天才，

只是最好的“你自己”。

当我接近完成这本书的时候，脑子里面不断出现下面这些问题：这是关于微软公司里面那些年轻的中国人的书吗？是一本关于成功的书吗？是教给孩子们怎样成为天才的书吗？是教你如何对抗现存教育体系的书吗？都不是！在研究和写作的整个过程中，我始终只关心一件事：

我们发现了一群人，他们并不拥有一个比我们更聪明的大脑，所经历的教育制度和我们的也没有什么不同。那么，他们凭什么变得和我们不一样了？凭着他们对教育的看法与众不同——仅此一点就让他们与众不同。

所以，本书的结论是：

我们既然无法改变教育，那就改变对教育的看法。

第一章
起跑线

通过大量事实，可以发现E学生的第一个秘密：不需要有超越常人的智力。

在我们研究的30个“微软小子”中，没有一个人认为自己聪明过人，他们在后来之所以有超越常人的表现，乃是缘于后天的教育，而非天赋。首先，他们在教育的起点上，就拥有一些与众不同的观念。

此外，我们还有一些富有启示性的新发现。

E学生

我敢打赌你们都不知道，在微软中国研究院，我们拥有许多位世界一流的多媒体研究方面的专家。

——比尔·盖茨

大厅里灯火通明，气氛热烈。中间位置上，一张长桌横向展开，有 20 米长，白布覆盖。桌上摆满各种颜色的饮料、水果、葡萄酒、中式和西式的点心。杯影交映，流光溢彩，映照在宾客身上。

北京香格里拉饭店宴会厅的这个晚上，一看就知道是属于年轻人的。宾客个个服饰多彩，头发乱七八糟。笑语中，一会儿中文，一会儿英文，一会儿一本正经，一会儿插科打诨。如果你想在他们身上寻找相同之处，那就只有一样：他们全都有一张年轻的脸。

此刻，所有人都聚集在大厅东侧，围着两个人。

一人中等身材，线条柔和，目光敏锐，一副标准的华人模样，一口地道的美式英语，虽在盛夏时节，仍是衣衫挺括，系一条印花领带，一丝不苟。看上去，他的举止比年龄更老成，言谈比地位更随意，隐隐带着几分憔悴，还有几分志得意满。

另一人个头不高，大头，短发，圆脸，一身西装，裹着宽肩阔背，不能掩饰从里到外冒出来的那种洒脱无羁。善于观察的人还会注意到他眼镜后面的那双眼睛，既沉稳又灵活，似有无限生机和能量若隐若现，含而不露。

这二人，正是李开复和张亚勤。前者将要离开微软中国研究院的院长之职，回到美国雷德蒙微软公司总部，就任副总裁。后者即将接替前者之位，成为研究院的新院长。现在，研究院的同事们把他们团团围着，只是为了对一个人说“再见”，对另一个人说“欢迎”。

大约两年前，也即1998年夏天，李开复第一次来到北京组建研究院的时候，口袋里揣着微软公司的雄心勃勃的计划：6年投资8000万美元，寻找到100个最杰出的研究人员。那时候他的身边只有两个人。他们在北京中关村的希格玛大厦落了脚，然后，一批又一批年轻人来到这里，包括大学本科毕业生、硕士和博士毕业生。

“我敢打赌你们都不知道，”比尔·盖茨有一天对微软公司的那些高级主管说，“在微软中国研究院，我们拥有许多位世界一流的多媒体研究方面的专家。”

这位世界公认的天才显然认定，他在中国发现了另外一群天才。根据研究院的记录，我们可以确定比尔·盖茨是在1999年10月18日确立这个想法的。那一天，李开复率领属下6个研究员，飞越太平洋，来到雷德蒙微软公司总部8号楼，向比尔·盖茨报告微软中国研究院成立一年间所取得的进展。汇报结束的时候，比尔·盖茨喜不自禁，脱口叫道：“太出色了！”

从那时到今天，聚集在北京微软研究院里的这些年轻人，渐渐让全世界感到惊讶。微软中国研究院已经改名为微软亚洲研究院。它拥有170个研究员、副研究员和工程师，还有50个访问学者和大约200个实习生。这样一来，聚集在希格玛大厦第五层里的年轻人已经有400多人。在过去的5年里，他们获得了至少200项国际专利，还在一流的国际会议和国际学术刊物上发表了至少800篇论文，其中第4年的论文数量是前3年的总和，第5年的论文数量又接近前4年的总和。如今世界上第一流的5个杂志上发表的论文，每100篇中有5篇是从这个研究院发出去的。这一切都表明，这里有一种巨大的、持续扩张的力量。有一个事实可以帮助我们衡量这些论文的价值：能够被国际图形学大会接受的论文，都代表了全世界计算机图形学领域的最高水平。在过去的5年里，我们国家成百上千的研究人员总计只有一篇论文入选这个大会，而沈向洋小组的10余人则有12篇论文入选。

到了2003年，“微软小子”成为“优秀”的代名词，比尔·盖茨已经习惯于把一些表示强烈赞扬的词语用在微软亚洲研究院的这群中国青年身上：“绝妙！”“完美无瑕！”“杰出的人才！”而这些人中的大部分来自中国的大学校园。

李开复一向喜欢和学生在一起。他坚信“未来的希望在今日中国的大学院墙里”。在中国工作的两年里，他去了几十所大学，与几万个中国学生见了面。他最著名的格言之一是：“没有什么事情比和学生见面更重要。”有一次他不肯和他的同事们去会见时任中国总理的朱镕基，只是为了和一个还没毕业的大学生谈话。他的这种信念不仅属于他个人，这是微软的文化。事实上，比尔·盖茨的最大野心，并不是保持他的世界首富的地位，甚至也不是要让他的公司打败所有竞争者。他的最大野心是把世界上所有最优秀的学生都收归自己帐下。

但是，李开复在中国工作的最后那几个月里，我们在他身上发现了一些新的迹象。此前他着迷于“追寻天才”，张口闭口都是中国的“名牌大学”，而现在他常常想：一个普通的孩子怎么才能成为一个不普通的人？当他站在那些大学生面前的时候，总是怀着一种很复杂的情感，有时候“看到这么多双渴求知识、充满希望的眼睛”，犹如缕缕阳光照在心里；有时候“看到中国的学生都被浪费了”，又满腹阴郁，觉得“真是可惜”。有一天他“突然产生了一种冲动，那就是给中国的学生们写一封信，将我与同学们在交流过程中产生的一些想法以及我要对中国学生的一些忠告写出来”。2000 年 6 月，即他离开中国的两个月前，他把这信发表了出去。他对此信寄予巨大的期待。“只要一百位阅读这封信的同学中有一位从中受益，”他说，“这封信就已经比我所做的任何研究都更有价值。”这表明，他已经把目光投向中国的整个教育界。

我们国家的教育体系就像一座大厦，里面容纳了亿万学生，每一个学生在这大厦里都有自己的位置。这座大厦并非我们通常看到的那种形状，它是一个金字塔。

金字塔有五级，学生则有五种类型，分别对应金字塔的五个层次：

A级，厌学型：不快乐，厌烦，心理上强烈反感和抵触，恨不得把课本摔到老师脸上去。

B级，被动型：消极、被动、麻木，在父母、老师的督促和环境的压力下取得进步。

C级，机械型：全身心投入，刻苦用功，头悬梁锥刺股，按部就班地朝着一流的方向努力。

D级，进取型：自信、主动、积极，把必须做的事情做到最好，持续性地保持一流的成绩。

E级，自主型：拥有D级学生的特征，此外还有：自主、自由、坚忍、快乐。有个性，有激情，有想象力，享受学习而不是完成学习，不以分数衡量成败，不一定是第一名，但一定有独立的意志，有强烈的兴趣，有一个执着追求的目标。

我们在划分这五级学生的时候，主要考虑的不是学习的成绩，而是学习的态度，同时我们基本上也没有考虑智力的因素。所以这不是分数的金字塔，而是态度的金字塔；不是智力的金字塔，而是非智力的金字塔。是非智力的因素决定了你站在什么位置，而你的位置决定了你能从现在的教育体系中吸收多少真正有用的东西。

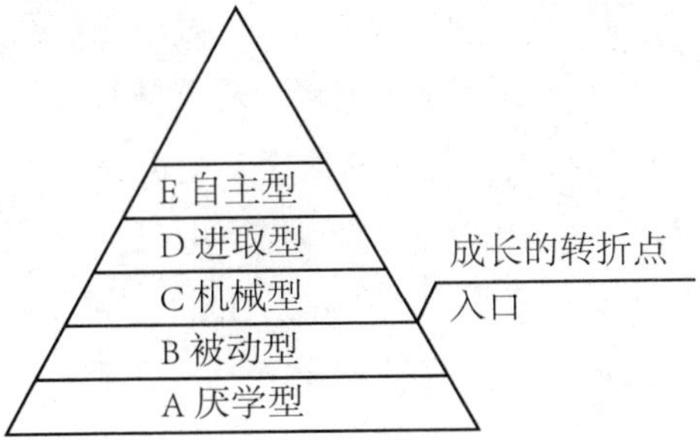

这不是分数的金字塔，
而是态度的金字塔；
不是智力的金字塔，
而是非智力的金字塔。

就像这个图所展示的，厌学型和被动型的学生处在金字塔的下面两层，人数众多。机械型学生处在中间层次上，他们中有很多人是在“被动”和“主动”之间摇摆不定。

进取型学生和自主型学生分别对应了金字塔的 D 级和 E 级，所以也可以把他们叫作“D 学生”和“E 学生”。

E 学生处在金字塔的第五级，也是最高级，其特征主要有三个，也可以叫作“3E”：

EQ——很高的情商；

Enjoy——快乐、享受（学习）；

Excellence——优秀、杰出、卓越。

所以，E 学生的定义是：拥有强烈自主意识和很高的情商，因而是更快乐、更杰出的学生。

你在从低到高逐级阅读了这个金字塔之后，现在请重新开始。这一次，请从“入口”开始阅读，因为我们的研究起点就在这里。

这入口有点奇怪。它不是在底层，而是在第二层和第三层之间。这是教育的起点，所有孩子都是从这里走到大厦里去的。事实上，他们在出生后的最初几年里，就已经站在这个入口处了。当他们开始起步的时候，彼此没有什么区别，无论是李开复、张亚勤，还是现在的你，都一样。

现在，走进入口的孩子们继续前行，走到了“成长的转折点”，这里是关键的所在，每个孩子都会在12岁之前的某一个时间段上经过这里，不论你是否注意到，都是确定无疑的。

站在转折点的孩子们，发生了不同的情况。很多人转过头来，向第二级走去，他们中间又有很多人继续往下走，走到了第一级，停留在那里。另外一些人转头向上，走到第三级，然后，有些人停下了，另一些人继续向上走，进入第四级。然后，又有些人停下来，另一些人继续向上走，到达第五级，也就是E级。

我们的研究证明，张亚勤是典型的E学生，他的前任李开复也是。事实上，我们的研究对象大都属于E学生。E学生中的大部分都是从第四级脱颖而出的。

E学生不一定个个杰出，但杰出的人一定出自E学生。也许你希望自己像天才一样成长，也许你并不想要出人头地，只是希望自己生活得更快乐，无论怎样，你都应当先去尝试做一个E学生。

现在让我们回到本节开头，2000年8月3日，也即李开复在中国工作的最后一个晚上。他还有两件事要做。

他把一个“接力棒”交给了他的继任者张亚勤。这一行动具有象征意义，但是读过《追随智慧》的人一定能够理解，它还有着实质内容。张亚勤出生在中国太原，兼有东方和西方的教育背景，既年轻又老练，非常睿智，而又不动声色。他在中国科学技术大学少年班里读书的时候，只是一个默默无闻的孩子，到今天，他已经是世界电子工程领域最杰出的科学家之一。

“我之所以能够放心地走，是因为有亚勤。”李开复说，“他深刻地理解技术和商业的未来。”

张亚勤接过“接力棒”，高高举起。他终于笑了，下巴微微抬起，踌躇满志，说出的话却很简单：“一如既往。越来越好。”

掌声响起，大家都在想着怎样“越来越好”，李开复开始做他离任前的最后一件事情了。他从衣袋里掏出印着自己照片和“微软”字样的钥匙卡，对众人说：“我想把它送给我们这里最年轻的学生做纪念。”

“最年轻的学生”就在当场，只有14岁，名叫郁寅栋，来自上海，是个中学生，也是这个暑假研究院里年龄最小的“访问学者”。其研究方向是，通过辨别一段语音的语调，用电脑判断说话的人是在哭还是在笑，然后在电脑上用卡通画描绘出说话者的表情。

现在，全场的人都看着这孩子。那一瞬间，郁寅栋惊讶得睁大了眼睛，几秒钟后终于明白发生了什么，“哇”的一声扑上前去。在他心里，李开复一直是他的偶像，也是他的未来，所以在场的人都可以想象这场面对这孩子意味着什么。

大厅里，灯光突然明亮起来，14 岁的郁寅栋和 39 岁的李开复拥抱在一起，很长时间都不分离。众人齐声欢呼，把这个孩子当作这个成人的续篇。

有个记者当场在心里盘算起来：这孩子也是一个 E 学生吗？

如果我们有机会研究这些 E 学生的早期故事，就会发现，他们在成长之路的起点上，的确有一些与众不同的东西。

如果回到5岁以前

人的性格有三分之一在 5 岁以前就形成了，我觉得那是我一生中最重要的时期。

——张亚勤

1999 年 3 月的一天，本来是个挺平常的日子，可是它对中国科学技术大学的老师和学生们来说，就像是一个节日。20 年前在这里读书的一个学生今天回来了，所有人都希望一睹他的风采。

这一天傍晚时分，人们拥进校园里的演讲大厅，占据了每一个座位，又拥挤在走廊上，然后人群向前台伸展，一直排列到距离讲台不到一米的地方。大厅外面，还有更多的老师和学生朝这边走来。

他来了，在众目睽睽之下站在讲台前，个头不高，宽肩膀上托着一张圆脸盘，面容略黑，全是憨态，完全不是人们想象中的那种明星风范，可是学生们还是朝他涌过去，就像潮水一样，把门上的玻璃也挤破了。他还没有来得及说什么，掌声就响起。所有的目光都集中在他的身上，他所尊敬的老师们现在已经两鬓苍苍，也淹没在年轻人的海洋中，不无感慨地望着他们今生今世最大的“骄傲”。

为他骄傲的并不仅仅是他的母校、他的中国老师和他的校友们，还有比尔·克林顿。克林顿在美国总统的任上曾给他写信，说他是“一个灵感的启示”。还有他在美国求学期间的导师、美国电气电子工程师学会（IEEE）院士瑞曼德·比克赫尔茨，后者曾由衷地赞叹：“他真的是全世界的财富。”还有他的同事和同行。这些同事和同行数以十万计，分布在亚洲、美洲和欧洲的几十个国家。他们在谈起他的时候，全都不住地感叹：“嘿，那是个了不起的人。”

他在12岁那一年成为中国科学技术大学少年班的学生；17岁为自己选择了终生的事业；23岁获得了美国乔治·华盛顿大学博士学位；25岁成为美国桑纳福研究院的部门主管。1996年他30岁，已经拥有几十项专利，发表过几百篇论文。到了31岁，他成为美国电气电子工程师学会百年历史上最年轻的院士。又两年之后，也即1999年，他成为微软中国研究院首席科学家，后又出任副院长；与此同时，还获得美国“杰出青年电子工程师奖”，他是获得该奖的唯一华人。他所取得的成就，是大多数人穷其一生也难取得的，而他这一年才33岁。

“每过一段时间都要看看自己的简历，”张亚勤对那些如饥似渴的学生说，“是不是学了东西？是不是更强了一点？是不是做了更有价值的工作？”

张亚勤的起跑线不是在中国科学技术大学，而是在山西的一个小城。

这是张亚勤今天所能想起来的第一幕：“我在妈妈跟前撒娇的时光结束得特别早，我在2岁的时候就失去了父亲。我的童年，几乎都是在晋南一个小城的外婆家里度过的。我上的第一所学校就像农村小学一样。”

听众为之深深着迷，就听他继续说：“我从小就没有什么优越感，现在也一样。”

亚勤出生在山西太原，由太原到运城的转移，在他来说是一段虽然惨烈却被轻描淡写的经历。

“文化大革命”开始后的第二年，他才两岁，父亲莫名其妙地不见了。亚勤过了几年没有父亲又渴望父亲的日子。有一天，家里忽然一团糟，在一片悲怆的气氛中，他知道父亲死了。那一年他5岁，以这样的年龄，还不能完全洞悉死的含义，但他知道一个梦永远不能实现了，父亲从此再也不会回来。未来的路只能自己一个人去走。

母亲在父亲去世之后重新结婚，也许是不希望将往日的阴影带进这个新的家庭，所以很少对他说到父亲。他很想念父亲，可是连父亲的长相也不记得了。他的记忆中从来就没有过父爱，也不能体会什么叫作父爱。“因为从来没有过，”他说，“所以没有对比。”多年以后，他自己也有了一个女儿。看着女儿在新泽西州温暖的阳光下欢呼雀跃的样子，张亚勤终于意识到长久积蕴在心中的那种父亲情怀。“我的女儿如果没有我，肯定不行，”他说，“直到那时我才想到，假如当初父亲在的话，我的童年可能会不一样。”

在张亚勤的记忆中，5 岁是一个很深的烙印。他曾这样叙述自己对 5 岁的理解：

> 如果能回到5岁以前，我会觉得那是我一生中最重要的时期。人的性格有三分之一在5岁以前就形成了，有三分之一是在小学和中学的教育，另外三分之一可能是后面的一些经历，上大学之后对于人性格的形成就不是很重要了。我看到很多人，比如兄弟姐妹，甚至双胞胎，生活在完全相同的环境，长大以后性格却完全不同。
>
> 如果把人的身体比作计算机，那么大脑是芯片，身体是其他的硬件，你的性格好比操作系统。电脑买来，装上操作系统，差不多就定型了。人也是一样，出生以后先是基础教育，然后是高等教育，就好比在操作系统上不断加入新的应用软件。应用软件就是大学的教育，大学是很重要的，但是如果你的操作系统很差，那么应用软件的潜力也发挥不出来。

6 岁那年，亚勤离开太原来到山西省最南端的一座小城，跟外婆一起生活。外婆是亚勤的第一个老师。“我的初级教育是外婆给的。”他有一次说。

外婆有些文化，但不太多，认识字，会算账，这在那一代中国妇女中已经少有。但最重要的是，外婆知道好多有意思的故事，还有一个很坚定的信念——“她经常告诉我要独立，不要依赖别人”。像大多数孩子一样，亚勤小时候也爱看连环画，看不懂就要外婆讲，外婆却说：“你要认字，认了字就不用求别人讲了。”

外婆很开明，年纪虽大，想法却很年轻，说出来的话也很中听。即使到了现在，亚勤还是觉得那些话很有道理。外婆最喜欢说的一句话是："只要是知识，什么都可以去学。"有一次外婆还特别地鼓励他："不要跟着学校的教材走，要跟着自己的需要走。学了加减，觉得不够了，就学乘除，不用管它是几年级的课程。"

亚勤就这样度过了他的童年，其间还有无数次的独自旅行。妈妈和继父住在太原，外婆住在运城，奶奶和姑姑住在西安，伯父住在北京。这孩子从记事起就在这些城市之间跑来跑去，从来都是独往独来。"我印象里小时候就是到处跑。"他在多年以后回忆说，"我从小就很独立。"他还记得 7 岁那年坐着火车走了 1000 多里，去西安寻找奶奶家。到达西安的时候天色漆黑，还下着雨，却没有人到车站来接他。他独自一人摸到奶奶家，也不害怕，还觉得本来就应当如此。他也记得那一年他第一次见到北京，"可算是长了见识了。我突然就感到世界是那么大，我住的太原比起北京，真是个很小的地方"。

每次走进一座陌生的城市，总是住在别人家里，虽然都是亲戚，可毕竟不是妈妈。这孩子小小年纪就能体会寄人篱下的感觉，知道克制自己的欲望，不敢任性，还有意地把自己好的一面表现出来，甚至尽力去理解别人的想法。

"寄人篱下，有一种很难受的感觉，但这对人的性格培养是有好处的。"他这样叙述自己的童年，停了一下，接着说，"我小时候学到的最重要的一课，就是把自己放在一个更适合自己的位置上。那些在父母无微不至的呵护下长大的孩子，小时候学不到这一课，长大了还是要学的。因为他们不可能一辈子都得到别人无微不至的呵护，也不可能在任何地方都处在众星捧月的位置上。"

所以，如果你希望站在 E 学生的起跑线上，应当确立的第一个观念是：你不需要无微不至的呵护，要独自去寻找奶奶家。

自由的天地

那肯定是决定我一生命运的一件事情。

——李开复

李开复一直把他的养育了七个孩子的妈妈视为人间圣母。妈妈总是面带微笑，耐心地倾听儿子的诉说，仔细揣摩什么才是儿子真正需要的东西，而且她还知道儿子内心深处潜藏的愿望，知道那愿望在未来的某一天里终将爆发出来，于是一点一点地引导儿子朝着那个方向走去。她对儿子有一种执拗的期待和信任，相信儿子不同凡响。可是作为一个淘气的小男孩，开复总会惹妈妈生气。每逢这时候，她就显露出一个平凡母亲的特点：焦躁、愤怒，甚至专横。

“我有一个很独裁的，但是非常好的母亲。”开复总是这样说。听上去有些矛盾，其实母亲正是一个矛盾的统一体：既温和又严厉，既传统又开放，既独断又宽厚。11 年前，她曾拒绝所有人的劝告，一意孤行，冒着生命危险生下这个儿子。现在，儿子还未成年，她却毅然剪断了母亲对儿子的束缚，让他跨越浩瀚的太平洋，到美国读书。她知道儿子不仅需要生命，还需要自由成长的空间。那是 1972 年，李开复 11 岁。

这一年的中国有一个让全世界感到惊讶的春天。美国总统尼克松访问中国，与红色中国的领袖毛泽东和周恩来比肩而坐，谈笑风生。这场面要是出现在今天，人们是不会放在心里的，但在那时候却非同小可。此前中美两个国家互不了解，不共戴天，此后开始尝试了解对方，结果发现原来大家可以和平共处，甚至可以做朋友。这个巨大的转变就是从 1972 年开始的，现在回头看，它改变了中国的大历史，也改变了很多普通中国孩子的命运。

后来被人们叫作“天才”的那些“微软小子”，那时候还什么都不是呢。1972 年，张亚勤 6 岁，就像我们在前边提到的，他还在山西南边的一个小城里跑进跑出，缠着外婆给他讲故事。沈向洋也是6岁，住在苏浙两省交界的一个小村庄里，白天坐在一个破牛棚里听老师讲课，傍晚在田里采野果。童欣刚刚2岁，吴枫也是2岁，高剑峰和张黔还在襁褓中，而刘策要到6年以后才出生。张宏江的年龄稍大，也只有12岁。他离开在武汉的家，跟着爸爸妈妈来到河南叶县的五七干校，一下子看到那么多不认识的叔叔和阿姨，既好奇又惊慌。凌小宁在这群人中是年龄最大的了，那一年20岁，是北京第三轧钢厂的一个还没满师的徒工，其工作是把钢条从一个地方搬到另一个地方，每天8小时，每周6天，每月工资18元。

在“微软小子”的经历中，1972年如果有值得一提的事情，那就是李开复远渡重洋到了美国。他从此摆脱了那些枯燥的课本和无休无止的考试，还有那个让他讨厌的小学老师。

当然，他也离开了温馨的家。等到长大成人、功成名就、成为两个孩子的父亲时，他才认识到，生命和自由，正是母亲给予他的最好的礼物。

开复出生的那一年，父亲55岁，母亲44岁。对这样年龄的女人来说，分娩的过程与其说是一次生理上的煎熬，不如说是精神上的炼狱。很多人都说以她的年龄不再适合生这个孩子，母亲只是轻轻地重复着三个字：“我要生。”分娩的那个夜晚，医院的专家说：“这孩子要么是天才，要么是白痴。”看到这女人眼睁睁地望着他，专家又说：“科学上低能的概率大一些。”但是母亲还是那三个字：“我要生。”

母亲的坚强拯救了这个男孩。他后来说“母亲有一个坚强的性格”，那是在他诞生到世上的第一天里就有的感受。

要说学校的教育制度和家庭对孩子的期望，海峡两岸真是如出一辙。就像中国大陆的大多数家庭一样，在这个家庭里，母亲对孩子有着更强烈的影响力和控制力。小儿子的出生让这个中年女人的生命放射出奇异的光彩。她坚信他是全家最聪明的孩子，所以对他的宠爱最甚，期望最高，管教最严。

母亲的视线里永远都有这个儿子，而且她是把一种非常标准的中国式教育施加于儿子身上。她要求儿子把每一件事情都做到最好的程度。“如果你把衡量一个孩子是否优秀的指标都列出来，比如数学、英文、中文、害羞不害羞、口才好不好等，列出30项来，我对自己的女儿，可能会对其中三五项要求很高，而我的母亲对我，就要把30项全选上。”开复多年以后回忆说，“就是无论什么都要最好，不会有任何一项可以通融。”

母亲要求开复每天回家的第一件事情就是温习功课，而且必须循序渐进，一丝不苟，这同我们后面将要叙述的亚勤在各年级之间跳来跳去、乱七八糟的情形，恰成鲜明对照。每逢开复背书，母亲便亲自督察，在儿子的琅琅读书声中辨别正误。她命令开复把书本全都背诵下来，而且要一字不错，倘有一字错误，挥手就把书摔到别的房间，令他捡回重新来过。这又和亚勤母亲的教子风格，截然不同。

开复本来聪明，又如此努力，所以成绩很不错。这让妈妈满意，但是儿子不喜欢这种学习方式。他讨厌背书，讨厌考试，讨厌做作业，最讨厌的是课堂上的那些纪律。他天性调皮，上课总爱动来动去，还爱讲话，爱和老师作对，所以总是挨打。那老师姓徐，惩罚学生的方式之一，是用竹条打手背。

他说：“我并没有母亲想象的那么用功。我对自己的要求也不是做到最好，比如考试考到足够好就可以了。听说现在很多大学生，60 分就过关了，这也许是大学生的‘足够好’，我小时候的‘足够好’就是让我母亲满意。有时候也会耍点小聪明，比如功课没有做完就告诉母亲做完了，然后躲在房间里面看电视，第二天早上 5 点钟起床，三笔两笔，把功课做完。”

母亲对儿子的淘气行为不大在意，但是她在意儿子的学习成绩。儿子得到一个好分数，她会认为这是应当的，但如果儿子的分数落到第三名之后，她就不会有好脸色。如果更差，比如第十名之后，就要挨打。母亲打儿子的时候通常都用一根竹尺，坚硬而具有弹性。儿子在长大成人之后还记得小时候挨打的情形，“那是真打，而不仅仅是恐吓，所以下手很重，有一次还把尺子打断过”。

但是再聪明的孩子也不可能次次争先。有一次成绩单发下来，分数不好，开复心里一阵害怕，怕母亲打他，就把分数改了。他改得很有技巧，等母亲签字之后，又改回去，所以母亲和老师都没发现。这对他是个巨大的鼓励，连续几天都很得意。然后，他第二次修改自己的分数，不料这一次弄巧成拙，留下痕迹。他觉得这次不可能蒙混过关，索性学着母亲的样子，挥一下手，就把卷子扔到水沟里。

每个人在少年时期都会用自己的方式做一些恶作剧，开复也不例外。此人日后功成名就，一派绅士风度，做事一丝不苟，既聪明又严谨，让你无论如何想象不到，他在童年时代也会有一系列的恶作剧。不过，自从那次失败的修改成绩之后，他就不再做这样的事情了，因为他发现这个家庭更在意孩子的品格。“我如果做了一些有损人品的事，无论母亲还是父亲，都绝对不会容忍。”

1972 年春天，开复过完 11 岁生日之后不久，大哥从美国回来，看到这孩子在如此严厉的管教之下读书，整天被试卷和成绩单包围着，没有时间出去玩，也没有朋友，承受着升学的压力，千辛万苦拿回一个好分数，也不知道学的东西有没有用处，忍不住说：

“这样下去，考上大学也没用。不如跟我到美国去吧。”

那时候中国人出国留学还很少，开复在自己幼小的头脑里面，想象不出美国是什么样子。但是大哥了解那个国家，他在开复一岁的时候漂洋过海到美国去求学，如今 10 年过去，对美国的教育情有独钟，对台湾的教育更加失望，现在眼看这孩子成长起来，就决心要把他带到那个更广大的世界中去。

母亲从没去过美国，她受的是中国传统的教育，却出奇地保留了一份开明的天性。就像她能集严厉和慈爱两种完全不同的本性于一体似的，她在很多方面都是矛盾的统一体。一边日夜督促儿子读书，一边又心疼儿子连玩的时间都没有；一边为儿子成绩优异感到欣慰，一边却又对这种考试到底会把儿子引到何处抱着强烈的怀疑。现在，这位循规蹈矩、一丝不苟的母亲，居然决定给儿子一片自由的天地。

那一天，母亲把手放在儿子的头上，对他说：“美国是一个伟大的国家，很多了不起的人都出在那里。你就到那里去吧。”

开复敬畏地看着母亲。她是个独裁的、严厉的女人，信奉传统的中国式教育。过去 11 年她把这个孩子牢牢地拴在身边，要求儿子按照她的意志接受教育。但是现在，她居然让他自由，让他离开自己的视线。

对母亲来说，儿子离家是天下最大的一件事，永远不会忘记，但是一个 11 岁的孩子还不能理解其中深意。他只记得是坐飞机去美国，不像他的大哥要坐一个多月的轮船。飞机腾空而起，转眼飞上蓝天，这孩子第一次翱翔在蓝天白云间，垂首看到下面那条月牙似的海岸线渐渐模糊。

母亲意识到这孩子对她的生命来说是那么重要，有一种强烈的冲动要把儿子留在台湾，但她知道这是不可能的。她了解自己的儿子，明白大洋那边有他的未来，明白他的儿子是属于全世界的。

最优秀的人都应该属于全世界，这本来就是这个女人的信念。

多年以后，如同妈妈期待的那样，儿子成了一个了不起的人。闲下来的时候回首往事，他就“特别感谢母亲虽然这么严厉，却在最关键的时候给了我自由”。

“现在回头看，那肯定是决定我一生命运的一件事情。我如果小时候不去美国读书的话，现在也不会很失败，但是一定不会有今天这样的成功。我在台湾的一些朋友，论聪明程度应该和我差不多，但是我觉得他们的情商比我低很多，沟通能力、写作能力、眼界、英文水平，都要差很多。我想那是因为我在国外读书的缘故。”

所以，如果你希望站在 E 学生的起跑线上，那就确立第二个观念：你不仅仅属于你的父母，你属于整个世界。

回 忆

我的父亲是一个小镇上的穷教师，我的母亲是农民，我自己也是农民，我读的第一所学校是“牛棚小学”。

——沈向洋

他的生活背景显示，这个人要取得后来的那些成就，简直不可能。“我的父亲是一个小镇上的穷教师，我的母亲是农民，我自己也是农民，我读的第一所学校是‘牛棚小学’。”他用这样几句话开始了对童年的回忆，接着哈哈大笑。

1972 年，就在开复飞上蓝天直奔地球另外一边的时候，在太平洋西边这块大陆上，沈向洋在一间低矮破烂、摇摇欲坠的“牛棚教室”里度过了他的一天。

那是一座真正的牛棚，一半养着牛，另一半用来做教室，空气中弥漫着青草的芳香和牛粪的臭气，课桌是用碎砖头堆起来的，没有椅子，所以向洋每天来上学的时候，都是一边肩膀挎着书包，一边肩膀背着板凳。

很多年以后，他和李开复一样，也去了大洋彼岸，也走进那所世界闻名的学校——美国卡耐基梅隆大学的计算机系。他在那里毕业，获得了和李开复一样的学位。他在计算机科学领域里的成就和名望，也亦步亦趋地追赶着李开复。当人们叫他们“李博士”或者“沈博士”的时候，很难觉察到，这两人的经历其实有着巨大差别。开复的父亲是国民党的“立法委员”，向洋的老爹是乡下的穷教师。很显然，这是两个完全不同的家庭：一个在台北，一个在苏南；一个是名门之后，一个是农家子弟。李开复的一口普通话中带着一种明显的台湾腔，语调和缓，温文尔雅。沈向洋的口音，听来有着明显的吴侬语调，还有一种苏浙交界地带乡下人特有的喉音，抑扬顿挫，虽然他已离开家乡 20 多年，那种口音还是很明显。他的容貌也有江南人的特色，高颧，阔嘴，小眼，阔鼻。不管他的出身和开复有多少不同，但是有一点却偶然地和开复巧合了，他也是 11 岁那一年离开父母的。

1972 年开复离开父母的时候，向洋 6 岁，已经在那个“牛棚教室”里上了两年学。

同一个“教室”里有十几个孩子，从一年级到四年级。让好几个年级的学生坐在一起上课，在那些边远贫穷、缺少老师的地方是常见的情形，即使到今天也还非常普遍。那时候向洋和他的十几个同学都住在同一个村庄里，他是年龄最小的，个头也最小。

这是他的外婆家。他从小在外婆家长大，这有点像他后来的同事张亚勤。不同的是，这里是真正的乡下，外婆起早贪黑去种地，而这个外孙却出奇地淘气。等他长到 4 岁的时候，外婆觉得自己再也管不了他，就把他带到牛棚里去，交给老师。

“老师啊，”外婆说，“这孩子读书不读书，不要紧。您就费心帮我看着他，就行啦。”

老师从长江北边来，也是个农民，说一口苏北土话，但村子里的大人都说他的普通话说得最标准，叫他“老师”，把这所小学一二年级的语文和数学课程都让他来教，还从自己少得可怜的收入中凑出钱来给他发工资。

那时候向洋还没有听过真正的普通话是什么样，所以也认定老师的口音最好听。他并不讨厌这个“牛棚教室”，但是他无法忍受长时间地坐在那里一动不动。他总是随便拣个地方，放下他的板凳，坐下来东张西望，一会儿转过头去看看身边的牛，一会儿抬眼看看天上的太阳。学校只上半天课，他知道太阳到头顶的时候就能放学，就能跑进周围那片广阔的田野，那里有蜻蜓，有蚂蚱，有螃蟹，有小鱼，有一片蛙鸣，有这孩子童年时代的全部快乐。人的一生不论走到什么地方，有些情节是不会忘记的。向洋内心深处永恒的记忆，就是从一岁到六岁，他每天都生活在无休止的快乐和放纵中。

直到有一天，妈妈来接他，带他离开了田野，也离开了外婆。妈妈总是觉得，田野和外婆对这孩子过于放纵。

向洋回到父母身边，一家人住在小镇上。中国的任何地方都把城里人和乡下人分得清清楚楚，唯有小镇是个例外，它是一个像乡村又像城市的地方，农民和市民混居在一起。向洋一家正是其中一个缩影。父亲是中学的数学老师，拥有城里人的户口，母亲在工厂里面做车工，却是个农民。这种一个家庭不同身份的情形，在向洋未来的命运之途上，是一种无形却意义重大的烘托。

在向洋眼里，父母的性格截然不同。父亲是一家七个孩子中最小的一个。一家人本来住在上海，这小儿子在南京完成大学学业，选择了一个最贫困的县去做老师，从此再也没有离开教师行业。他是镇上出名的好人，谨慎、勤恳、本分，课堂上口若悬河，课堂外却很少说话，无论做人做事，从来没有发生过一点差错。他对自己的孩子非常宽厚，从来没有骂过孩子，更不肯打孩子。在那个小镇上，没有打过孩子的父亲几乎找不到第二个了。

但是母亲的严厉足以覆盖父亲的宽容。

母亲是这个家庭中绝对的权威。她在结婚之前就是家里的大姐，养成一副大姐风范，意志坚强，习惯于统筹周围的一切，而且绝对不甘居人后。在这个农家女人心里，至少有一点与李开复的母亲如出一辙。她认为，儿子无论什么事情都应当是第一。有一次，儿子在全县的数学竞赛中得了第二名，这是经过“停课闹革命”的动乱年代之后，当地第一次正规考试，所以非比寻常。老师同学都来向他祝贺，好多人还跑到家里来道喜，可母亲一点也不高兴，她让向洋坐在自己对面，然后用眼睛直盯着儿子的眼睛。

“你给我解释一下，你怎么好意思只考第二名？”妈妈的语气既平和又严厉，“别人的孩子回到家里要打柴挑水，我让你做过什么事情吗？我什么事情都不让你做，就是让你做功课，可是你居然还考第二名！”

这是沈家后来岁月中常讲到的无数令人捧腹大笑的故事中的一个。但是在那个时候，妈妈每一次诸如此类的训话都是非常认真的。妈妈对儿子的影响是如此之大，他还小，没有自己的意志，所以母亲的话一向都是对的。他意识到自己身上生出一种“不能输的好胜心”，从骨子里面冒出来，日益强烈，直到今天都是他的秉性之中最引人注目的一个特色。“有一部分肯定是从我母亲那里遗传过来，”他说，“还有一部分是后天不断的训练。”

一个孩子在内心里对自己的看法，通常就是由他周围那些人的看法造成的。向洋生活的那个圈子里，所有人都说这孩子聪明，好像他是个“天生第一”。从6岁回到母亲身边，到9岁小学毕业，他“永远想着要成为最好，真是到了都要输不起的地步”。

不过，他毕竟还是个孩子，贪玩，好动，而且散漫，内心里还有一种完全不同的力量，隐隐约约要冒出来。后来他才知道，那叫“逆反”，如果不是离开母亲独自到县城去读书，这力量也许会越来越强大，直到冲破束缚，冲到表面来。

11岁那年，向洋初中毕业，要到县城里去读高中。那天早晨离家的时候，这个小男孩的心里全是“没有人管我了”的快意。直到母子分手在即，母亲泪流满面，他又第一次体会到对母亲的依恋，他忽然看到，母亲在坚强的外壳之下，也有温情和软弱，对儿子的无限期望背后，还有无尽的疼爱。这情形就如同开复11岁时母子分手的情形一样。

这故事让我们发现E学生拥有的第三个观念：无论你出身在寒舍还是豪门，起点都是一样的。

你上哪个年级都可以

那时候没人整天逼我成什么“才”，看我在学校里面跳来跳去，老师也不阻止，只是对我说：“只要考试能通过，你上哪个年级都可以。”

——张亚勤

现在回想起来，当时的情形令人啼笑皆非：一点也不像是读书，倒像是一场游戏。游戏持续了两年，这小男孩读完了小学六年的课程。

1972 年，亚勤也到了上学的年龄，回到在太原的妈妈身边。妈妈是个中学教师，上班的那所学校与一所小学连在一起，于是亚勤就到妈妈的校园里去读书。

那时候，学校不像今天这么正规，老师对学生也不像现在这么严厉。这孩子上课时所拥有的自由，也是今天的学生难以想象的。他想听就听，不想听就不听，喜欢的课就拼命跟着听，要是觉得哪门课没意思，就换一门，要是不喜欢哪个老师，也就不再去听他的课。有时候上课，听着听着觉得没意思了，就出去玩，老师也不管他。没有人批评他，也没有人把他妈妈叫到办公室里来训话。现在学校里面层出不穷的老师打骂体罚学生的事情，那时候闻所未闻。老师只要一天不挨学生的骂，就要谢天谢地了。

妈妈除了讲课，还在学校里编写一些讲义，眼看儿子不喜欢老师在课堂上讲的东西，也不强迫他去听，就在家里给他讲课。亚勤后来一直怀念母亲给他讲课的那些时光，“妈妈什么都会教，数学、物理、政治、历史，她讲什么我就听什么，真的很有意思”。

妈妈不仅什么都教，而且方法还挺奇怪。她从不讲究什么循序渐进，也不按照正常的教学进度。看这孩子明白了低年级的课程，马上就去讲高年级的。小学的课本还没讲完，中学的课本就穿插进来。

亚勤就这么肆无忌惮地在各门功课和各个年级之间穿插跳跃，一点规矩也没有。这个学期还在读一年级，下个学期就跑到三年级的教室里去，再下个学期就进了四年级。本来六年的小学课程，他在第二年就全读完了。

到了第三年，亚勤觉得再也没有哪个教室里讲的东西是新鲜的。上课百无聊赖，所以干脆不听，有时候实在坐不住了，就跑到教室外面去玩。

有一天妈妈对他说：“既然你不喜欢听小学的课，那你就到中学去吧。”

亚勤受到如此鼓励，大为振奋，于是偷偷钻进初中的班里去，坐在最后一排。好在中学小学都在一个校园里，老师都是妈妈的熟人，对这孩子网开一面。

听着听着，他就成了正式的初中一年级学生。这一年，他 9 岁。

那时候“文化大革命”还没结束，学校里乱七八糟，教学不正规。亚勤再次从这种“不正规”中得到好处，“我感觉我在小学和中学就没有受到正规教育，头一个学期上学，第二个学期可能就不去了”。

妈妈还是在家里给他讲课，亚勤还是想进哪个教室就进哪个教室。读完初一，直接去了初三。一边上课一边去参加数学竞赛，半年之后，又去读高一。

高一读了上学期，又去读高二的下学期。说是读高二，其实学的都是高三的课。就这样，他用一年半的时间读完初中，又用一年读完高中，到了1978年，他高中毕业了。这一年，他12岁。

这真是一种奇怪的“学制”，对于现在的学校和现在的学生来说，简直不能想象。那个年代的老师，都是刚刚从牛棚里走出来的，脑子里面的旧规矩早就被打烂了，新规矩还没有建立起来，所以对学生也特别放纵。“那时候没人整天逼我成什么‘才’，看我在学校里面跳来跳去，老师也不阻止，只是对我说：‘只要考试能通过，你上哪个年级都可以。’”

太原虽说是省城，其实并不大，出了这么一个从不正经上课、跳来跳去的孩子，很快弄得满城皆知。

亚勤成了老师们推广的榜样，整个城市都在谈论他。“文化大革命”结束了，百废待兴，中国人把学校砸烂、把书本付之一炬的历史已有10年，现在人人渴望上学渴望读书。老师开始动员这个孩子去谈“经验”，教给别人怎么刻苦用功怎么尽快成才。很多人坐在下面听他说话，有老师，也有比他高一脑袋的同学，个个如饥似渴，目不转睛。有一天他去一所学校，看到那里挂着黑板报，上面写着“掀起学习张亚勤的新高潮”。

他觉得有点好玩，还有点好笑。直到很多年以后，他想起那些大标语和那些坐在下面的听众，“还觉得特别有意思”。

“其实我没有什么经验可说，挺糊涂地就上了高中。”张亚勤说。

他只记得，那时候周围的一切都在动荡，没有安定的感觉，没有正常的生活，也没有公式化的学习，一点也不像现在的孩子，每天只是从家里到学校，过着“两点连一线”的生活。他唯一的苦恼是从来没有什么要好的同学，他的好朋友都不是同学，而是邻居的孩子，甚至还有街头相识的小伙伴。因为“我在一个班里停留的时间从没有超过一年的，而且年龄总是比同学差了好多，个子就差得更多”，这让他和同学很难建立起一种亲密而持久的关系。同学们并不欺负他，对他挺友善。在同学眼里，他是个独往独来，既聪明又淘气，还有几分神秘的小孩。

“我是有一点小聪明。可是我觉得仅仅从天赋来说，我不可能比别人强那么多。”张亚勤这样说。

旁人问起他的经验，他就说：

“幸亏那时候中学和小学的参考书很少，不像现在，满大街都是，花花绿绿的。要不我的童年和少年也许不会那么开心，至少不会有那么多空闲的时间去玩。”

听者觉得不过瘾，再三追问，他又说：

“学习的关键不在于你记住了多少，而在于你理解了多少。理解最根本的定义，其实就是把复杂的东西简单化，而不是相反。所以我觉得，你把时间花在什么上面是很重要的。你在脑子里面装了那么多没有用的东西，那些有用的东西就找不到了。实际上现在的小学、中学，包括大学，有用处的东西无非就是那几样。你不用花很多时间去思考那些复杂的问题，只要理解那些最基本的原理，脑子里非常清楚，这样你的大脑的单位面积里产生的压强，要比别人高得多，你花的时间可能是别人的十分之一，但是你弄清楚了最重要的东西。”

我们手上的种种数据很清楚地证明，对待教育的那种随意、宽容、听凭自然的态度，在今天已经消失殆尽。承担着教育之责的人们，已经变得越来越刻意和武断。他们倾向于把教育当作一套严格的程序。一个人要想有所成就，就必须从婴儿时期，甚至在母亲胎中就开始接受严格训练，煞费苦心，环环相扣，一丝不苟，每一个环节都在预先设定的计划中。另外一些人抵制这种教育观念，他们说那些父母不把自己孩子当人，而是当作一个产品，就像在一条生产线上精心打造一辆轿车或者一台电视机；对于那些人趋之若鹜的“重点学校”，他们讽刺说那不过是“神童集中营”，里面的孩子不会感受到真正的快乐。说到他们自己的教育观念，他们没有那么系统的道理可说，只不过倾向于放任孩子的愿望。即使不能让他们愿意干什么就干什么，也应当让他们拥有自己的童年。但是后者的声音非常弱小，听上去就像是一群失败者的自我安慰。

有人把这两种情形说给张亚勤听，询问他的想法。他笑了：“我很难说我小时候受的是哪一种教育，好像这两种都不是。”

看到对方脸上不解的神情，他接着说：“妈妈放任我的任何兴趣，却不肯放任我的坏习惯。”

在亚勤的心里，母亲兼有宽容和严厉两种形象。他是家里唯一的儿子，像所有的独生子一样，是家庭的中心，大家都宠着他，但是如果他在完成作业之前就跑出去玩，妈妈就会露出最严厉的一面来。

像所有的男孩子一样，亚勤也贪玩。那时候作业少，也没有什么考试，所以有很多时间出去玩。他的兴趣广泛，学画画，下围棋，还打羽毛球，每一个兴趣都从妈妈那里得到鼓励。

可是没有一个孩子天生具有控制自己的能力，禀性聪慧的孩子，更加容易东张西望，还时时表现出一种“坐不住”的样子来。亚勤喜欢把所有的学习当游戏，对所有的游戏都没常性，喜新厌旧，也没有一个兴趣能够坚持不懈。

有一天母亲令儿子坐在面前，说话的语气前所未有地严肃：“你是一个普通人家的孩子，没有后台，你将来总要自己养活自己。所以你从现在起做事情就要有恒心。做好一件事并不难，难的是坚持下去。”母亲是做教师的，心里明白，让孩子养成一个好的习惯，比塞给他一大堆知识更重要，所以对儿子说：“先做应该做的事，然后再做自己想做的事。”

亚勤想想这话，觉得有道理。于是每天下午 3 点钟回到家里，第一件事就是完成妈妈和外婆留下的作业。

他希望快点完成功课，然后去玩。所以每逢这种时候总是精力集中，也很认真。他做得很快，从来没有超过一个小时，这让他有很多玩的时间。没有功课加身的时候，他心里轻松，玩得特别开心，这又让他下一次更认真更快地完成功课。终于有一天，妈妈拿不出什么题来让他做了，因为他把家里所有参考书上的练习题都做完了。

所以，如果你希望站在 E 学生的起跑线上，要确立的第四个观念是：不怕淘气，就怕没有一个好习惯。

“流放地”

如果我一直在武汉，没有走进那个“流放地”，是不可能有今天的。

——张宏江

张宏江的起跑线有些特殊，是个知识分子的“流放地”。

30 年前宏江还是个小男孩，举家离开武汉，来到河南叶县的黄莹坡，这地方是中国古代寓言“叶公好龙”中叶公居住的地方，那时候是一个 2000 多人的小镇，也是一个专供知识分子和干部劳动改造的“流放地”。

老家是中南地区最大最繁华的城市，而新家却是贫穷闭塞的地方，所以这趟迁居是这个家庭生活道路上的转折。这不是他们自己的选择。父亲是原电子工业部下属一个工厂的技术工人，母亲也是一个工人，既非知识分子也不是干部，更与“牛鬼蛇神”不搭边，但组织上一声令下，除了服从别无他法。

但是，宏江在后来的岁月中，始终把这次迁徙看作他走向未来的起点。“如果我一直在武汉，没有走进那个‘流放地’，是不可能有今天的。”他这样说。

他的小学和中学都是在“文化大革命”中度过的，从年龄上看，他与开复、亚勤和向洋更接近，但是从经历上看，他却总是把自己划进 20 世纪 50 年代出生的那一代人。这是因为，当他懂事的时候，“文化大革命”开始了。他想去上学，但学校里已经闹得天翻地覆，课不上了，桌椅被砸烂了，老师被五花大绑推到台上，承认犯了“师道尊严”的罪行，还“与学生为敌”，学生们振臂高呼：“资产阶级知识分子统治我们学校的现象再也不能继续下去！”然后走上街头，用绳索把老师们拴成一串示众，又一哄而散回家去，不再读书，不再上课，不再做作业，不再考试。这一切宏江都经历过。

至少在整个“大动乱”的岁月里，宏江和他的同龄人没有什么两样。“我在武汉的一个职工大院里度过童年。”他这样回忆。一般西方人不会理解，这句话中意味无穷。共产党在 20 世纪 40 年代末从农村走进城市，在建立自己政权的同时也建立起一座座大院。大院有围墙环绕，门口设有传达室和警卫，里面则是政府、军队、企业或者学校。一座城市通常由若干大院子构成其精华部分，也叫“单位”。人们上班工作在一起，因为是同事；下班回家还在一起，因为是邻居。“大院”成为那时候大多数城里人的典型生活方式，也囊括了宏江的全部生活。他每天进进出出，看到的永远是那个大门，永远是那个警卫，永远是爸爸妈妈的那些同事，还有他们的孩子，谈论的永远是同一个话题。

一座城市的精粹往往不是它的物华天宝，而是人。叶县虽说是个小城，距离省城郑州还有 100 多公里，但它现在成了知识分子和技术人员的“流放地”。人们从全国各地来到这里，宏江也被这股潮流带了进来。他立刻感到换了一个新天地，这里没有“大院”，没有高墙，没有警卫，眼前都是新鲜面孔，耳边都是不同方言，接触的人多了，眼界和空间大了很多。张宏江成年之后并不总能处处争先，但他始终拥有一种开阔的眼界，先是抱定走出国门的信念，接着认定丹麦太小，然后又说新加坡也是一座“小庙”，根本无法容纳他的想象力和激情，所以才放弃优越的物质生活去了美国。他就这样让自己在欧洲、亚洲和美洲转了一大圈，又回到中国。别人听到他的经历，都说他的世界眼光是在周游世界的经历中建立起来的，其实，这与他的这段童年经历不无关系。

所以，如果你希望站在E学生的起跑线上，那就确立第五个观念：你的一生能走多远，很大程度上取决于童年的天地有多大。

新“开复定理”

其实没有什么天才。

——李开复

许多年后李开复功成名就，说过不少精彩的话，先是被叫作“院长话题”，后来被叫作“开复话题”。有一篇文章的题目叫《我的人才观》，是其中最激动人心的部分。他认定今天智慧的价值已远远超过以往任何一个时代。比如他说：“在一个工业社会中，一个最好的、最有效率的工人，或许比一个一般的工人能多生产20%或30%。但是，在一个信息社会中，一个最好的软件研发人员，能够比一个一般的人员多做出500%甚至1000%的工作。”

这一思想流传在中国的大学校园里，让无数学生激情澎湃。两年以后的一天，开复和一个记者在北京嘉里中心重逢，相对而坐，彼此再次谈到这个话题，这一回，开复说：

“其实没有什么天才。”

开复是在踏上美洲大陆的那一年里，被老师和同学们当作天才的。但也正是在这一年，他开始相信“其实没有什么天才”。

他在美国田纳西州的一所天主教学校读初中一年级。有一天上数学课，老师提问："把 1/7 换算成小数，是多少？"

开复立即高高举起手来，朗声答道："0.142857142857……"

所有同学都把眼睛张大了。老师惊叹不已，说自己的学生中出了一个天才。

只有开复心里明镜似的："其实没有什么天才。我只是把在母亲监督之下死记硬背的东西搬了出来，连想都不用想。"

"天才"这两个字其实是个陷阱，多少人误入其中。它让很多人过高地估计自己，还让更多的人过低地估计自己。人们常常认为一些人之所以杰出，是因为他们拥有超越常人的天赋，其实那是不了解杰出人物从小到大都在做着和普通人一样的事情，只是因为他们遇到了一些普通人没有遇到的契机。或者也可以这样说，每个人内心深处都有一个"天才"，等着有一天彻底改变自己的生活。

数学课对开复来说不是什么难事，因为台湾小学的数学水平已经相当于美国的中学，所以他不用怎么学就在数学考试中获得全州第一名。他后来在初中时学习高中数学，读高中时又学习大学数学。他"数学天才"的名声越发大了，但是他始终不认为自己数学有多好。"那是因为美国中学的数学太简单，"他这样说，"不是因为我的数学学得好。"

与其说他智力超常，还不如说他运气好。老师鼓励他的长处，比如"数学天赋"，给他许多机会在同学们面前表现，却又尽力宽容他的"短处"。

就像所有到美国去的中国孩子一样，开复的难题是英文。最初几个星期，老师说的话他一个词都听不懂。

那年月到美国的"小留学生"很少，他是学校里唯一的中国人，黑头发黑眼睛黄皮肤，又能随口"把 1/7 换算成小数"，所以在那些美国学生的眼里，这孩子特别新奇。大家都跑过来对他说："我们可不可以做朋友啊？""周末来我家玩吧，好不好？"老师很乐意帮助他补习英文。就连校长也格外关注这个异国孩子，对他说："每天中午来找我，我教你英文。"

这样的情形一直持续了一年，直到有一天，老师认为他的英文已足够使用，才对他说："现在你可以和你的同学一起在课堂上参加考试。"

到了这时候，开复终于意识到，这是一个完全不同的世界，"最大的差别，是美国的老师和学生喜欢用正面的方法来鼓励你的成功，而不是用负面的方法来嘲笑你的失败"。

美国的孩子很热情很开放，即便不认识，也可以很亲热，不像中国孩子，朋友很少，也不喜欢和别人说话，上学就听课，放学就回家，见了陌生人就拿怀疑的眼光看人家。美国的老师也特别友善，根本不像台湾的那个老师，要打他，还把他的零花钱都罚光。

最新奇的是，所有的同学都不用背课文，老师从来不考背诵，也不给他留作业，却总是要他在课堂上提出问题和回答问题。

有一天老师告诉他，期末的总分数不会看他背诵课文多么流畅，而是看他上课的发言和提问。这让他惊讶不已。他是在很长时间以后才意识到，美国的教育就是围绕着问题展开的。但在那时候他还不明白这些，只是觉得有了一种全新的感觉："如果给一个孩子很多不同的东西，去刺激他，总会发生影响。我觉得脑子渐渐地离开了背诵知识的轨道，整天拼命想自己要说什么话，提什么问题。"

开复就是在那时候发现："人的能力有两个部分，有一部分要靠记忆和理解去积累，还有一部分要靠一点点地练习。像课堂上提问的勇气、和同学交往的热情，都是属于后面一种。"

过去在台湾的时候，他每天上学放学，按部就班，从不与别人交往，也没有发现这些奥妙，现在换了一个完全不同的环境，周围的人都说英语，就发现哪些是自己最欠缺的，哪些是自己最需要的。住在大哥家，虽说是亲人，毕竟跟在妈妈身边不一样，不像在自己家那么随心所欲，还总是感觉给大哥带来麻烦，不能不约束自己，甚至不好意思用大哥家的电话给妈妈报平安。到了学校里，同学们都来找他，逗他说话，让他觉得自己的不爱说话和不爱提出问题，不仅仅是因为英文不好，还因为缺乏沟通能力，缺乏表达自我的能力。

这样看来，与其说他在美国的教育环境中显露了自己的天赋，倒不如说，是美国的教育让他弥补了自己的短处。

所以，如果你希望站在E学生的起跑线上，那就还需要有第六个观念：不要羡慕别人家的"超常儿童"，你不比他少什么。

我也有一种恐惧感

我有时候觉得自己是个天才，无所不能；有时候觉得自己什么也不是，总是怕输。

——沈向洋

聪明孩子总是得到更多的赞誉，这一点我们都认为理所当然；聪明孩子总是承担着更多的期望，这一点我们也都觉得正常。但是，越是聪明的孩子，在心理上承受的压力也就越大，这一点我们是否有足够的估计呢？

赞誉和期望源于聪明，而压力源于赞誉和期望。有一项调查表明，在面对压力的时候，有至少 50% 的孩子不能让自己解脱出来，紧张、烦躁、心虚、恐惧的情绪包围着他们，即使是那些最聪明的孩子也不例外。

“我到现在都觉得，初中和高中是我最聪明的阶段。”沈向洋这样说，同时他也觉得“那是压力最大的阶段”。

向洋在自己生活和学习的环境中，已认定“就应该是第一”。周围的人对他的期望越来越大，这超过了他自己内心的渴望，他知道全家人都为他感到骄傲，一想到他的好成绩能给妈妈带来快乐，他也快乐。但奇怪的是，他的快乐之中总有一种莫名其妙的恐惧，“已经到了输不起的程度”，而且这种感觉日益强烈。他开始紧张，看到周围强手如林，就开始焦躁，成绩不好的时候就失落，成绩好了也不高兴，因为怕别人超过自己。

每次考试之前就拉肚子，这成了向洋的惯例，从高中一直持续到上大学。那时候他还不知道是怎么回事，也没看过医生，很多年后再想当初情形，才明白：

“这不是身体的毛病，是心理的毛病：考试综合征。压力太大，所以总是紧张，好像已经深深地陷在一种矛盾中。我有时候觉得自己是天才，所有的题我都能解，无所不能；有时候又觉得自己什么也不是，有一种恐惧感，总是怕输。

我一直到大学毕业才明白，真正健康的压力不是来自外界，而是来自一个人的内心。真正成功的人，不是从来不输，而是‘拿得起，放得下’。人应该输得起，做人也就慢慢潇洒起来。”

所以，如果你希望站在E学生的起跑线上，那就确立第七个观念：你越是聪明，就越是要做好准备去承受更大的压力。

怎样对付小时候的发育不良

我步履如飞，遥遥领先，冲过终点的时候大气也不喘一下，不禁又惊又喜，信心大增，觉得自己不再是那个发育不良的孩子了。

——高剑峰

看着这样一个人，你怎么也不会想到，他是微软亚洲研究院里“新一代”的佼佼者。所谓“新一代”，是研究院在过去五年里从上万个应聘者中招聘来的一批人，有170多人，都是国内大学毕业的学士、硕士和博士。经过百里挑一，再经几年磨炼，其中最杰出者有四人，被称作“微软四少”，他是其中之一。

“他出席国际会议的时候，全世界的同行都把他围起来，”张亚勤这样描述他，“就像明星一样。”

他叫高剑峰。如果你从他的名字和成就来猜想其人，那就大错特错，事实上，如果只看外表，他一点也不像他的名字，没有一点剑拔弩张的样子，个头不高，还非常瘦。

“我小的时候发育不良。”他用这句话开始了他的故事。

他出生在中国人口最多的城市上海。像北京一样，这里的孩子也有一些与生俱来的“大城市病”：聪明有余，韧性不足，好高骛远，眼大肚小，不肯吃苦，害怕挫折，还有骄娇二气。但高剑峰所谓的“发育不良”不是指这个。这孩子一出生就不断生病，总是咳嗽，总是发烧，头发长得比别的孩子慢，牙齿出得比别的孩子晚，一岁多了还不会叫"妈妈"，两岁了还不会走路，四岁了还总是摔跟斗。那时候父亲望着儿子，不禁着急："这孩子怎么没有得到我的遗传呢？"

父亲是个很不错的运动员，在市里的长跑比赛中得过第一名，只有这么一个儿子，觉得他就是自己生命的延续，因此下决心训练他：即使不能让他像自己一样强壮，也要让他像自己一样坚强。

剑峰的长跑训练是从 5 岁开始的。训练安排在早上，天天如此，不能间断。第一年，父亲在前边跑，儿子在后面跑。第二年，儿子越跑越快，父亲渐渐落在后面了。第三年，父亲骑上了自行车，儿子还是在后面跑。就这样，剑峰跑了五年。

高家父母对儿子的养育有严格的分工，父亲管教育，母亲管生活。现在想起来，父亲的教育方式，就是把长跑和数学这两件事情灌输到儿子的童年中。

那时候上海这座城市远没有现在这样繁华，普通人家的房子很小。高家只有一间住房，房间里只有一张桌子，一家人吃饭读书都用它。每天晚饭后，父子两人对面而坐，各自读着自己的书。父亲望着儿子，有时候会想："既然这孩子发育晚，那就笨鸟先飞吧。"他开始给剑峰讲小学的数学，出些习题让儿子完成，等到剑峰上小学的时候，已经学完了小学数学。

不知不觉到了 9 岁，他还是很小很瘦，看上去比同学小了一圈，排队总是站在最前面。没人把他放在眼里，连他自己也看不起自己，看到别人挂上长跑冠军的奖牌，他还在心里羡慕人家的强壮，又很自卑，觉得那些人个个是天才，而自己处处不如人。

变化发生在一次体育课上。那一天，老师测试全班同学的体能，项目是 1200 米长跑。大家一窝蜂地跑出去，剑峰跑在同学们当中。紧接着，奇怪的事情发生了，周围的同学一个个不行了，被他甩在后面，即使是那些看上去身强体壮的，也落到他身后很远的地方。那场面值得他回味一辈子："我步履如飞，遥遥领先，冲过终点的时候大气也不喘一下，不禁又惊又喜。"

体育老师目睹这个又瘦又小的孩子居然身怀绝技，不禁大喜过望，以为发现了天才，当场让他参加学校田径队。剑峰自己也高兴起来，信心大增，觉得自己不再是那个发育不良的孩子了。

学习成绩很好的学生，体育很差，这在 20 世纪 80 年代成了学校里的一个普遍现象，到今天也还是这样。大多数孩子都把时间放在书本上，不喜欢户外运动，不喜欢出去玩，对学习之外的所有事情都没兴趣，但是剑峰越来越喜欢长跑了。他开始参加田径队的训练，还参加比赛。

父亲越来越老，跑不动了，经常来看他的训练，还鼓励他去踢足球。受到父亲如此鼓励，这孩子爱玩的天性更是变本加厉。每天早上长跑，下午放了学还要踢球。有几次踢到很晚，父亲骑车到学校去找，嘴上埋怨儿子贪玩，心里却在琢磨儿子的技术有哪里不对劲。到了周末，他让儿子上午一定要把功课做完，午饭后，立即拉着儿子到公园去踢球。

剑峰的整个小学和中学都是在学习和体育这两个世界中度过的。他很忙，所有的时间都安排得很充实，而且精力充沛，也不觉得苦。他的数学能力迅速成长，成绩也特别好。父亲看他学会了小学的数学，就开始教他初中的，可是他又开始喜欢物理了，把很多时间放在物理上。到了初中，他总是参加竞赛，既参加长跑竞赛，也参加物理竞赛。物理的成绩上去了，可数学却下来了。

“所以说我不是什么天才，脑子也有不够用的时候。”他这样说。尽管如此，他还是发现，小时候他从父亲那里得到的两样东西最有用：“一个是数学，一个是长跑。”

“体育对我特别有帮助，不仅是体能方面，还有思维方面。我觉得体育好的人都是很聪明的。因为一个好的球员，一定非常清楚战术是怎么样的，还有团队精神在里面，知道怎么配合。”剑峰在整个读书期间的业余活动，几乎全和体育有关，有足球、篮球、围棋，还是上海交通大学排球队的领队，当然最出色的还是长跑。

论长跑，他看上去已是业余选手中最具有专业素质的人了。从中学到大学，他一直在各种比赛中获得名次。他已经懂得，真正好的长跑选手不仅是在用腿跑，而且也是在用脑子跑。

“很多聪明人其实都是小聪明，逞一时之快，占点小便宜。其实真正聪明的人都是大智慧。

“人与人的高下之分，不在一时，而在一世，不在开始，而在最后。最后胜出才是最厉害的。

“胜负不完全取决于体力，到最后，主要取决于毅力，取决于你的坚持不懈，也取决于你能否从同伴甚至竞争者身上学到你没有的东西。”

这些道理都不是老师在课堂上告诉他的，是他在长跑中悟出来的。“我在学校能拿个名次的也就是长跑了。”他说。所以他从长跑中学到的东西，一辈子都不会忘。

“一个好的长跑运动员绝对是能吃苦的人。”父亲当年总是对儿子这样说。父亲当年吃尽万般辛苦之后发奋读书，终于熬出头来。他生长在东北的农村，读中学的时候到了沈阳，大学毕业之后到了上海。他是学理论物理的，又是个运动员，所以希望儿子能像运动员一样做学问，像做学问一样搞运动。

但是当时无论父亲还是儿子，都没有想到，父亲的这个逻辑，不仅让儿子扫除了童年的自卑，而且引导着儿子读完了中学和大学，引导着儿子取得了上海交通大学的博士学位，直到成为微软亚洲研究院的研究员之后，还能受益无穷。

从这孩子的童年故事，我们发现了 E 学生应当具有的第八个观念：即使你发育不良，也能跑得很远。

天才是教育出来的

爸爸妈妈并不认为我是天才，但他们相信，天才是教育出来的。

——张益肇

在叙述这一切的时候，张益肇语气和缓，面色沉静。他的性格内向，普通话说得有些吃力，可是你仍然可以感觉到，有一股巨大的感情波澜从他的话里涌出来：

“你想想看，一个女人带着四个孩子漂洋过海，在一片完全陌生的土地上定居；一个男人抛妻别子，独自奋斗，承担起全家在美国的花销。他们甚至不惜彻底改变了自己的生活，改变了这个家庭。为了什么？只是为了让孩子们去学习。

“我知道爸爸妈妈一直希望我能非常杰出。其实我的天赋和别的孩子一样，从小瘦弱，身体的发育恐怕还不如别的孩子，吃的、玩的、想的，都和别的孩子没什么两样。爸爸妈妈并不认为我是天才，但他们相信，天才是教育出来的。所以他们不肯给我什么零花钱，却肯为我的教育花很多钱，花很多精力。还有更重要的，他们知道一个好的教育环境和教育文化比钱更重要，所以妈妈才会把我们兄弟姐妹全都带到美国去读书。现在，这件事情都过去20多年了，可是时间越久，我就越是感觉，他们当初做出这个决定，真是了不起。”

益肇祖籍福建，而他本人出生在台湾，其求学之路和当年的开复如出一辙：童年时代在台北度过，11岁迁居美国，此后一直在美国读书，初中、高中、大学本科，直到在麻省理工学院（今译马萨诸塞理工学院，以下同）完成学士、硕士和博士学业。

20年前台湾的教育有点像今天的大陆，小学和中学都有明显的好坏之分。孩子们到了上学的年龄，通常是在离家最近的学校入学。你住在哪个区，就可以去哪个区的公立小学读书，不需要交学费。就像台湾海峡这边的父母一样，台湾的父母也看重教育，都相信孩子的成长是遵循一个必定的路线：从好的小学到好的初中，然后进入好的高中，最后是好的大学。所以很多家庭购买房子的第一考虑，是附近的学校好不好。买房子是为了“买学校”，一时间蔚然成风。就这样，那些拥有好小学的社区，房价猛涨。这情形有点像美国，同样的房子在好的学区还是不好的学区，价钱要差一倍以上。

你嫌家门口的公立学校不好，不愿就近入学，也可以选择私立学校。私立学校通常都有很好的老师，教学质量更高，设施更好，但收费也高，所以大都建在富人居住的地区。

张家住在士林，这里拥有一所很不错的私立小学，里面大都是富家子弟，益肇也是其中之一。

在我们研究的30个“微软小子”中，益肇是唯一的有钱人家的子弟。但是严格说来，张家属于台北中产阶层的上层，并非豪门。有很多人家比张家更有钱，却不肯把孩子送进私立学校。还有些家庭并不富裕，却每天都给孩子大把的零花钱。张家的独特之处在于，父母对孩子的成长有着自己的看法，他们不允许孩子在日常的花费上奢侈，比如极少给孩子零花钱或者买玩具，却对孩子的教育非常在意，肯把所有积蓄拿出来，供儿女去读最好的学校。

“父母对我的要求，大概就是学习了。”益肇后来说。

父亲是个商人，母亲是个教师，两人都是大学毕业，这在那一代人中间并不多见。中国有句老话："忠厚传家久，诗书继世长。"海峡两岸的人们都相信，都喜欢把它贴在家门两侧。由上几代人的延续来说，张家也是个书香世家，从来就有读书传统。曾祖父是个秀才，祖父是个医生，一代又一代的家训延续到父亲，再传给益肇："财产不重要，知识最重要；身外之物不重要，脑子里的东西最重要。"

学校的教育采用传统方式。一个班大约 50 个学生，每天上课下课，按部就班，做一大堆练习题，再背诵一段课文。像《三字经》这种课本，中国人已经背了千百年，爷爷背过，爸爸背过，现在又轮到益肇来背诵。老师们都说，学习中国的文字就是要靠背，他们看到记忆力好的学生就两眼放光。益肇到今天还记得，当他流畅地把九九乘法表当堂背诵出来的时候，老师投给他的笑容是多么灿烂。这让益肇小小年纪就在脑子里不断猜测："学习大概就是吸取知识，好学生就要把知识全都装在自己的脑子里。"

老师评估学生的方法形形色色，同大陆这边如出一辙：没完没了的考试卷子，统一的分数标准，成绩单，排名次，给前几名颁发奖状，把后几名数落一番。好学生和差学生的区别完全在分数，哪怕你只差 0.1 分，就有可能落后很多名。

益肇在这样的环境中长大，以为学校本来就应当是这样的，直到他后来到了美国，才发现那是中国式的教育，"美国是没有这种做法的"。

让孩子们到美国去读书，是这个家庭迄今为止最重要的决定。

1979 年的台湾有点奇怪，尽管美国前任总统尼克松的访华让美国和台湾的关系前所未有地冷淡下来，现任总统卡特又在这一年的第一天让美国和台湾断绝了"外交关系"，可是台湾的民众似乎更加关注美国。一句新的民谣就在那时流行起来："来来来，来台大，去去去，去美国。"

每个家庭都在谈论把孩子送到美国去读书的可能性，这成了一股潮流，也成了张家的话题。

像开复的母亲一样，益肇的母亲也相信美国是一个伟大的国家：要想让孩子有出息，就必须把他们送到那里去。

"反正大学毕业后也是去美国留学，"父亲说，"那不如早一点过去。"

母亲同意父亲的看法，她唯一的担心是孩子太小，不能独立生活。

于是母亲辞去教师工作，带着四个孩子投奔大洋彼岸，在加利福尼亚州的舅舅家里住下来。父亲留在台湾继续挣钱，供养孩子们在美国的学习和生活。

那一年张益肇 11 岁，碰巧和李开复离台赴美时的年龄是一样的。

所以，如果你希望站在 E 学生的起跑线上，那就需要有第九个观念：有钱花在教育上。

新发现

读者看到这里，应当已经发现 E 学生的第一个秘密：不需要有超越常人的智力。

事实上，在我们研究的 30 个“微软小子”中，没有一个人认为自己聪明过人，他们在后来之所以有超越常人的表现，乃是缘于后天的教育，而非天赋。首先，他们在教育的起点上，就拥有一些与众不同的观念。

此外，我们还有一些富有启示性的新发现：

1. 80% 的人出生在小城小镇，并且在那里度过童年。
2. 至少有两个发育不良的例子，仅仅由于教育，他们后来居上。
3. 朝向 E 学生的起跑线，几乎百分之百出现在 6 岁到 12 岁之间。
4. E 学生在他们的起点上，也会有恐惧感，也会有糟糕的成绩，也会做“涂改成绩”这样的事。
5. 区别五级学生的标志不是考试分数，而是学习态度。事实上，E 学生的考试成绩，有可能不如其他学生。

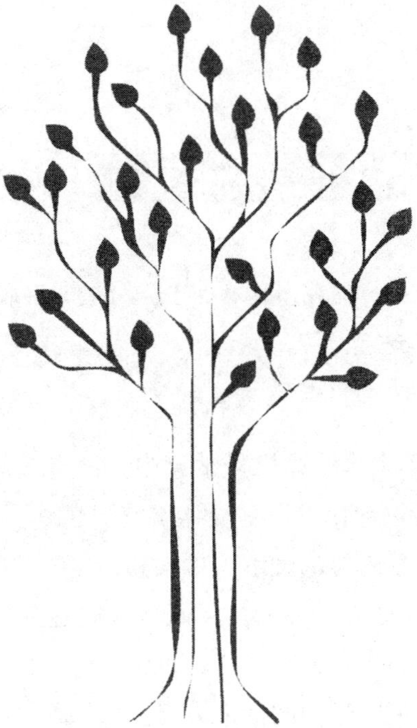

第二章

相信你自己最聪明

2003年5月3日，一个阳光明媚的下午，也是“非典”入侵北京城后的最危险的时刻，冷清多日的香江俱乐部里，有一阵忽然热闹起来。微软亚洲研究院的三位院长，张亚勤、张宏江和沈向洋，相约在一起，这一次他们不是讨论科研的方向，而是讨论教育的问题。

他们的谈话有一位朋友录了音。这位朋友一直在想：既然大多数孩子在教育的起点上并没有明显的不同，那么，是什么力量促使他们在后来的岁月里走向不同的方向？

接着大家就这个问题争论起来，持续了一个下午。

张亚勤说：“人的最大差别不在于聪明不聪明，而在于怎样使用自己的聪明。”

张宏江说：“给孩子自信，比给他一大堆知识更重要。”

沈向洋说：“最重要的是，你能不能学会尊重你自己，能不能发现自己的价值在哪里。”

计算机科学领域中三位世界级的科学家，渐渐倾向于一个结论。那正是E学生的第二个秘密：

相信你自己最聪明。

自信是成长之路上的第一路标

尽管我常常不如别人好，但我还是对自己说：“我是最聪明的。我能做好。”

——张宏江

今天全世界数以万计的计算机科学家中，没有人能够忽视张宏江。他就是当年那个走进河南叶县顿觉眼界大开的小男孩，而现在，他的专长是对多媒体信息内容的理解、检索和浏览。他的理想是让人们在网络上随心所欲地使用各种设备，而且能够迅速得到想要的信息，无论你拥有什么样的带宽、什么样的设备、什么样的语言，都不会感觉到有任何障碍。用专家们的话来解释，这叫作“实现多媒体的自动分析、有序化和可视化”，这中间最重要的部分，是张宏江在多年以前开拓出来的，其功绩直到今天仍为人们称道。张亚勤说他是“先驱”，李开复说他是“鼻祖”，意思都是一个：他在视频检索方面是名副其实的第一人，走在全世界的最前面，没有人能取代他在这个领域中的位置。现在，让我们回过头来，继续他的“叶县故事”。

叶县故事的第一个情节出现在1973年那次所谓“修正主义教育路线回潮”中。全国都在恢复学校的秩序，学生们回到教室里，老师们回到讲台上，有个说法描述这种情形，叫“复课闹革命”。叶县的中学也复课了，宏江刚好到了上中学的年龄，那是他第一次走进一所正规的学校，第一次经历正常的教育。

但是这孩子的精神世界还在随心所欲的状态中。有一天自习课，他不肯做作业却埋头画画，被老师发现，当场一顿训斥，揪出教室。这是那时候学校里面最严厉的体罚，对这孩子来说更是前所未有的屈辱。走回教室的时候，他哭了。那感觉直到30年以后还能记得："那是我这辈子唯一被人逼过的一次，我还从来没有被当众揪出去过呢。"

"等着瞧吧。"他一边哭一边对老师说。

这有点像中国一句老话：知耻而后勇。很多孩子都曾有过这样的精神状态，只不过没有遇到持续的激励，所以不能长久。事实上，从很小的时候起，孩子们的自尊、自信就不断地受到侵犯，就像一块石头，被一把坚硬的凿子敲打着，一点一点被击得粉碎。令人惊奇的是，这种冷酷无情的破坏力量，都是来自那些自称要教育孩子成才的人——父母和老师。但是我们也能看到一些孩子，他们的自尊和自信似乎是敲不碎的，因为他们内心的力量更强大。就像美国前总统罗斯福的夫人埃莉诺·罗斯福说过的那种情形："没有你的同意，谁都无法使你自卑。"

几周之后，宏江迎来他期待的时刻。这是学校复课以后第一次正规考试，老师和同学都认定意义重大，而宏江心里还有一个更加强烈的愿望。结果他如愿以偿，在360个学生中得了第一名。老师开始用另一种眼光打量这个平时不起眼的学生，可是宏江却发现原来那个让老师"等着瞧"的念头，一点也不重要了。他拥有了更重要的东西："第一次意识到自己的潜力，而且是突然意识到的。"

事实常常是，一般最平常的孩子其实和头戴"神童"光环的孩子一样，也具有潜在的能力。就像亚勤、宏江和向洋这三个人说的，每个孩子都是潜在的天才。不幸的是，大多数孩子往往不相信自己拥有才智，他们的父母和老师也不相信，所以从来没有想到给他们一次表现的机会。

宏江的幸运不在于他拥有超越其他孩子的能力，而在于他有机会发现自己的能力，然后还有机会表现出来。那一瞬间，他看到了自己的长处、能量和潜力。他对自己的看法从此发生改变。

"我相信我是最聪明的。"他对自己说，"是的，我是最聪明的。即便在后来的日子里我也常常不如别人，但我还是对自己说：'我能比别人做得好。'"

成功驱使他远离自卑，向着自信走去。但几个星期之后风云突变，临近的驻马店市有一个女学生自杀，报纸上引为"修正主义教育路线回潮造成的恶果"。大批判的高潮再度掀起，干校扩大了，工厂也扩大了，工农兵再次呼喊着口号占领"上层建筑"，唯有正规的学校在沉寂。张宏江离开了给他带来那么多"第一"

的县中学，回到父母工厂的学校去读书。

这里学生很少，但老师可以给学生更多的自由读书的时间。语文老师似乎格外眷顾这个曾经“考试第一”的孩子，他也在老师的眷顾和偏爱当中巩固了自己的信心。对于今天那些望子成龙的父母或者“恨铁不成钢”的老师来说，这些往事也许能够证明一件事：

给孩子自信，比给他一大堆的知识更重要。

灾难发生之后

如果我的家庭是一个软弱的家庭，一个低沉的家庭，一个怨天尤人的家庭，那就不可能有我的今天。

——周明

周明清楚地记得 1974 年夏天的那个夜晚，以及在那之后发生的所有事情。在一场突如其来的暴风雨中，两个姐姐双双死在放学回家的路上。妈妈的精神世界几近坍塌，而周明当时还不到 10 岁。别人的成长都是一个漫长的过程，而这个男孩子却是在那一夜之间就长大了。

每天上学走在那条小路上，他就渴望着找到一些踪迹，能证明两个姐姐都还活着。路边的高墙重新矗立起来了，那一天，就是这堵墙倒塌了，把姐姐压在下面。现在，它对着他，默默无言，没有生机。他也看着它，祈祷奇迹能够发生，姐姐能从高墙深处飘然走出。一年又一年，小男孩长大成人，他自己的孩子也和记忆中的姐姐一样高了，可姐姐还是没有回来，她们成了这个家庭永远的痛。

那一年周家住在承德。这城市坐落在塞外崇山之间，交通不便，却在中国相当有名，因为它是旧时皇家的避暑胜地。在共产党建立新政权之后，京城有些权势的人家每年夏天总喜欢去两个地方，一个是北戴河，另一个就是承德。

但周家是平民，住在城乡接合部的一处破旧的平房里，父亲当年大学毕业后从湖南来到这里，可不是为了避暑，而是想要为国家寻找矿藏。

周明出生在“大萧条”结束后的年代里，中国开始短暂的休养生息阶段。在这以前的三年中，饥荒造成千万人死亡和一亿儿童的营养不良，现在，物质紧缺的情形稍有改变，但精神的匮乏却更加严重。接着，“文化大革命”开始了，就像我们在前面描述过的，所有学校全都停止上课，还把那些有点知识的人赶出城市，赶到乡村。那时候，把一个城里人赶到农村去，是除了坐牢杀头之外最严厉的惩罚，但是公开的舆论却把这叫作“教育”。党的领袖毛泽东那时候下达的一个指示就是：“知识青年到农村去接受贫下中农的再教育，很有必要。”

对于周家来说，农村和城市的界限不是那么分明的。父亲出身于湖南邵阳一个农民之家，20 世纪 50 年代从中南矿冶学院（80 年代更名为中南工业大学，现并入中南大学）毕业了，这在当地农村是个大新闻，方圆百里的乡亲都来祝贺，可是按照那时的说法，这叫“臭老九”。幸亏他当初拼命要求当一个地质工程师，算是半个工人阶级，才没有受到政治冲击。但他为此付出了代价，从南方到北方，随地质队出入于荒山野岭间，风餐露宿，居无定所，在野外结婚，然后带着全家人在野外到处跑。妻子很长时间没有工作，却生活在地质队，两个女儿和三个儿子也是出生在野外营地里。直到周明上学那年，这家人才定居在这城市的边缘。

父亲一生都在寻找宝藏，这有点像武侠传奇故事中的那些大侠，但是他的故事没有那么浪漫，他找到很多矿藏，有金矿、银矿，还有形形色色周明说不出名字来的有色金属矿，那都是国家的。他本人一直都是穷人，还是个老实人，妈妈也是一样。这对夫妻只有一个信念，就是让孩子们拼命读书。

姐妹两人在五个孩子中最聪明也最用功读书，是老师最得意的学生，也是爸爸妈妈的骄傲。那一年，姐姐读初一，妹妹读小学五年级。一天下午，姐姐放学后被老师留下检查同学作业，很晚还没有回家。妈妈不放心，让妹妹去找。

姐妹两人携手回家的时候，天黑了。那条路并不遥远，30 分钟就能走到家，何况这条路也是天天走的，所以没人想到会发生意外。但就在这时，下起雨来，开始是小雨，很快就成了瓢泼之势。姐妹俩顶着大雨继续前行，经过那堵土墙下。墙倒了，把姐妹俩埋在下面。

雨还在下，风还在刮。母亲左等右等，不见女儿回来，急坏了。丈夫在野外找矿，长年累月不回家。家里也没有电话，不能报信。她只好独自跑出去，沿着女儿上学的路，跑到学校，再跑回来，在风雨中奔跑了一整夜，好几次走过倒塌的土墙，竟没有发现异常。

天亮了，她在断壁残垣旁边看到女儿的雨伞，突然明白发生了什么，大叫一声扑过去，挥舞双手插进土墙，就像疯了一样。土墙被扒开了，但还是晚了，姐妹二人在两个小时前憋死了。

家庭出现这种变故，真是一个天大的打击。母亲精神恍惚，身体一下子垮下来，精神也不正常了。全家充满了悲伤和绝望的情绪，充满了怨言。埋怨那条路，埋怨那堵墙，埋怨那场雨，埋怨政府官员，埋怨学校的老师，埋怨自己，埋怨父亲就知道为国家寻找金山银山，不顾家。三个弟弟全都焦虑不安，不再淘气。姐姐是他们心中的偶像，但现在彼此都害怕说出内心对姐姐的思念。

母亲用了一年多的时间才让自己平静下来。在确信两个女儿真的不能回来之后，她也不再去那条小路上寻找。她还有三个儿子，还有希望。

“不要抱怨，要靠自己。”母亲总是对儿子重复这句话，“只有自己的本事最可靠。”

当母亲第一次这样说的时候，就意味着她已经平静地接受了所发生的一切，已经从绝望中摆脱出来，也意味着这个家庭开始了新的生活。

周明本是两个姐姐宠爱的小弟，现在却觉得自己在家里有了一份责任。他从这一场变故中学到了很多，打算把自己变得像姐姐一样优秀，像母亲一样坚强。

很多年以后这个家庭的成员们坐在一起的时候，母亲还会重复当年说过的话：“不要抱怨，要靠自己。”

周明也会说：“如果我的家庭是一个软弱的家庭，一个低沉的家庭，一个怨天尤人的家庭，那就不可能有我的今天。”

不要小看自己

从那天起，我发现了天才的全部秘密，其实只有六个字："不要小看自己。"这是我一生中最快乐的经验。

——周明

一天刷了108个瓶子，这是一个10岁的孩子为自己赢得的第一个"第一"。他那天早上就打定主意一定要得到这个"第一"，结果他真的得到了。这让他开心极了，但即便如此，他还是没有想到，这件事对他未来的一生会发生如此重大的影响。

他就是周明，是我们在前边提到的那个在一夜之间失去了两个姐姐的男孩子。如今，他是微软亚洲研究院的主任研究员，拥有无数重大发明，其中最奇特的一项是，他在根本不懂日语的情况下发明了中日语翻译软件。这些成就让他成为计算机自然语言领域公认的最有才华的科学家之一。尽管如此，他心里最珍惜的"第一"不是这个，而是那"108个瓶子"。

在那之前他一直非常自卑，因为家里很穷，父母又没地位，在学校里见到有钱有势人家的孩子就躲开，见到不三不四的人赶紧绕着走，可还是常常被人欺负，有时候还会无缘无故地挨一顿打。

好多年来，这孩子就是生活在一种自卑的感觉中，似乎永远直不起腰。但是他的内心深处总有一个声音，要冲破压抑涌到表面上来："我什么时候才能比别人强一点呢？"

这一天是"学工劳动日"，老师带着周明和全班同学来到食品厂，就是现在的孩子们都知道的那个生产"露露"杏仁露的工厂。不过，那时候这里不做这个，只做一种水果罐头，而且设备简陋，每天依靠人的双手刷洗成千上万个罐头瓶子。这些孩子来了，也是做这件事。瓶子都是回收来的，很脏，一不小心就会把手划破。但老师认定这是让孩子们学习工人阶级高尚品质的机会，于是宣布开展竞赛，看谁刷得最多。

周明站在孩子中间，听到老师号召，心里一阵激动。他还从来没有得过“第一”，此刻下定决心，一定要得到它。

就像自信和坚毅一样，兴奋而急切地想要表现自己的能力，也是通向E学生的转折点。这情形有些像一座沉睡的活火山，虽然还没有冲天爆发，但你如果能看到这孩子兴奋得满脸放光的样子，就能听到火山爆发之前的那种隆隆作响。

他很快学会了所有刷瓶程序，刷得非常认真，一个又一个，一整天都没有停下来，一双小手被水泡得泛起一层白皮，结果他刷了108个，在所有小孩里面，是最多的。

现在这件事情过去整整30年了，周明记忆犹新：

> 我原来一直是没有自信心的，但是这件事给了我自信。就是从那天起，我知道无论什么事情，只要我肯干，就一定可以干好。我发现了天才的全部秘密，其实只有六个字：“不要小看自己。”那一瞬间，值得我一辈子记忆。我知道我的生活完全不同了。这是我一生中最快乐的经验，散发着一种迷人的力量，一直持续到今天。
>
> 你能学会你想学会的任何东西，这不是你能不能学会的问题，而是你是不是想学的问题。如果你对自己手里的东西有足够强烈的欲望，你就会有一种坚韧不拔的精神，尤其当你是普通人的时候。
>
> 我是那种特别努力，而且持之以恒的人。我做什么事情，都会特别玩命地去干。刚开始的时候，我可能不太有把握，但我知道只要我坚持，就能得到我想要的。对，就是当初刷108个瓶子的那股劲，直到现在都是这样。

亚勤话题

人的最大差别不在于聪明不聪明，而在于怎样使用自己的聪明。

——张亚勤

在法国巴黎的一个国际学术会议上，罗杰斯大学的古鲁伯博士说，很多研究都在显示，天才儿童身上那种神奇的自信心，并非与生俱来，而是后来培养出来的。这个结论的潜在逻辑是，所谓神童，并不是遗传变异的结果，而是环境刺激的产物。

对我们大多数人来说，这是个好消息，因为这样一来，每个孩子都成了潜在的神童。关于这一点，张亚勤也有过类似的表述。他说："人的差别不在于智商，而在于怎样使用自己的智商。"他的故事证明，他是有感而发的。

1977 年冬天的某个早上，亚勤像往常一样收拾书包去上学。

就在打开家门的一刹那，他的语文老师冲进来，兴奋得满面红光，话都说不利落了：

"快……快……快看！"

老师的手上摇着一张报纸。直到多年以后，亚勤还能记得，那是一张《光明日报》。他只看了第一眼，便被深深地震动了。

阳光从窗户钻进来，照在报纸上，又折射到亚勤的脸上，那张脸显出一种奇异的神采。后来他承认，那一刻改变了他的一生。

当时他 11 岁，还不能完全领悟成人的世界，却已经可以感受到，那个春天的中国有一种前所未有的气氛，到处都是激情，都是笑语。每天早晨打开家门，都可能有让他高兴的消息扑面而来：父亲的平反给他带来第一份喜悦，也让这个家庭终于告别了沉重的过去；恢复高考是第二份喜悦，它给这个家庭开辟了未来之路；而现在，亚勤看着手上这张报纸，觉得未来之路离自己是如此之近。

吸引他的那篇文章很长，里面说，合肥有个中国科学技术大学，大学里有个少年班。文章作者是个名气很大的报告文学作家，亚勤当时并不知道这个人，但他把另外一个名字深深地刻在心里了。那就是宁铂，也是进入中国科大少年班的第一个孩子。报纸上都叫他"神童"。

"那天晚上我兴奋得没睡觉，"亚勤后来回忆，"我已经把上少年班当作自己的目标了。"这个高中一年级学生当即决定，第二天早上就跳到高中二年级去，还决定四个月后去参加夏季高考。

在大多数人看来，这真是一个不可思议的决定。

"莫非他是个天才儿童？"有人问道。

生理学家早就有个结论：人的脑容量并无明显差别，这意味着每个人的天赋智商也无明显差别。可是为什么大多数人成了凡夫俗子，而天才只是少数？在种种复杂的原因中，亚勤认定，有一个原因最重要，接着他就说了那句话："人的最大差别不在于聪明不聪明，而在于怎样使用自己的聪明。"

关于聪明，亚勤还有一些话，值得回味：

"聪明人有很多，聪明也有很多种。有些人的聪明，是很能显示出来的那种。有些人是大智若愚。有些人的聪明表现在虽然反应很慢，但在某些方面可能钻得很深。有些人反应很快，但不能达到很深的程度。有一种聪明很有扩张性，可以影响到周围的人，是看得见摸得着的。还有一种聪明，就好像酒一样，是靠时间去慢慢品味的，时间越长，你就越是感觉强烈。还有的人就是小聪明了，时间一长，你就觉得淡而无味。在我遇到的所有人里面，也包括我自己，我没有觉得哪个人的聪明超过别人很多很多，没有碰到过一个聪明得像神一样的人，大家其实都是不同方式的聪明。最重要的是，要相信你自己就是聪明人。"

不过，这都是后来的话，在当时，他可没有想这么多，只想着怎么跳到高年级去。老师还是用那句话鼓励这个孩子："只要能通过考试，你就跳吧，没人拦着你。"

亚勤于是开始实现他的计划。他进了高二的尖子班，废寝忘食。"那是我一辈子最用功的一段日子，真的是为了那个目标。"他这样说，"一个人要是有了自己的目标，就会有一种再苦再累也心甘的感觉。"

高考的日子越来越近，看上去一切顺利，不料灾难突然降临：他得了肝炎，不得不停止上学，住进医院，饱受病痛折磨，发热，虚弱，满脸黄疸色，无法开动他的大脑，想要看看书也非常艰难。但是，对少年班的渴望支持着他，他不肯放弃。

母亲本来并不指望自己家里也出个神童，只是看到儿子跃跃欲试，而且态度坚决，又跳级又熬夜，就不阻拦。现在看着儿子那张发黄的脸，只有心疼："今年算了吧，明年再说。"

亚勤不听："我就是想试试，失败了也是一次练习。要是不考，不就等于考了零分吗？"

很多年以后，他用更加成熟、更加富有逻辑性的语言表达了同样的意思："你若奋力去争取成功，也许不会成功，但你若不去争取，那就一定不会成功。"

他在医院治疗了一个月，又在家里休息了一个月。等到能上学的时候，高考已经开始了。

考试结果是比中国科大的分数线差 10 分，尽管如此，还是超过所有人的想象，他可以上山西大学。那也是一所重点大学，而且是太原人心中的圣殿。

周围一片祝贺声，但亚勤很不开心。这孩子心中的圣殿在合肥。

妈妈说："能上山西大学已经很了不起啦。"

亚勤说："不。"

妈妈又说："如果你不喜欢去，就在家待一年也好。"

亚勤还是说："不。"

夏天转眼就要过去了，亚勤还在为他的失败懊恼。

这一天，老师又来了，再次给他带来希望："上一次考试是全国统一高考。你不是想去少年班吗？那是另外一次考试，马上也要开始。"

亚勤大喜。

新一轮考试的结果是"两个极端"：语文和政治都很差，但数学是满分再加 20 分。他不仅把所有考题完成得滴水不漏，还把加试的一道题也做出来了。那是一道平面几何题，而他是全国考生中唯一解出这道题的人。阅卷的老师们惊呆了，都说太原出了一个"数学神童"。

"其实这是过高地估计我了。"亚勤后来回忆这件事情的时候笑着说，"这个题正好是我做过的。"

那是考试前的几天，妈妈不知道从哪里弄来一本书。书里有一道竞赛题，特别难。亚勤平时总觉得平面几何特别对他的路子，什么题也难不住他，可这题竟把他难住了。他苦苦想了两天才找到答案，不料竟在这次考试卷上看到了同样的题。

“我不比别人聪明，”他后来说，“那个题，如果我没做过，我在考场上肯定做不出来。没有人能在那么短的时间里做出那个题。”

可是考官不管这个，只管结果。亚勤后来如愿以偿，进入中国科大少年班，和他在数学考试中的杰出表现有着直接关系。

一句话影响一生

每次我得意的时候，就会有个声音让我平静下来。

——张亚勤

12 岁那一年，亚勤开始了他的大学生活。

对 1978 年保有记忆的亿万中国人，一定都记得中国科大少年班。那一年无数轰动全国的大事件中，这是最深入人心的一个故事。少年班里有 30 多个学生，从 12 岁到 15 岁，来自全国各地。人们把那些孩子叫作神童。

亚勤是这群孩子中年龄最小的一个，这让他更多了几分得意。母亲也很高兴，但她从来没有在儿子面前流露过。有几天，他成为记者追逐的对象，但是他拒绝了大部分记者。因为母亲不许他接受采访，说他和别的孩子没有什么两样，不让记者把他的名字登到报纸上，还对他说：“名声不是什么了不起的东西。”

迄今为止母亲的教导无数，不知为什么只有这句话最符合亚勤的心思。他就悄悄地躲在那些“神童”身后，玩着他自己喜欢的游戏。他觉得这日子和他在太原上中学的情形差不多。直到有一天，一件小事让他发生了重大变化。

事情是从一个作家的出现开始的。这作家从北京来到合肥，想要采访这一群“神童”。看到亚勤不愿意谈自己的生活，于是对他说：“我们一块散散步吧。”

那个下午，这一大一小在校园周围走着，一边走一边聊，谈啊谈，不知不觉中，两个人已经走得很远，走出了校园，走进乡下的田野。夕阳西下，天边一轮红日，彩霞满天，把亚勤的脸都映红了。

那作家说："知道吗？比起你的同伴，你的基础还很差。"

"这人怎么不说好话？"亚勤心里不高兴，不禁争辩道，"我是凭自己的本事考进来的。"

"不错，"作家点点头，似乎被这个孩子的自信打动了，忽然站住，转过身来，正视着亚勤，"可是，你才刚刚开始，究竟能不能成功，还要看你以后的路怎么走。"

说完，他把手从亚勤的肩膀上拿开，转身离去。

亚勤一个人留在那里很久。"以后的路怎么走？"他一再问自己这个问题。

"这次改变在于我的内心。"很多年以后亚勤回忆起这个故事的时候说，"我越来越感觉到他是给了我一个非常好的劝告。现在我想想看，他真是很有智慧的一个人。那一年他差不多40岁，他当时很真诚。从那以后，每次遇到问题，我脑海里就浮现出他那双眼睛，好像电影一样。每次我得意的时候，就会有一个声音让我平静下来：'你才刚刚开始，以后的路怎么走？'"

历史性的时刻

妈妈一声惊叫，爸爸一声不吭，只是抓着那张纸，左看右看，等到终于相信眼前发生的事情全是真的，就一个劲地说："喝酒，喝酒。"

——张宏江

张宏江现在年过四十，瘦脸宽肩，有些谢顶，看上去比他的实际年龄还要大。他已经是两个男孩的父亲了，有时候闲下来，就把自己的"自信人生"讲给儿子听："我从小学到中学，唯一的好处就是没什么作业。"

同儿子相比，宏江那一代人受的教育的确不一样，“那时候我们没有资源，或者可以说，我们拥有的最大资源就是一个宽松的环境”。

那一年宏江离开县中学，重新回到乡下的学校。学制缩短了，课程精简了，实际上已经没有什么东西，比如英语学了好几个月，还是只会26个字母和一句话：Long Live Chairman Mao（毛主席万岁）。新来的班主任是一个管学生比较宽松的老师，班上同学也少了，只有30个，老师可以花更多的时间关注学生，但从来不会说：“今天的家庭作业是……”

爸爸妈妈最大的好处就是放纵，从来不问儿子“作业做了没有”，也不问“得了多少分”，还不让儿子做家务事。那时候大多数人家的孩子是要承担家务的，但这对夫妻有自己的看法，他们说：“整天逼孩子做家务事，有可能让孩子陷入那些琐碎的小事当中，眼里没有大事。”

宏江的大事不是课本，而是课外书；不是大人们要他看的那些书，而是大人们禁止他看的那些书。有《青春之歌》，有《幻灭》，还有《白宫岁月》、苏联小说《你到底要什么》。这些书要么被禁止出售，要么只供“内部参考”，在大城市里的内部书店悄悄地出售。可是现在，那些被“流放”到这里来的文人，成了禁书的携带者和传播者。宏江每天跑到他们那里去，找这些书来看，把这当作躲避虚假道德世界和开阔胸襟的办法。老师眼看这孩子在课堂上不好好听课，只是埋头读些不三不四“供批判用”的东西，竟不加干涉，只在心里惊讶：这小家伙从哪里弄来的这些书？

所有这些情节，都为今天大多数孩子所向往，也让宏江的两个儿子羡慕不已。自由宽松、无忧无虑是所有人内心的追求，更是孩子们的天性。

但是，对孩子的教育是严格一些好，还是宽松一些好？给予孩子的压力是大些好，还是小些好？这一直是大人们争论不休的话题。从迄今为止已经发生的事实来看，这两种教育方法都有成功的例证，也都有失败的例证。我们在“微软小子”的身上发现，他们这些人的与众不同，不在于没有压力，而在于他们的压力不是来自父母来自老师，是来自他们的内心。

就像开复想要“足够好”的成绩、亚勤一心一意进入少年班、向洋不屈不挠跳出农村、剑峰“笨鸟先飞”、周明攥紧了拳头要摆脱被欺侮被蔑视的境遇一样，张宏江也有自己的压力。

1977年宏江15岁，就要高中毕业。那时候最吃香的是工人、农民和士兵，社会风尚与今天大不一样，人人都把毛泽东的一句话挂在嘴上：“农村是一个广阔的天地，在那里是可以大有作为的。”人人身在上山下乡的潮流中，但是在心里全都认为这是浪费青春。宏江的哥哥已经在两年以前到农村去了，现在又轮到他。爸爸妈妈开始忧虑。那个年月的父母很难有什么望子成龙的念头，只希望大儿子能离开农村，回家来，找一份像铁路工人那样的工作，还希望二儿子别再到“广阔天地”去了，就算没有工作，在家闲逛都是好的。但是不行，宏江一毕业，城市户口立即被取消，按照政府规定，他除了追随哥哥到农村去种地，别无他途。

但就在这时，高考制度恢复了，你可以想象这对宏江兄弟意味着什么。

收到大学录取通知书的那天，是这个家庭最幸福的时刻，而且是历史性的。第一份通知书是给哥哥的，左邻右舍都来祝贺，爸爸妈妈既兴奋又心焦：一个儿子解放了，但是他们还有另外一个儿子啊！

宏江的学习一向比哥哥好，又自信，他对爸爸妈妈说：“哥哥能拿到，我也能拿到。”

但是父母不信，从心理上说，他们不是不相信宏江，而是实在不敢想象能拥有两个儿子同时考上大学那样的幸运。

一家人在兴奋和焦虑中又过了四天。那天傍晚，有个人忽然跑进来，满口说“祝贺”。父亲以为又是祝贺大儿子的，就说：“都过了四天啦，还祝贺……”可就在这时候，他呆住了，眼睛直直地看着面前站着的那个邮递员，看着那人手上的录取通知书。它来自郑州大学电子系，是宏江的。

妈妈一声惊叫，爸爸一声不吭，只抓着那张纸，左看右看，等到终于相信眼前发生的事情全是真的，就一个劲地说：“喝酒，喝酒。”

你的潜力远远超过你的想象

我建议你给自己一些机会展示这方面的能力，或许像我一样，你会惊讶自己在这一方面的潜力远远超过了想象中那样。

——李开复

2000年夏天，李开复给中国的大学生们写了一封公开信，里面讲了他自己的一个故事：

> 我在苹果公司工作的时候，有一天，老板突然问我什么时候可以接替他的工作。我非常吃惊，表示自己缺乏像他那样的管理经验和能力。但是他却说，这些经验是可以培养和积累的，而且他希望我在两年之后就可以做到。有了这样的提示和鼓励，我开始有意识地加强自己在这方面的学习和实践。果然，我真的在两年之后接替了他的工作。

“我建议你给自己一些机会展示这方面的能力，”李开复接着对大学生们说，“或许像我一样，你会惊讶自己在这一方面的潜力远远超过了想象中那样。”

这封信后来在众多媒体上公开发表，还有一个正式的题目：《给中国学生的一封信》。那时候李开复已经离开中国，但是他在这封信里留下的很多思想，一直在学生中间广泛传播。这一点，我们在后面还要陆续谈到，现在只提一点，他认为，教育的目的，就在于使孩子的潜能最大限度地发挥出来；接受教育的目的，也就是寻找“最真实的自己”，而一个“真实的自己”往往比“想象中的自己”更好。

美国著名作家威廉·福克纳说过：“不要竭尽全力去和你的同僚竞争。你更应该在乎的是：你要比现在的你更强。”李开复把这句话告诉大学生们，并且说，只在一所学校取得好成绩、好名次就认为自己已经功成名就是可笑的，“要知道，山外有山，人上有人”。“在21世纪，竞争已经没有疆界，你应该放开思维，站在一个更高的起点，给自己设定一个更具挑战性的标准，才会有准确的努力方向和广阔的前景，切不可做‘井底之蛙’。”

消极的图像离他远去，积极的图像回来了

有了那次经历，我忽然意识到，原来的想法错了。打败别人，得第一名，不是最重要的。最重要的是，你能不能学会尊重你自己，能不能发现自己的价值在哪里。

——沈向洋

“一个人明白一个道理，都是有一件事情作为契机的。”沈向洋这样说，接着就开始讲述那个成为他的契机的故事。

1980年，向洋成为南京工学院（现为东南大学）自动控制系的一个大学生。那一年他13岁，是这所大学“最年轻的学生”。这让老师和学生们很激动，好多人都说这学校里出了一个“神童”，但是他自己却在心里觉得，进入这所大学是“一次失败的经历”。

“我让我的中学老师失望了，后来都不好意思见他。”他这样说。

实际上向洋在中学时代一直是老师最宠爱的学生，因为他年龄小，还因为他的成绩好。老师们都偏爱成绩好的学生，把期望寄托在他们身上，向洋的班主任当然也不例外。

高考之前老师带着向洋去体检，就像母亲带着自己的孩子，跟在医生身后，亦步亦趋，面色紧张，直到最后，终于吐出一句话：“我这个孩子没有问题吧？”

医生说：“没有问题。”

老师笑了：“没有问题就好。这孩子是‘北大化学系的预备生’。”

老师虽然在开玩笑，其实在心里早为这孩子设计好了未来的大学，那就是

北大。可是，期望也是有重量的。一个孩子在日益优越的环境下成长起来，身上肩负着那么多人的期望，这期望比考卷更沉重。

“心理压力的承受能力不知道是不是能够培养，我也说不清楚。”多年以后向洋回忆当日情形，那种感觉还是非常清晰，“我高考就是因为心理压力大才失手的。”

“考试考得好不好，成绩单都是摆在大家面前的啊。”那些日子他整天就在想这件事，不知不觉又开始拉肚子了。他明白这不是个好兆头，表明心里那种恐惧感正在上升，但是除了他自己，没人知道。

有人说，自信来源于成功的暗示，恐惧来源于失败的暗示。这话是有事实根据的。你心中的图像千千万万，总有一些属于你自己，它在无形之中释放出力量，引导你朝着自己内心深处潜藏着的那个方向走去。如果你抓住的是自信，它就会引导你走向成功；如果你捉住的是恐惧，消极的结果就会产生。

高考的第一天上午就出了问题。

作文的题目是“读画蛋有感”。向洋知道这是在说达·芬奇画蛋的故事，但他心里紧张，写了半天竟不知都写了什么。

老师在考场外面等着，见他出来，连忙问长问短。向洋还没说几句话，就见老师的脸色一下子刷白：文不对题。40 分的作文，顶多能得 5 分。

下午接着考数学，向洋又失手了。多少次模拟考试都是满分，可这一次，竟然看错一个题。

最后的分数大失水准。期待中的北大化学系是没戏了。老师还想挽救，要他报名中国科大少年班。那也是向洋向往的地方，但是他再次失望：人家的招生名额已经满员。

向洋就这样来到南京工学院。

这样一个结果在旁人看来，已经是了不起的，在他来看，当然是一次“失败”。就像他自己说过的，他“有时候觉得自己是个天才，无所不能，有时候觉得自己什么也不是”。现在，那个“什么也不是”的形象占了上风。他开始“混”，身上那种贪玩好动的本性全部爆发出来。他迷上了足球，后来还学武术、练拳击，混过一年级，混过二年级，又开始混第三年。

但“失败的经历”始终让他耿耿于怀，那也许是一种遗憾，但更像是不服气。内心深处有一种力量在涌动，总是在寻找新的机会重新试一试，只是自己还没有意识到。他是在大学三年级的时候忽然意识到的。

有一天，老师把他叫到自己的办公室。这老师本是负责学生思想工作的，临时代讲电子线路课。在讲台上站了几天之后，她的眼光就集中在这个年龄特别小又特别淘气的学生身上。

“你知道你自己的价值吗？”她对向洋说，“你不应该混啊。你应该像查礼冠那样子才对啊。”

向洋知道这个查礼冠：她是当年全国唯一的女教授，有非常了不起的学术成就，举国闻名，也是向洋心中的偶像。现在，老师居然把他和查礼冠相提并论，这就像是有个什么东西，把他心里的那个开关打开了。

“我从老师办公室出来的时候，胸中腾起一股豪气，真正觉得应该好好读书，做一点事业出来。”

那一天向洋做了一个决定：考查礼冠教授的研究生。

但是要让一个玩惯了的孩子坐下来，并不是一件容易的事。克制力不是天生的，而是后天养成的，这在任何人都一样。谈到这一点，向洋深有感触：“纪律性是训练出来的，小孩子是绝对不会有纪律性的，而且这一定是可以训练出来的。”

克制的含义不只是约束，它实际上意味着一个人确定自己的目标，并且坚持到底。这需要内心的欲望，也需要外界的力量。向洋不缺少内心的欲望，但他缺少外界的力量。

看来，人的一生若要走向成功，真是需要一系列的机缘，向洋此时的机缘是他的一个同学带来的。

这一天向洋把自己的新决定告诉同学，同学听得两眼放光。他比向洋大好几岁，有很强的自尊和自信，有高远的理想，而且做事认真。在大学的前三年中，他的学习成绩比向洋好很多。最重要的是，他了解向洋，两人常在一起玩，彼此相知。

“其实你这家伙比我强，”他对向洋说，“就是不自知。”

“真的？”

“你要是不相信，咱们就试试。”

“可我就是坐不住。”

“没关系，照我说的做。”

从这句话开始，每天晚上，两个人一同走进教室，占据一个角落。同学命令向洋坐在里面的座位，而他自己坐在外面，拦住向洋出去的通路。

“我想出去一会儿。”向洋很快就坐不住了。

“不行。”同学斩钉截铁。

“我想去洗手间。”

“也不行。”

四个月后，两个人一起考上了研究生。这一次，向洋超过他的同学，也超过所有考生，成为全系的第一名。

毫无疑问，变化已经发生在向洋身上。这当然不仅仅是我们可以看到的那些东西，甚至也不是那个第一名，变化还发生在他的内心：消极的图像离他远去，积极的图像回来了。

他后来是这样谈论那次转变的：

> 那是对我影响很大的一件事。我好像突然就明白了很多道理，虽然说不上是大彻大悟，但也算是一个领悟。我整个人一下子变得很轻松。
>
> 人这一辈子总是想证明一点什么。证明什么呢？有时候你自己也不是真的很清楚。在那之前，我特别在意的是考试第一名，要在每一次竞争中打败所有人。小时候在乡下，就是打败乡下人，后来到了城里，就想打败城里人。但是有了那次经历，我忽然意识到，原来的想法错了。打败别人，得第一名，不是最重要的。最重要的是，你能不能学会尊重你自己，能不能发现自己的价值在哪里。
>
> 我想说的是，即使一个有十足自信心的人，也不一定真的意识到自己的价值。我一生都很感谢我的这个老师和这个同学。什么叫良师益友啊？这就是良师益友。他们两人，一个让我认识到我的价值，一个让我证明了我的价值。明白了自己的价值，你的自信心就不会被恐惧打倒。

如果有机会重新上学

有很多东西，我曾经那么刻苦认真地学过，可现在都忘掉了，真正留在脑子里的却没有什么用处。还有很多东西，我现在觉得很需要，可是却从来没有学过。

——童欣

童欣获得博士学位的时候，适逢微软亚洲研究院成立。他知道这里的图形学研究小组相当强大，拥有全世界在这个领域的最优秀的人，不禁心驰神往，当即送去应聘简历，在一番严格的招聘程序之后，他被微软接受了。

从那时到现在，五年过去了，童欣在计算机图形学领域已是相当知名的人物。他的研究成果连续不断地进入世界图形学大会。这个大会是全世界计算机图形学科学家的圣殿，也被人们公认为衡量是否达到世界一流水平的试金石。如果一个研究团体的成果被大会接受，那么全世界的研究团体都会承认这是一个世界一流的团体。如果一个科学家的研究成果有一次被这个大会接受，就表明他的研究已具有世界水平；如果他的成果能够连续被大会接受，那么所有人都会认为他是一个世界一流的科学家。童欣的研究成果就具有持续不断的性质。在过去的三年里，他每年都有一篇论文在图形学大会上发表。这些成果让他拥有世界范围的影响力，也成了“微软四少”中的一个。

他生命的起点是张家口市，在冀北崇山峻岭间，与世隔绝。当年父亲和母亲告诫他“不要留在这个城市”，还要他“摆脱闭塞摆脱贫困”。于是他怀着一种强烈的冲动，离开自己的家，去杭州求学，又从杭州来到北京。如今，他和家人都在北京定居了。父母对儿子的一切都很满意，最关心的是他的身体好不好以及他是不是快乐。

他承认自己很幸运，得到那么多机会，多年来付出的种种辛苦，全都有了回报。最重要的是，他在工作中感受到了乐趣。当然他也有自己的苦恼，比如他总是在心里想：过去这五年“失败要比成功多，起码也是一半对一半”。有时候拼命工作好几个月，写出论文，却被人家拒绝了。一旦发生这样的事情，他就特别怀疑：“我做的事情到底意义何在？”甚至对自己这辈子到底想追求什么样的东西，也会迷惑。

不过，在一连串大的成功之后，他的心境比原来平和了。“现在我成功了不会特别欣喜，失败了也不会特别悲伤。”他庆幸微软能够允许他失败，还庆幸自己“可以不断从失败中学到东西”。这是他在学校读书的时候从没有过的感觉。

和所有最优秀的中国学生一样，童欣连续读了20年书——小学、中学、大学、硕士和博士，从7岁读到27岁。

他出生在“动乱”的年代中。这一代人的童年没有那么丰富多彩，不像过去的孩子，有那么多属于自己的时间，想玩什么就玩什么；也不像现在的孩子，可以学钢琴学跳舞学绘画。这一代的孩子到了懂事的那一天，就开始“把被‘四人帮’耽误了的青春补回来”，从小学到大学，他们除了念书还是念书。“这并不是很好的经历。”童欣后来这样说。

他上小学时，就听到很多年龄稍大些的同学说过类似的话，可惜他还不懂得如何吸取别人的教训，一定要自己亲身去体验。事实上大多数人都是如此，到自己摔过跟头之后，才能慢慢悟出一些道理来。

童欣小学和中学的学习成绩都不错，虽然不是第一名，但总是排在前面，所以父母对他很放心，从不过问他的考试。

他对自己的能力相当自信，但他总是说自己“不是什么天才，至少我周围有很多人比我聪明”。他总觉得聪明孩子都很贪玩，只是到了快考试的时候才用功，而他从来不敢这么干。“我不是这样的人。”他说，“光凭聪明我是做不好事情的，我还要下一些苦功夫。”

父亲也相信儿子不是天才，但是他知道，聪明人一定是个会用脑子的人。所以他总是反复地对儿子说一句话：“干活要用脑子去干。”儿子做任何一件事情的时候，他就会在旁边说：“想想怎么做才能做到最好。”比如有一次削铅笔，童欣坚持自己动手，他的动作笨拙，铅笔削得很难看，“就跟狗啃的似的”。这时候父亲就会把铅笔和小刀再次塞到他的手里，让他重新开始，还说：“要用脑子去削，不是用手削。”

童欣从小到大，父亲把这句话说了无数次，这成了童欣记忆最深的一句话，对他的影响特别大。

他有一个惊人的素质，就是考试时心里没有一点负担，也不紧张。高考之前的复习阶段，在很多孩子看来就像地狱一般，一切正常的生活节奏都被打乱了，弄得一团糟。但童欣把这件事情看作一种既定程序，自己把每天的时间安排好，到什么时间就做什么事情，连“早上买早点”“在操场上跑步三圈”这样的事情也一丝不苟。他也从不熬夜加班做习题。每天晚上到 9 点就睡觉。有时候他发现自己无法像同学们那样日夜奋战，不免心里不安，这时他就会想到父亲说过的话：“干活要用脑子去干。”

他就是在这样一种稳定的、按部就班的状态中完成了所有学业，按照老师的要求，把该记熟的课本都熟记在心，把该做的习题都做了好几遍，然后考上他想要的大学，没有任何波澜起伏，也没有任何意外的事情发生。

只是有一件事情，时间过去越是遥远，他反而觉得距离越近，那就是他的学生时代。他越来越经常地回想那时的故事，觉得自己得到的教训比经验多，“有很多东西，我曾经那么刻苦认真地学过的，可是现在都忘掉了，真正留在脑子里的却没有什么用处。还有很多东西，我现在觉得很需要，可是却从来没有学过，因为课本上没有。也许课本上有，但我那时觉得对考试没有什么用处，就没有好好学。”

于是，有个念头越来越经常地出现在他的脑海里：“如果让我重新上一次学，我会怎么做？”看上去有点像一篇 E 学生的宣言书：

> 如果有机会重新上学，我会在数学和英语这两门课上多下一些功夫。因为我越来越觉得这两门课重要，可惜上学的时候不明白这些。
>
> 如果有机会重新上学，我就不会像从前那么卖力地读死书。我不会仅仅为了分数就拼命去学那些我不感兴趣的课程，我可能只让它及格就够了。我会腾出更多的时间去学一些课本以外的东西。我会培养自己的兴趣。我要读更多的书。
>
> 如果有机会重新上学，我会更自觉地去掌握学习的方法，而不再只是灌输知识。现在看来，我的知识还是太死。这样的知识积累得越多，大脑就越是不能进入特别活跃的状态。我现在才懂得，死记硬背的人聪明一时，寻找方法的人聪明一世。

如果有机会重新上学，我会请老师改变他们的教育方法。他们太重视对与错，太忽视提出问题。他们让学生得到了很多知识，但是并没有让学生掌握应用知识的方法，也没有让学生学会获取新知识。

如果有机会重新上学，我不会花那么多时间去背书，因为我已经明白，最重要的不是记忆，而是理解。你对你所学的东西要有一个理解，就像我爸教育我的话，“你要用脑子来干活”。用简单的重复来掌握知识，可能是最笨的方法了。

如果有机会重新上学，我一定会变得更聪明。我爸爸还有一句话：“如果你是聪明人的话，看到别人摔一个跟头，你就不会摔同样的跟头。如果你不是很聪明，你可能自己摔一个跟头，不会再摔第二个。如果你是最笨的人，你下次还要摔同一个跟头。”我已经看到了别人摔的跟头，也看到了自己摔的跟头，至少，我不会再摔同样的跟头。

自信的力量

那些敢于去尝试的人一定是聪明人，他们不会输。因为他们即使不成功，也能从中学到教训。所以，只有那些不去尝试的人，才是绝对的失败者。

——张亚勤

中国科大少年班被人们叫作“神童集中营”，但是如果有谁要到那里去寻找所谓“神童”的证据，十有八九是要失望的。

“我的那些同学，到今天，有些很棒，有些很平常，还有的不怎么好。”亚勤这样评价当年中国科大少年班的学生们，“所以要说这少年班究竟怎么样，我觉得现在评价还早。其他大学的少年班也是一样。什么叫成功？什么叫失败？大家的标准不一样。我们这些人才 30 多岁，这个年龄的人很难讲是成功还是失败。”

在过去25年里，中国产生了数以千计的“少年大学生”，最引人注目的并不是亚勤，在他之前，有一个孩子已捷足先登。

他叫宁铂，是中国科大少年班的“第一人”，非常聪明伶俐，又很听话。中国人心中一个完美儿童的种种要素，他都有了。在一次偶然的机会中，他成了第一个少年大学生，也成了记者们追逐的对象。他们让这孩子出名，让这孩子成为“神童”，让这孩子放射出一种既神秘又炽烈的光彩，让这孩子成为全国儿童学习的榜样，也成为父母们教育子女的新模式。

宁铂和亚勤同在一个学校读书，但那时候他的名声远在亚勤之上。“当时我们只知有宁铂，不知有亚勤。”三年后进入中国科大的李世鹏这样说，“可是很奇怪，20年以后，这两个人竟颠倒过来了。”宁铂成了人们心中的那种平凡的人，默默无闻，只有中国科大的人才知道他曾经是这所学校里的一个老师，而亚勤的名字闻名全世界。

亚勤有一次谈到这件事，仍然觉得宁铂比自己更聪明。“至少，”他说，“我不比宁铂更聪明。”

宁铂的不幸在于，人们加诸他身上的荣耀和期望过于沉重。他那时候毕竟还是个孩子，无法负荷那么重的东西。他开始担心自己的能力，害怕失败。他觉得自己无法承受失败，因为没有人会接受一个“神童”的失败。他由此失去了“神童”身上最神奇的一个东西——自信，甚至对自己渴望得到的东西，也畏首畏尾，不敢伸手去拿。

我们已经叙述过亚勤在高考中的那种主动的、全身心的投入，也叙述了那次研究生考试给予沈向洋的重大影响。现在我们想要说，宁铂也曾面对差不多同样的事情，只不过，他的决定完全相反，结果也完全相反。

他总是想：“万一失败了呢？”

大学毕业之后，宁铂在内心里强烈地希望报考研究生，但是他一再放弃自己的希望。第一次是在报名之后，他放弃了；第二次是在体检之后，他又放弃了；第三次，他甚至领取了准考证，但是在走进考场的前一刻，他又放弃了。他后来再也没有为自己争取类似的机会。

亚勤后来谈到自己的同学，异常惋惜：

我相信宁铂就是在考研究生这件事情上走错了一步。他如果向前迈一步，走进考场，是一定能够通过考试的，因为他的智商很高，成绩也很优秀，可惜他没有进考场。这不是一个聪明不聪明的问题，他也许是怕考不好丢了面子，所以我说他做错了判断。

这都是一念之差的事情。我就用我的例子来讲，那一年高考，我病在医院里，其实完全可以不去参加高考，可是我就少了一些顾虑，多了一点自信，所以做了一个很简单的选择。而宁铂就是多了一些顾虑，少了一点自信，做了一个错误的判断，结果智慧不能发挥，真是很可惜。到后来，很多机会他都不敢去尝试。那些敢于去尝试的人一定是聪明人，他们不会输。因为他们即使不成功，也能从中学到教训。所以，只有那些不去尝试的人，才是绝对的失败者。

有时候我们回过头去看看过去，对比周围形形色色的人，就会发现：有些人比你更聪明、更杰出，那不是因为他们得天独厚，事实上你和他们一样好。如果你今天的处境与他们不一样，只是因为你的精神状态和他们不一样。在同样一件事情面前，你的想法和反应与他们不一样。他们比你更加自信，更有勇气。仅仅是这一点，就决定了事情的成败，以及完全不同的成长之路。

自信是什么

张亚勤的观点：自信是一种感觉

自信是一种感觉。一个人的成长，然后成功，往往靠这种感觉。这种感觉引导着你的判断。一个正确的判断，不仅决定你在一件事情上的成败，更重要的，它是你走向哪个方向的分界线。比如有两个人，有着同样的环境，其中一个突然就上去了，另一个人可能永远都上不了这个台阶，最重要的区别是他做出了什么样的判断。这个东西无法用考试分数来衡量，但却具有决定意义。我从小到大，周围总是有很多人，只因一念之差，后来就一切都不同了。

王坚的观点：自信是你内心的标准

有些人一定要得到第一名，一定要读个重点中学或者名牌大学，才能让自己更自信，其实那不是真正的自信。那些过分强调成功，极力想要证明自己的人，其实是不那么自信的。一个真正自信的人，一定非常强调自己的观点，但是也可以随时放弃自己的观点。放弃也是需要自信的。过分地想让别人认可自己，比如一定要争第一名，就算得了第二名都会认为自己有问题，这不叫自信，叫底气不足。本质的问题还是，你自己是怎么样的人，是自己内在的标准，世界上没有人比你更清楚你自己，你用不着通过考试来证明自己的学习好不好，也不要在乎别人怎么评价你。

张宏江的观点：自信就是摆脱束缚

中学以后我开始懂事，周围的人越来越多。我发现我的生活跟在家里的时候完全不一样，跟在学校里面也不一样。于是我开始表现自己，开始用更高的标准来要求自己，有了一种往上走的愿望。当我强烈地想要超脱中学和大学里那些教育方式的时候，或者说真正悟出了一个什么东西，摆脱了自己所受教育的局限性的时候，我就觉得自己进入了一个新的境界。

沈向洋的观点：自信是战胜恐惧的渴望

自信是一个人战胜恐惧的渴望。自信就是我们对自己的成长能力抱有信心。我们应当像自己期望的那样成长起来，但是我们又总是怕这怕那。其实最恐惧的事情不是别的，而是恐惧本身，所以自信是在战胜恐惧中获得的。你只要留意一下，就会发现自信不是与生俱来的，自信需要培养。可是，人们总是梦想不付出代价就获得自信，就如同他们总是梦想不用劳动就获得财富一样。

新发现

1. 在“你是否自信”这个问题上，我们的所有研究对象都做出了肯定的回答，这同他们对“你是否聪明过人”这个问题的 100% 的否定形成鲜明对照。

2. 在 100% 认定自己非常自信的同时，又 100% 地有过恐惧、紧张的经历。

3. 抛弃了自信和成功联系在一起的旧观念。事实上，建立在成功基础上的自信并不牢靠。自信是建立在对自身价值的深刻理解上，而不是建立在成功上，因为没有人能永远成功而不失败。

4. 只是在那些不够自信因而特别想要证明自己的人身上，是否成功以及别人是否认可，才显得特别重要。真正自信的人并不在意某些“公认标准”，比如是否超过别人，他们更在意自己内心的感觉。

5. 教育是培养学生自信的过程。

第三章

我到底要什么

英文 difference，可以与中文里的“不同”“差异”或者“特殊”相对应，可是这个词的另外一种含义，不仅无法和中国人的文化相对应，而且南辕北辙。西方人使用这个词来描述一个人或者一件事情的时候，通常表示一种强烈的赞扬。事实上，与众不同在西方文化中总是被看作一种正面的品格，受到鼓励。但我们中国人往往相反，一个与众不同的孩子总是给父母和老师带来烦恼。当大人对孩子说“我从来没有见过你这样的”或者“怎么就你特殊”的时候，脸色一定非常难看，那是在表示一种强烈的斥责。如果他们说，“看看人家，你怎么就不知道学一学”，那一定是在要求孩子把自己变得像别人一样。

2003 年夏季的一天，在北京一个普通人家里，父亲和儿子之间有一段对话。当时父亲正在电脑上写一句话：“我们站在 21 世纪的入口处，世界千变万化，可是整个社会都在做一件事情，那就是要求我们的后代成为一模一样的人。”

写完之后，他忽然想和儿子讨论一下这个问题。儿子是大学一年级的学生，从小到大按部就班完成了学校的所有课程，成绩很不错，却总是对学习对学校表现出强烈的厌恶，所以父亲觉得儿子一定有话要说。

“是啊，”儿子看到父亲写的话，当即认可，“我已经上了 12 年学，我和我的同学们每

天都在读一样的书，做一样的作业，老师拿同一个标准来衡量我们，不是对就是错。我们考的是同一张试卷，我们奔着同样的目标——好大学。”

“你觉得不该这样？”

“要是让我自己选择，我不会这样度过我的童年和少年。”

“那么，你到底要什么？”

“那……那我也说不清楚。我只知道我不想像现在这样读书，可我说不清楚我到底想要什么。奇怪，这问题我怎么从来没想过？”

“去年你和500多万个孩子一同考大学，今年更多了，有600万。这么多孩子都在努力，可是有多少人从这种努力中享受到快乐？大概最强烈的感受是苦不堪言。”

“岂止苦不堪言？简直是生不如死。”

“所以，你要做的事情，不是爸爸妈妈老师同学要求你做的，不是你‘不得不做的’，不是你‘应该做的’，而是你‘想做的’。”

“可是我总觉得没那么简单吧。我们国家的教育已经定型了，谁敢不按它的路子走？除非你直接把清华、北大给拆了，学生不分先后，大学不分好坏。”

“不是把学校拆了，而是把你对学校的看法拆了。”

“把‘看法’拆了？”

“对，改变你对学校的看法。”

读过这段对话，我们再回头来看 difference，可以隐约感到，这个英文单词包含了E学生的第三个秘密，那就是：

我到底要什么？

“深蓝”是怎样炼成的

我不是教授的好学生。因为我不喜欢按照教授的计划走，总是在做自己想做的事。

——许峰雄

20 世纪 80 年代后期计算机领域发生了两件大事，轰动世界。它们出自美国卡耐基梅隆大学计算机系的两个学生。

其一，全世界有几十位最优秀的计算机专家在研究语音识别技术，他们全都绞尽脑汁，想让电脑听懂人类的语言，但是直到 1987 年，才有一个 20 多岁的学生开创了历史，那就是李开复。

其二，1988 年，一台名叫“深思”的计算机第一次成为“国际大师级棋手”，并且战胜国际象棋特级大师本特·拉尔森。它的制作者是许峰雄。

直到今天，许峰雄和李开复仍然是卡耐基梅隆大学的骄傲。如果我们回过头来，重新估量这两个人的杰出表现，就会发现：每一个学生身上都拥有无限的潜力。大多数学生从来没有尽善尽美地表现自己的能力，是因为他们从来没有想清楚自己到底想要什么，从来没有产生过一种想要抓住什么东西的冲动。只有很少的人能够意识到自己真正想要的东西，感觉到它正在前边召唤，不顾一切地去抓住它。强烈的渴望不但产生了勤奋，还创造着天分，激励着他们超越一切障碍，与众不同。

我们在《追随智慧》中已经叙述过，李开复是如何与 15 位专家分道扬镳，另辟蹊径，而他的导师罗杰·瑞迪教授又是怎样“不同意他，但支持他”的，现在让我们来看许峰雄。当年他是比李开复早一年入学的博士生，如今他是微软亚洲研究院的高级研究员。

看见许峰雄的时候，我们脑子里冒出来的第一个念头是“深蓝”，这就是那个被叫作“深蓝之父”的人吗？

是的，就是他。他和他的两个伙伴制作出来的那台“深蓝”是个庞然大物，有 1.4 吨重，里面装了 32 个并行处理器、世界上所有国际象棋大师的棋谱，还拥有每秒计算 2 亿步棋的能力。1997 年 5 月 11 日，许峰雄用它战胜了卡斯帕罗夫。后者拥有很多辉煌的头衔：国际象棋世界冠军、世界排名第一、特级大师、有史以来最伟大的国际象棋棋手。所以，“深蓝”的胜利让全世界电脑和人脑两大领域又惊又喜，还有一种五味杂陈的感觉。自从 1958 年国际商用机器公司（IBM）那台名叫“思考”的计算机掀开与人类博弈的第一页，“40 年人机大战的历史”就在这一天彻底改写了。

“别人都说你在卡耐基梅隆大学是个非常出色的学生，是吗？”有人这样问许峰雄。

“我也不知道，”他腼腆地笑了，“我们学校不分名次，学生也就是合格和不合格两种。不过，我不是教授的好学生。因为我不喜欢按照教授的计划走，总是在做自己想做的事。”

此人中等个子，看上去温文尔雅，年龄不算大，却已早生华发，一副深度眼镜后面的那双眼睛，有时候有些木然，心不在焉，但是突然间又会神采飞扬，把脸上的表情甚至全身都带动起来。1997 年 5 月那次持续一周的“人机大战”之后，“许峰雄”这个名字在全世界传扬开，也为很多中国人知晓。但是昔日的同学和今日的同事并不叫他“许峰雄”，而是叫他“CB”——Crazy Bird，意思是“疯狂鸟”。

CB 的早期教育履历很简单，却令人印象深刻。他出生在台湾，自幼“好新奇之事”，中学时期“奇思妙想层出不穷，天空海阔恣意驰骋”。在台湾大学读书的时候固然成绩优秀，但他给同学留下的印象是“思想异于常人”“特立独行”。1982 年他来到美国，进入卡耐基梅隆大学计算机系，又是一个“不务正业”的学生。他所谓“不是教授的好学生”，包含了如下一个事件：有一天校园出现了一个“黑客程序”，可以控制老师和学生的计算机系统，还能把人家私下往来的电子邮件发布到学校网站的电子布告栏上，以至那些“昨天我在洗手间捡到的连裤袜是谁的”之类的隐私也被公开。结果证明始作俑者正是 CB，而他只不过是在愚人节开了一个玩笑。曾任微软公司负责全球科研的高级副总裁的里克·雷斯特博士，就是这一事件的“受害者”之一。那时候雷斯特是这所大学的教授，而CB是计算机系一个尚未取得博士学位的学生。

不久以后发生的一件事情，再次证明此人的所谓“特立独行”不是夸张，他后来总是说，自己走上“人机博弈”的道路“完全是机缘”，也是在说这件事：

> 有位教授来找我，要我帮忙去完成一台能下国际象棋的电脑。我喜欢下棋，也喜欢电脑，还知道让电脑学会下棋的努力已经持续了很多年，但直到那时为止，电脑还只是具有业余级别的棋力。我喜欢做这件事，可是我不能同意教授的计划。他们打算按照国际象棋的64个格子做出64块芯片，所以那是一个很大的东西。我觉得这种做法很笨，就对教授说：“现在的技术可以把这些东西装进一个晶片，为什么要做64块？”教授坚持当时流行的观点：如果加快电脑速度，必然增加电脑体积。我说不一定。结果我和教授发生了冲突。我说：“如果你做成一个芯片，我就参加。”教授很生气，说我根本就不想做。

CB离开教授，满脑子只有一个念头：“我非要做出一个来。”

他把自己的想法告诉导师孔祥重。导师支持他，但又说：“人家已经开始，你忽然另起炉灶，所以一定要做得很快。学校没有时间等你。”

导师问他需要多长时间，一年还是三年？

他说：“六个月。”

对他来说，这是一个前所未有的历程。没有人要求他去做这件事，那是他自己想要的。“很多事情，你不做就不会理解其中的艰难，一旦做起来，才会发现自己低估了困难的程度。”他这样说，“面对那么一大堆问题，我有时候担心自己也许要做十年。”旁人遇到这种情况，也许会退缩，至少要求导师给自己更多的时间，但他是CB——疯狂的鸟，他不肯退缩。

每天从早到晚坐在电脑前。他要把36 000个晶体放在一块长6.8厘米、宽6.7厘米的芯片上，每一条线路都要重新设计，这用掉了第一个月。然后把一点一线画出来，有几万个点和几万条线，其中大部分依靠手工完成，这又用去了四个月。每天的工作时间越来越长，昏天黑地，不分昼夜，但最大的问题是“前途难测”。他一边往那小小的芯片里面塞进晶体和线路，一边对自己说：“应该可以，应该可以。”

第六个月开始的时候，他把 36 000 个晶体连同所有电路全都装在芯片上了，再多一条线都加不进去。然后开始检测，在发生错误的地方重新开始，这用去了他的最后一个月。六个月限期全用完了，他的芯片真的诞生了，不仅能够正常工作，而且证明比那 64 个芯片组成的系统还要快 10 倍。

他把自己的第一个成就叫作“晶体测试”，它的样子粗糙，甚至不是一台像样的电脑，但是同学们都在为它惊讶不已，对他说：“你应该带着它去参加国际象棋比赛。”他去了。在一场机器对机器的博弈中，晶体测试两胜两败。那是 CB 第一次参加大师级别的比赛，时在 1986 年。

初试锋芒，CB 信心大增。他继续在晶体测试上投入自己的激情和智慧。一年后，晶体测试参加北美冠军赛，战胜所有对手，成为冠军。

CB 现在狂热地爱上了他的芯片，热情与日俱增，似乎没有止境。“我想做一台更快的机器。”他对同学说。他已经计算出，如果能把电脑的速度提高 1000 倍，就能接近国际象棋世界冠军的能力。

导师看出学生前途无量，给他 5000 美元，要他做出一台真正的电脑来，还为电脑取了个既浪漫又沉稳的名字，叫“深思”。

一年以后，“深思”诞生。CB 带着它去参加比赛。这是他第一次带领电脑与人脑下棋。“深思”一往无前，进入决赛，可惜在关键一役中输给一位特级大师，屈居亚军。

CB 把“深思”带回家去，再接再厉。现在“深思”已经有了 200 块芯片和 2 个处理器，每秒钟能分析 70 万个棋位。半年以后，“深思”战胜特级大师本特·拉尔森，声名大噪。

“深思”如果是一个人，也有人类的七情六欲，那必是当之无愧的国际大师。事情做到这个程度，CB 已是全校闻名的传奇人物。教授们开始对新来的学生津津乐道：“我们的机器是全世界第一台击败国际大师的电脑。”“什么叫研究？这就叫研究。”

这一年 CB 毕业了，取得博士学位。国际商用机器公司正为推进它的“人机博弈”煞费苦心，听说此事，当即认定此人的工作具有世界级的水平，甚至有可能击败世界冠军。于是公司派人前来游说，说 IBM 将帮助他制成更大更快的计算机。这正是 CB 想要的，他和两个伙伴进入 IBM。这一年是 1989 年。

从晶体测试到“深思”，CB 用了四年，现在他要开始新的历程。新电脑改名叫“深蓝”，其理论上的根据源自他的博士论文。那时候 CB 已经全美知名，因为《纽约时报》在头版发表文章，说这是一场“电脑与人脑之间的战争”，弄得人们既兴奋又紧张。

这场“战争”的结局现在人人都已知道，但是“总攻”发起之前的那一段时间仍然漫长。从“深思”到“深蓝”，CB 和他的“三人小组”用了八年，其间有过无数失败、无数烦恼、无数惊喜、无数不眠夜，这一切外人至今还不知道。人们津津乐道于事情的成败，“深蓝”的胜利和卡斯帕罗夫的失败成为那一周世界媒体的头版新闻。美国的《时代周刊》《纽约时报》，英国的《卫报》，还有新华社、美联社、路透社、共同社，纷纷报道，连中国的《人民日报》这样的严肃报纸也加入进来。IBM 甚至单独为这场比赛申请了一个站点，每天有上千万用户访问该站点，发表见解。“这是一部像人的机器和一个像机器的人之间的决斗”，印度人阿南德这样评价“深蓝”与卡斯帕罗夫的较量。卡斯帕罗夫说他“没有想到电脑会如此像人一样下棋”。国际商用机器公司则名声大振。他们为这次比赛投入 1000 万美元，然后把 70 万美元的“胜利者奖金”发给了自己，又从股票价格上涨中收益 2 亿美元。

但是 CB 并不在意这些，在他的记忆中，事情的起点才是最值得怀念的。“一切都基于一个信念，”他这样说，“信念会促使你持续不断地努力。”

《纽约时报》当年的一篇评论说，IBM 导演的这场“人机大战”，是演给全球最大的软件公司微软看的，“‘深蓝’已经打败了棋王卡斯帕罗夫，它能打败比尔·盖茨吗？”

如今，“深蓝”功成身退，它的一部分捐给了博物馆，另一部分则存放在国际商用机器公司，作为资料，也作为纪念。“深蓝之父”许峰雄并没有向比尔·盖茨挑战，他在 2003 年春天加盟微软，来到比尔·盖茨旗下。

张亚勤说，他是“很安静、很坚忍”的科学家，脑子里每时每刻都跳动着“各种各样的想法”，一旦决定了主攻方向，他便会“执着地整合各种资源”。

沈向洋说：“他应该是所有中国学生的榜样，当然，也是我的榜样。”

他自己说：“当时我也没有想到，这件事情一做就是 12 年。”有一次他还对朋友说起自己为什么到那么大的年龄才结婚：“在战胜卡斯帕罗夫之前，我根本不知道女人是怎么回事。”

开 窍

我终于找到了能让自己心花怒放、精神振奋的东西。那一天我对自己说，大学的后三年再也不拿 A 以下的成绩了。

——李开复

我们的研究对象有个共性，值得一提。那就是，几乎每个人在学习期间都有一个发现自己的过程。这过程包含了两项内容：

1. 先是发现了自己到底想要什么；

2. 然后才是发现了自己的能力所在。

一旦进入这种状态，他们就会感受到一种前所未有的力量从心底涌出，那情形就像很多人说的，“开窍了”。这是一个突然爆发的时刻。沈向洋的“开窍”发生在大学三年级，张亚勤是在读博士的时候，李开复是在大学二年级。在此之前，是一个逐渐演化逐渐积累的过程，有点像火山喷发之前的沉寂。

下面是李开复“开窍”的经历：

读中学时，开复希望能成为一个律师。到了上大学的时候，他选择了政治学和数学。他在以前从未想过其他选择。他的父亲是搞政治的，后来离开了政治的舞台在家里写书，也还是在研究政治。“父亲从没有说过他希望我做什么，但我觉得子承父业似乎是很自然的事。”

对抗老师是他做的第一件具有政治和法律意味的事情。那时候他在台湾上小学，他的老师喜欢惩罚学生，最严重的惩罚是用竹尺打，稍微轻一些的就是罚款，常常把同学们的零用钱都罚光了。他回忆道：

班里的同学都恨老师，都在心里想着发泄不满的情绪，这给了我一个机会去展示自己的政治才能。我开始调动小聪明，偷偷计算老师罚款的数额：一天一天地加起来，结果惊讶地发现，老师从学生手里拿走了很多钱，但班费却没有增加。于是我说服同学们相信老师在贪污，向校长检举。校长痛斥了老师一顿，老师回来痛斥学生，说是“共产党的行为”，还要追查检举者，但却无从下手，因为我已经预先防备泄露身份，检举信是用左手写的。

第一次向权力挑战就大获成功，这让开复成了同学中的明星，也成为“正义的化身”。到美国之后读中学，他开始喜欢法律，觉得自己可以做一个为社会主持公道的律师。

有一天老师要大家写一篇作文，题目是：“谁是美国人面临的最大的敌人？”中国的学校不会出这样的题目，因为这类题目的答案是形形色色的，没有一个标准的对与错，老师就失去了评判的依据。但是开复在美国学校里遇到的题目，大都是没有标准答案的。老师可能说出一些参考书目，让大家自己去看，等到看了一大堆书之后才发现，原来书里并没有现成答案，还是要写出自己的想法。

我当时看着老师的作文题，忽然豪气大发，写下自己的答案：《漠视——美国人面临的最大的敌人》。为什么这么说呢？我在作文里写道：越南战争给很多美国人带来影响，抽烟喝酒，不看新闻，不看报纸，还吸毒，没有一个很好的目标。人们在心理上“什么都不在乎”。过去美国人只关心自己，这还是一种比较好的情形，因为这在客观上对社会有好处。可是现在，美国人连自己都不关心了。这是最大的问题，比贸易逆差、环境破坏之类的问题还要坏。因为，这个国家民主制度之所以能够有效，就是因为人人都能受教育，都能关心社会。如果人们什么都不在乎，民主制度就要完蛋了。

那时候开复还只是个中学生，有这样的思想不免让周围的人大感惊讶。他的《漠视》获得优秀奖，也是那一年全州最好的10篇论文之一。这似乎证明了他的政治天赋，连他自己也觉得很不一般。到哥伦比亚大学读书的时候选择专业，他第一个就选了人文学院。“那时候我认定自己是要当律师的，要么就是法学家。”

不料情形不像他想的那样。他觉得上课提不起精神，成绩也不好，最让他沮丧的是，他感觉不到那股激情，甚至想把枯燥无味的课本扔到教授身上。有一个时期，桥牌成了他的精神支柱，每天要打好几个小时，有时候还逃课出去参加比赛。那一年他的桥牌成绩比他大学的学习成绩要好得多，曾在美国大学生比赛中获得第一名，还得到过一个世界亚军。“中国人都知道杨晓燕是美籍华人中的桥牌高手，其实她总是输给我们的。不过她很有风度，是很好的一个女性。”

他就这样度过了大学一年级，学习成绩很差，也不在乎，因为他真的不知道自己喜欢些什么。但他明白这里不是中学，政治也不再是写信检举老师那么简单的事情。他在这个领域没有什么出众之处，既没有那种炽烈的热爱，更没有献身的欲望，还很厌恶那些娴熟的政治技巧。“你走进这个世界，就不能再说实话，所以我到后来认定那不是一个好的事业。”于是他决定放弃政治学，“我并不为已经花费了一年的时间而懊悔。我认识到那不是我想从事的事业，我没有在那里用掉我的半生甚至毕生的时间，这是我的幸运。”

开复开始探求自己到底想要干什么，先去学习数学，但后来发现真正喜欢的是学校里面那台电脑。他去听了一个月的电脑课，就发现比老师懂得还要多了。那时候电脑还是打卡式的，很笨拙，但是对他来说却有巨大的魅力。当他发现有一台计算机和可口可乐的机器连在一起，学生坐在教室也可以看到可乐机里面有没有可乐的时候，就觉得真是奇妙无穷。

那时候还没有什么人能预测计算机会有一个那么辉煌的未来，人们说到科学的时候，都是说数学家、化学家、物理学家，没有人说计算机科学家的，所以他也没有觉得这是一个事业，“但是这不重要，重要的是我喜欢它。所以我把数学也丢掉了，去学计算机”。

他说：“我终于找到了能让自己心花怒放、精神振奋的东西了。那一天我对自己说，大学的后三年再也不拿 A 以下的成绩了。这是我做了那么多愚蠢的决定，经过了许多尝试之后的一个新决定。当我投入到计算机课程中去的时候，我感觉周围的一切都安静下来，只有我的内心在说话。在我的记忆中，除了我的家人和朋友，似乎没什么人很注意听我说话。但现在情况不同了，当我开口说话的时候，我的老师和那些专家都在仔细倾听，这让我非常惊讶，很受鼓舞，越发勤奋。每天 16 个小时用在学习上，而我根本感觉不到时间在流逝。有时候我想：我准是疯了！但我的确感觉很快乐。”

从那时起，他果然没有 A 以下的成绩。大学毕业的时候，他是全校第一名。

回顾那几年的学习生活，开复到现在都十分庆幸。作为一个计算机科学家，能让亿万不同国籍、不同种族、不同文化背景的人，因为他的发明而改变了自己的生活，这给他的生命带来意义。然而，他可不是在一个早上就踏到这条道路上来的，那是不断幻想、追求、尝试、改变自己的结果。

做最好的“你自己”

总是生活在别人的评价体系中，想想挺可悲的。

——凌小宁

凌小宁生在中国长在中国，有一段在国内读中学读大学的经历。现在想想，那时的课程都不记得了，但是有一篇鲁迅写的文章，给他留下很深的印象。鲁迅在那篇文章里写了中国民族的一些问题，大意是说，中国少有失败的英雄、任性的反抗，少有单身鏖战的武人，见胜兆纷纷聚集，见败兆纷纷逃亡……小宁在美国生活多年，直到今天还能把这长长的一段背诵出来，而且时间越是久远，他就越是感觉到鲁迅的话真是有道理。

“这就是说，中国是一个随大溜的民族。”小宁说，“我们从小受的是集体主义的教育，人人都有共同理想和共同利益，都在追逐一个东西，都希望做一件事。”

出国多年以后，小宁回到中国，和中学时代的同学相聚在一起。有人建议大家轮流讲述当年的故事，于是，二三十年前的往事一件一件铺排开。

“我要讲个凌小宁的故事。”有个同学说，接着就讲起来。

那是1966年盛夏，“文化大革命”正在高潮，政治的批判轰轰烈烈。这班初中一年级学生当时只有13岁。有一天，大批判的矛头直指班主任易老师。几个同学是组织者，站在讲台上，全班50多个同学都坐在下面，小宁坐在最后排。易老师被押上来。她才20多岁，从北京大学毕业不久来当老师，现在站在学生面前，垂首弯腰。有人用细铁丝拴住一块黑板，挂在她的脖子上，下面还吊着砖头，在黑板上写着“修正主义教育路线的代表”，还写着“大流氓”“大破鞋”。一人高呼口号，要打倒她，大家都跟着，小宁却在后面沉默。有个同学拿了一堆大蒜来，往老师脸上抹，还把老师的鞋脱下来，拿来打她的脸。就在这时，小宁似乎忍无可忍，他站起来，大声说：“你们这样做不对，老师对我们挺好的，你们为什么这样对老师？”一语出口，满座又惊又怒。同学们斥责小宁，教室里像炸锅似的。小宁也不知道从哪里来了一股怒气，跳将起来，冲到前面，又把老师脖子上的黑板摘下来，摔到地上。老师一直默默忍受诸般凌辱，此时忽然哭了，泪流满面。小宁看到老师的脖子被铁丝勒出血痕，鲜血淌下来，似乎更气，抢上一步，把那堆大蒜扔出很远，又挡在老师身前。“我也不知道我当时哭没哭，”他后来回忆道，“也讲不出什么道理，只觉得他们太过分了！老师太可怜了！”教室里吵得一塌糊涂，很多人说小宁“破坏文化大革命”。他说：“不管你们怎么革命，不能这样对待别人。”没有人站起来帮他说话，他感觉寡不敌众，转身跑出教室，有几个人跟他走了。批判会让他这么一闹，不了了之。

当年主持批判会的那个同学，现在和小宁重逢。大家都是快50岁的人了，往事依然历历在目。“我那天特别恨你。”他对小宁说，“我心想，这家伙平时不声不响，关键时候跳出来反对我们。后来我再想想，真是很佩服你：做人就要这样做，不应该欺负弱小的人，要帮助弱小的人。其实从那天以后，我一直在学你。”

这是30多年以后的真情流露，在当时可不是这样。那一年大批判的热潮又持续了几个月，小宁觉得实在不能忍受，不再去学校。他回到家里，沉浸在自己的世界里：做半导体收音机，搞化学实验，做火箭，做天文望远镜和显微镜。做这些东西要买零件、买工具，要花很多钱，而妈妈给他的零花钱总是不够。

有一天他在一家汽车修理厂的垃圾堆里发现很多废弃的铜丝，大喜过望。他每天到那个垃圾堆上去，把那些铜丝扒出来，拿到废品收购站去卖，几角几分地攒起来，凑足一笔钱，就跑到商店去买回一个无线电零件。他沉浸在自己的发明世界里，丝毫没有感觉到“捡垃圾”是一件不光彩的事。有一天，他正在垃圾堆里扒着，邻家孩子看到了，嘲笑道：“你怎么在干这个，真不像话，给你家里丢脸，也给你自己丢脸。”小宁一点不脸红，还是不停地捡，心里想：“我又没偷没抢，我只是想把自己喜欢的东西做出来。”

很多年后，有人和小宁谈到这些往事。小宁说：

> 做人做事，道理是一样的。你不应该总是跟着别人走，也没有必要看别人怎么评价你。做你自己！你就会发现心里有一块地方是真正属于你自己的，激情一定就在那个地方。认识到自己的激情所在，不要压抑它，把它开发出来，你可以看到，你的价值就在这里。

小宁是在32岁那年到美国求学的。他发现美国人的文化是强调个人价值，强调与众不同，这一切似乎格外符合他的本性。一个人怎么样才算有价值？美国人的理念和中国人是不一样的。他们不是人人都希望做科学家，都希望做大人物，不认为一定要很有学问，一定要挣很多钱。他们更在乎自己是不是快乐，只要自己高兴，做一个饭店服务员、做一个普通的售货员，都很有满足感，不会因此就觉得比别人矮一头。

两个儿子的童年和他不同，都是生在美国长在美国。有一天他问小儿子：“你长大想干什么？”

儿子说：“我不知道。”

“你想不想当总统？”

“不想。”

“为什么？”

“那个人太累。”

这细节让小宁经久难忘，因为他从这里看出，美国的孩子和中国的孩子想得都不一样，而美国的父母一定是尊重孩子想法的。

然后，小宁又讲了一个故事。这件事他对很多中国的朋友说起过：

我在微软公司有个同事，他非常优秀，是个很出色的计算机科学家，而他的哥哥是个乞丐，真正的乞丐，整天在外面流浪，依靠别人的救济和施舍生活。

有一天我对他讲起中国孩子的成功观念，他就给我讲了他哥哥的故事，讲的时候脸上没有任何尴尬或者不光彩的表情。看得出来，他不觉得有这样一个哥哥是一件丢脸的事情。他承认他哥哥生活得非常开心："可以想上哪儿就上哪儿，想干什么就干什么，没有任何压力，也不对任何人负责，所以他认为自己才是真正自由自在的人。"

"那么，你父亲呢？"我知道他的父亲是个律师，很体面，也很有钱，于是问："你父亲怎么看待你们兄弟俩？"

他告诉我，父亲一点也不干涉大儿子的选择，从来不会骂这个大儿子不争气，从来不会说"看看你弟弟多有出息，就你不争气"这样的话。

有一次大儿子回家，父亲看他的衣服实在太破，于是给他200美元让他去买新衣服。儿子问："这是不是意味着我可以自己选择买什么样的衣服？"

"当然。"父亲回答，"你可以买一件200美元的衣服，也可以买很多便宜的衣服。"

结果大儿子买了一件200美元的衣服穿上了。父亲看了就说"很好"，并没有说："你这么穷还不知道节俭。"

这是典型的美国家庭，是一种美国式的价值取向。父亲不一定同意大儿子的价值观念，事实上美国的主流社会也不认为不劳而获、做乞丐是一件好事，但问题不在这里，而在于他们的价值观念让他们尊重、理解和接受别人的选择，即使是父亲对儿子也是这样。美国人认为，每个孩子都应当有自己的想法，走自己的路。这件事情要是发生在中国，你可以想象父母会怎么颜面无光，会怎么斥责这个儿子，恐怕不仅仅会说"你看看你弟弟，再看看你"之类的话，可能还会采取一些措施，比如给他些钱要他做生意，然后他还不好好做，把钱给花光了，父母就伤心欲绝，觉得生了这个不争气的儿子真是造孽。

是要求孩子做父母喜欢的事情，还是让孩子做他们自己喜欢的事情？中国的家庭在不知不觉中倾向于前者，而美国的家庭肯定是后者，这是一种文化上的差异。美国人的理念都是比较发散的，对他们来说，自由是最有价值的，自己快乐不快乐是第一位的。美国人就是这样的“自我”，只在乎自己的感觉，只做自己喜欢的事情，不在乎别人怎么看。在美国的大学里，大部分硕士生和博士生都是外国人，实际上不少美国人都不上大学，不是不能上，而是他们不想上，他们觉得不上大学也没有什么不好。

所以说，美国人更能体现多样化的个人价值，而中国人更喜欢统一，大家追求同一个东西，用一个共同的社会价值标准来衡量成败。中国的孩子是全世界最受关爱的孩子，他们生活在一个幸运的殿堂里，却过着最不幸的生活，就是因为他们都在做别人要他们做的事，拼死拼活，想方设法考上好大学，整天被压制在这种沉闷的气氛中，个性都没有了，然而明知道这样不好，却摆脱不开。谈到这些，小宁的情绪似乎特别激动：

我们中国人总在讨论怎样让孩子成功，其实还有更大的问题，我们的成功标准本来就有问题。过去我们并不认为这有问题。现在大家之所以感到苦恼，是因为我们的国家开放了。世界的潮流在向前走。东方社会的价值取向和西方社会的价值取向本来是不一样的，你很难说这个一定好那个一定不好，但现在全球化的浪潮让这两种文化碰撞起来了，中国人出去了，外国人进来了，你怎么迎接这种碰撞呢？

按理说中国已经变得很多元化了。经济上非常多元化，文化上也非常多元化，甚至人们的价值取向也多元化了，社会观点也有很多变化。但是教育体系并没有跟上这个变化，教育的标准还是一元化的，就像大家说的，千军万马从四面八方拥过来，争过一座独木桥，争着做同一件事情，不管他自己是不是喜欢。

总是生活在别人的评价体系中，想想挺可悲的。比如一个女孩子长到五六岁，母亲就一定要教她弹钢琴，因为一个女孩子到了那个年龄，要是不会弹钢琴，人家都会看不起你，所以非学不可。这就成了不是自己想怎么做，而是别人怎么看我。还是应了鲁迅说的那句话，大家都争着往一个方向去，很少有人去做一件和大家不一样的事情。

大家都说，美国小孩不像中国小孩那么努力，不像中国小孩那么能吃苦，其实没有那么简单。他们是在体现一种多元化，让每个小孩最好地表现他自己，最大限度地发展自己的能力、自己的兴趣，实现他自己的目标，而不是让每个小孩都来达到同一个标准。比如很多美国小孩的数理化很差，那是因为他们本来就不喜欢数理化，他们喜欢别的东西。

其实所谓优秀，不是说你一定要得到第一第二，而是你最大限度地发挥了你的潜力。这是小宁在美国读书时最深的感受，现在他也总是对自己的两个儿子说：

“你不需要成为‘最好的’，只要成为‘最好的你自己’。”

在美国读书很辛苦，但是不痛苦

美国的学校是尽量把每个孩子教育成不同的。中国的学校是尽量把每个孩子教育成相同的，就好像生产线一样。

——张益肇

张益肇每天往返于家庭和学校之间，路途遥远，坐车也要 20 分钟。诸位也许以为他如此努力奔波，一定是单调乏味的，就像大多数中国孩子那种“两点连一线”的生活，日复一日，没有变化。可是事实并非如此，他的生活很快就变得丰富多彩。在他的种种乐趣中，最重要的是读书。一个人幼年时的读书习惯和读书内容，往往能左右他的一生。

这是益肇到美国来学习的第五个年头。他已经是美国加州一所中学的十年级学生，相当于中国的高中二年级。来到异国的最初感受，仍然萦绕在他心里：这个国家的一切似乎都非常大，房子大，车子大，高速公路也很宽。他在台湾的时候总是觉得空间狭小，跑都跑不开，从没想到世界居然如此辽阔。

新奇的感觉接二连三地涌出来，包围了这个中国孩子，比如他第一次上课就发现很多奇怪的事情。在台湾上学，同学们总是整整齐齐坐成一个方阵，他除了看着老师，就只能看到一个个后脑勺了。而美国的教室是半弧形的，一个班只有20多个孩子，还要分成好几个小组，每个小组围成一个圆圈，对面而坐，能看到彼此的脸。别人说话的时候，益肇可以看到人家的表情，他自己说话的时候又会想到，所有人都在看着自己，所以要把一个很好的表情给大家。这种空间的变化让他感受到一种奇异的力量，他开始关注别人，并且开始注意表现自己。

老师也是不同的，不仅是肤色和语言不同，而且让益肇感到，这些老师一点也不像老师。台湾的老师总是站在讲台上，从头到尾不停地说。这里的老师没有讲台，虽然有一块黑板，却又总是不在黑板前站着。老师在学生们中间穿行，一边走一边讲，不时坐在学生身边，和大家讨论。有时候孩子们叽叽喳喳，弄得老师的话没人能听到。老师也不生气，只是站起来笑着大喊：

"孩子们，孩子们，能不能让我说几句话？"

益肇还发现，美国学校里衡量学生的标准和他在台湾时完全不一样。校园里面最走红的学生不是分数最高的，而是那些"体育明星"。自我感觉最好的学生，几乎都是那些兴趣广泛、热衷于户外运动的人。如果有个学生功课平平，却特别乐于助人，或者在学校参加很多学生会之类的活动，也会得到同学们的赞扬。

所有这些都让益肇感到惊讶。然而更让他惊讶的是，他觉得在台湾读书并不辛苦但很痛苦，而在美国读书很辛苦，但不痛苦。

他希望能够尽快听懂老师在课堂上说的话，所以拼命学习英文。母亲知道语言是孩子到达智慧殿堂的必经之门，所以离开台湾的时候，把中学三年的课本全都带到美国来了，现在让儿子一天学一堂课，一个暑假全部学完。

20世纪70年代末期的美国学校，和70年代初期开复在那里时的情形有了很大不同，外国孩子已经多起来，华人的孩子也不少。学校总要专门指派一个老师来教这些孩子英文，教给他们怎样适应美国的环境。

美国孩子和中国孩子的最大区别也许在于，美国孩子的活动范围要大得多，远远超过学校和家庭。就像周围的美国孩子一样，益肇的精力和热情也渐渐超越了课堂，活动范围越来越大，不光是在学校和家这"两点一线"，还去医院做义务工，去做家教，去都市的图书馆。到周末，去看电影，去和朋友聚会，还有很多时间去看书。

我们中国人看到美国人家里很少藏书，就以为这是一个不读书的民族，其实这是偏见。那些在美国微软公司总部工作的中国人看到自己的孩子都拥有一张借书卡的时候，一定不会怀疑，美国孩子的业余生活中，最重要的事情之一就是读书。张正友是微软公司的研究员，在华盛顿州雷德蒙市拥有一处漂亮的住宅。他平时忙得不可开交，但每逢周末，就带着女儿们去图书馆（这座城市的每个小镇都有一个图书馆），学校的老师总是给女儿开出读书单来。小女儿才5岁，还没上学，也来寻找自己喜爱的书，然后兴致勃勃地拿出自己的借书卡，卡上写着自己的名字，在计算机上一划，就把书拿回家去。有些书图书馆里没有，她就留下书名和自己家的地址，用不了几天，那本书就能寄到家里来。“我觉得图书馆制度太好了。”张正友说，“我在她们这个年龄，在中国上学，只看课本，不看课外书，我是在初中才看到《林海雪原》的。”

张益肇也喜欢看书。20年前上中学的时候，总是到图书馆去寻找各种各样的书和杂志，这些书跟学习本身没什么关系，但他还是要花很多时间去看，他在那里面体会着无穷的乐趣。他就是在那段时间里读了金庸全集。说来真是奇怪，“微软小子”在他们的少年时代，大都有一段酷爱金庸的经历。李开复、张亚勤、沈向洋、张宏江、张益肇，都是金庸迷，全都有过废寝忘食手不释卷的经历。他们显然从金庸的小说中汲取了无穷无尽的东西：疯狂、执着、激情、充满幻想，和以人力去抗拒那些超自然的力量。

到了初中三年级，益肇的英文水平已经足够，不必去补习英语了。他觉得属于自己的时间越来越多，对美国教育特色的感觉也越来越清晰：

> 美国的教育不在乎你是不是把知识全都放到脑子里了，他们是尽量鼓励每个人发挥自己的潜能。每个孩子都有自己的模式，都有自己的个性，都有自己特别喜欢的东西和特别不喜欢的东西。在中国，就是要大家把每一门功课都学得很好，把大家塑造成全部学科都齐备的这种人。中国的教育就好像生产线一样，孩子们进去的时候形形色色，出来的时候都是一样的，因为有一个统一的标准。

说着说着又想到了台湾的学校，他不由觉得自己很幸运，“在美国读书虽然很辛苦，但比起在台湾的那些准备考高中的同学，还是轻松多了”。

因为不喜欢才烦恼，不是因为烦恼而不喜欢

选择是你的自由。

——张亚勤

《中国青年报》的记者吴苾雯，在她的令人感慨万千的《逃离大学》这本书中，公布了一项调查结果：在中国，有 40% 的大学生不喜欢自己的专业。中学生里有多少人不喜欢他们现在的读书方式呢？没有人去调查，但我们可以相信，一定超过 40%。

事实上，今天中国的大多数家庭中，孩子都扮演着中心的角色，他们享受着前所未有的物质条件，可是他们对自己生活的被动、不能控制和不能选择，比历史上任何一代人都要严重得多。他们的烦恼，至少有 90% 是来自学习。这现象的确值得关注。因为一个人在 20 岁以前的大部分时间都花在学习上。如果他要读硕士和博士，那么他至少要用 21 年来读书。学习占据了睡眠之外 90% 的时间，假如它真的带来那么多烦恼，那么烦恼就不仅控制着孩子的时间，它肯定还控制着孩子的精神。

当父母斥责他们不肯熬夜做练习题的孩子“不能吃苦”的时候，一定是忘记了一个简单的事实：孩子是因为不喜欢才会烦恼，不是因为烦恼而不喜欢。事实上，每一个孩子都有为了自己喜欢的事情废寝忘食甚至通宵不眠的经验。他们都在期待着学习也能有这样的魔力，都在期待着有一个与他们的天性相吻合的学习环境，都在期待着学习给他们带来快乐。他们希望学习自己热爱的东西，并且希望父母、老师和他们有同样的愿望。

潘正磊就是在这样的希望中读了 12 年书，却一直没有能够如愿，然后她到美国读大学。多年以后回想刚刚来到美国的情形，她是这样开头的：“当时可傻

了，真的是傻傻的。”其实这女孩子不仅一点不傻，还很聪明。只是在中国读书多年，每天跟着老师和教材走，让学什么就学什么，从来不用自己决定事情，而当她走进华盛顿州立大学的时候，立即发现，几乎所有的事情都要自己来选择。

在美国的大学里，选择是学生的家常便饭，甚至是学校的一种制度。新生入学后，第一件事情就是选择学什么课程。每一门课程都会安排在不同的时间，所以你又要为自己选择什么时间学——是在每天上午还是下午，是在这个学期还是在下个学期。每一门课程都由不同的教授来讲授，比如华盛顿州立大学的微积分课，有六个教授讲，所以你还要为自己选择教授，可以选择一个诺贝尔奖获得者，也可以选择一个默默无闻却真有学问的人。不同的老师在讲授同一门课的时候，可以使用不同的教材，教学方法也不同。如果学生在两周之内发现自己不喜欢这个老师，那么他就可以拒绝再去听课（这有点像中国人说的炒老板），而且不用交学费，直到自己选择了一个新老师为止。课程结束之时，每一个学生不仅可以从教授那里拿到自己的成绩，还有机会来评价教授，而学生的评价都将记录在案，作为教授业绩评价和升迁的依据之一。

潘正磊说她“始终对教育很感兴趣”，因为“教育是一个人能改变自己的唯一方法”。但是她怎么也不会想到，教育竟会以这样一种方式来改变她。有时候想起自己在中国读书的那种方式，比如背那些政治课，她“觉得很可笑。花了那么多时间，一次一次地考过来，对你的成长有什么好处呢？”可是学生没有选择的权利。课程不是自己选择的，每个学期第一天，学生把课本领回来，然后是课程表，不管喜欢不喜欢，都得跟着学。“我从小就是每天跟着老师做功课，从来就没有想过自己喜欢什么，从来没有一个自己的喜好。从教育来说，我觉得那时候学的很多课程根本是在浪费时间。”

在美国，她看到一些完全不同的学习方法。这让她更自由，也有了选择的权利。也正是从这时开始，她意识到，选择是更富有挑战性的境界。“我记得一个项目课，让我做得半死。”课程开始的第一天，教授不是说自己想讲什么，而是问她：“你想做什么？”她说她要做个自动售货机，教授问她“怎么做”，她花了几天的时间来回答“怎么做”的问题。然后教授找来两个学生做她的“顾客”，告诉她，“顾客”将是她的自动售货机的购买者，她要让他们满意，最后的“产品”要由他们来验收。结果就像她自己说的，这门课程让她做得“半死”，但她成绩突出。然而她得到的东西不只是分数，她真正理解了什么叫选择。

大学本科毕业后她来到微软，在这里一气工作了九年，这中间有很多机会去继续读书，像卡耐基梅隆这样的名牌大学已经录取了她，但是她选择继续留在微软。“我觉得这个环境很好，我学到的东西比任何时候都多，为什么还要去读书呢？”几年过去，她已成为微软公司的开发总监，有些很要好的同学拿了博士学位回来，她也不羡慕。“我想的就是我喜欢什么，我想要什么，而不是别人有了什么自己也要有什么。”她这样说。

除了同为女性，朱丽叶与潘正磊几乎没有什么共同的背景了。她是美国人，对中国的学校一无所知，但是她对教育的看法，却和潘正磊不谋而合。她在几年前是爱尔兰一所中学的教师，现在是微软公司自然语言小组的经理。她的儿子沃伦禀性聪慧，才 14 岁就已完成高中学业，可以上大学了。2003 年秋天的一个下午，我们和这母子二人在一起谈论“天才少年”的问题。在这种情形下，大多数中国父母都会很自豪地叙述孩子的成功，却不料这对母子竟有另一番看法。

“我不想让他现在就上大学，”朱丽叶说，“我想让他更多地享受童年时光，让他做他喜欢的事情。”

“学校也是这样的想法吗？”

“也是。学校只想让他保持对学习的兴趣。”

“我从来没有被强迫去学习，”沃伦说，“我只是学有兴趣的东西。碰到不感兴趣的东西，我就非常不爽。”

“一个耳朵进一个耳朵出？”

“根本进不去，一碰到脑袋就弹回去了。”沃伦一边说，一边用手在自己的头上比画一个弹出去的动作。

“如果是他感兴趣的东西，就学得很快。”朱丽叶补充。

我们在朱丽叶面前写下四个单词：成绩、兴趣、快乐童年、道德。然后问她：“作为老师，你觉得什么对学生最重要？”

“兴趣！兴趣！”她用手指点着，毫不犹豫地说，“兴趣永远是第一。没有兴趣就没有一切。有了兴趣，伟大的成绩便随之而来。”

“那么，作为母亲，你觉得什么对孩子最重要？”

“兴趣，还是兴趣。”她犹豫了一下，说道，“我希望他有一个很快乐的童年。

不过，兴趣还是第一位。有兴趣才有快乐。”

这时候沃伦插进来：“如果学生对他的功课没有兴趣，学校是不可能培养出一个天才的。”

热爱是世界上最强大的力量，无论是生活、工作还是学习。这一点对不同国家不同文化的人来说，没有什么差别。可惜在中国，大多数父母和老师并不这样想，无论在课堂上还是在家里，都很少有人谈到它。我们有一种强烈的感觉：激情虽然重要，却是所有教育的场所最缺乏的。大多数人说到学习的时候，总是会从潜意识里冒出“吃得苦中苦，方为人上人”的概念，几亿个孩子在小学的课本里读到“头悬梁，锥刺股”的故事，老师和父母都在向孩子灌输这种境界，都在借助压力把数不胜数的知识塞进孩子的大脑。大多数学生也是把压力当作动力，他们最经常的感受就是在压力之下生活，从小学一年级开始就担心成绩不好，担心在学校里被老师排在后面，担心在家里遭受父母的白眼，这种情形一直持续到拿到大学录取通知书。在拿到通知书之前的几个月里，他们心中的压力达到了顶点，焦躁、紧张、恐惧、精神失常，甚至自杀，通常都是发生在这个时期。中国自古以来就有所谓“十年寒窗苦”的说法，表明中国的孩子多少年来都不能从学习中感受到乐趣。

但是在我们的研究对象中，没有一个人被功课占据了所有的空间。他们的共同特点就是，在功课之外全都有着广泛的兴趣。张亚勤喜欢围棋、绘画；李开复喜欢打桥牌；沈向洋喜欢足球和桥牌。此外，喜欢绘画的有王坚、刘策、郭百宁、高剑峰、徐迎庆，喜欢体育的有朱文武、凌小宁、林斌、初敏、张黔、高剑峰，喜欢诗歌的有张峥。

每个孩子都有他特别喜欢的东西，也一定有特别适合他做的东西。只要他去寻找，就能找到，只要他找到了，就会感觉到有一种激情从心里往外冒。

另外一方面，父母和老师可以强迫孩子读书，可以强迫孩子得到 100 分，可以强迫孩子按照大人的愿望去拼命获得一张大学文凭，但是，你无法强迫他为此投入热情，你无法强迫他得到快乐。最后，就像沃伦说的，你无法强迫孩子成为天才。

对一个孩子来说，“热情的驱动力”特别重要，因为被热情驱动和被压力驱动有着重大的区别：一个是主动的，一个是被动的；一个目标明确，一个无所适从；一个再累也觉得快乐，一个即使很轻松也不快乐。前者将成为 E 学生；

后者则只能停留在第三级，甚至有可能滑向第二级。

让我们体会一下，你内心深处的渴望和学习之间的关系有多么密切。你只要想一想哪一个早上你醒来时感觉到特别快乐，想一想那一天你的课程是什么，想一想那一天有没有一个瞬间触动了你的渴望，如果有，那是什么？

渴望是建立在热爱的基础上的，并且有你自己的成就和自信来滋润。正是这些因素决定了张亚勤的一个观点："选择是你的自由。放弃了这个自由的学生，很难体会什么是真正的兴趣、激情和成功的快乐。"

美国孩子按照意愿读书，中国孩子把读书当志愿

如果一个美国孩子不喜欢学校的课程，而更喜欢画画，爸爸妈妈也会说："他有他的自由。"

——张益肇

14 岁那年，益肇要决定自己到哪一所学校去读高中。

他知道台湾海峡两岸的孩子在这种时刻个个紧张万分，都希望去一所好高中，这在台湾叫"明星高中"，在大陆叫"重点高中"。他也知道美国的教育不同于中国。在美国，没有一个全国统一的教育制度，每个州有不同的办法。每个城市有不同的学区，学区的权力非常大。学校的权力也非常大，可以制定自己的规则，设置自己的课程，可以用自己的方式选择学生，只要不违反基本的法律（比如不能在课堂里进行宗教教育），就没有人来干涉你。

这样看来，在美国，选择学校的意义更加重大。可是，当益肇开始考虑这件事情的时候，却意外地发现，美国孩子的心里根本没有什么"明星高中"或"重点高中"。

从教育制度本身来说，美国实行"12 年义务教育"，所以无论从政府还是从家庭的角度来说，都有让孩子读 12 年书的义务。孩子们初中毕业以后去读高中，本来不存在淘汰的问题。孩子不去念高中的唯一原因，就是他本人不愿意。有

些孩子选择不去读高中，因为他觉得在家里学习比在学校学习更自由，也更有效。另外一些孩子则不喜欢学校的课程，他们更喜欢画画、音乐、艺术，或者体育。他的老师和同学们都会尊重他的选择。爸爸妈妈也会说："他有他的自由。"

在某种程度上，美国孩子的很多梦想与接受良好教育并不吻合。他们崇拜的那些体育明星、歌星和好莱坞影星，往往都是很糟糕的学生，但却都名利双收。他们的成功之路，对很多孩子有着巨大的吸引力。不过，谁都知道在这条道路上走着的人少之又少，对大多数人来说，接受良好教育仍是一个获得稳定工作和收入的途径，所以读书的动力广泛存在于人群中。事实上，美国的人均在校读书时间，要比中国人多很多。

这样看来，美国孩子与中国孩子的差别，不在于他们可以不读书，而在于他们可以按照自己的意愿去读书。中国孩子中那种"择校"的概念，在大多数美国孩子中是没有的，他们的爸爸妈妈也没有。没有一个美国家庭会不顾一切、跨越好几个街区去选择一个心目中的好学校，花上一大笔钱，然后让孩子每天把好几个小时花在路上。

这倒不是说美国的学校不分好坏。学校总有好坏优劣之分，这在任何国家都是一样的。益肇在一所公立学校读初中的时候，总觉得公立学校不够好，而私立学校要好得多，那里的设施好，老师好，课程的设置也好，但读私立学校要花很多钱，一般家庭无法支付。益肇小小年纪，已经发现只有华人家庭和印度人家庭才会把孩子送到很远的学校去读书，而美国家庭总是让孩子就近在自己社区的学校读书。

这个国家的特色之一，就是学校的教育水平通常与社区的档次相一致。高级住宅区里总会有好学校，而下层社区的学校通常也都质量不高。你在"购房指南"上寻找房产信息，就会发现，房主通常会把房子附近学校的优势作为吸引买家的一个卖点。所以，一所好学校能把周围的房价大幅度抬升，一片豪华住宅也能吸引优秀老师来办一所好学校。这也说明美国的家庭不是不关心孩子的教育，只不过，他们不像中国的家庭那样为这件事情那么焦虑，那么兴奋，那么费尽心机，那么生死攸关，那么不惜一切代价。

正是因为有了这些区别，益肇觉得仍然有必要进行调查。这个高中学生发现，美国的高中也有指标，比如加州教育网上，把从小学到高中所有的升学率都统计在册，还可以查出哪个学校在哪次考试当中表现如何，可以看到高中的毕业生都进入了哪一所大学。不过，校长在表述他的成就时，不用“升学率”这个概念。他们不是说“我们毕业生中有 90% 考入大学”，而是说“我们这个学校 90% 的学生毕业后都选择去读大学”。听上去好像是“只要你喜欢，就可以去读大学”，而不是“只要你努力，就可以去读大学”。

益肇如此这般调查一番，到头来发现全都没有意义。因为他那个社区有四所初中，却只有一所高中，所以把 500 名初中毕业生合并到一个高中，就算“完”事大吉。没有任何升学的动员，没有任何“战前演练”，没有“第一志愿”和“第二志愿”，也没有中国学生所谓“一模”“二模”和“三模”，更没有那“最后的一搏”，这些都没有。焦虑、期待、兴奋……这些也都没有。还是这些学生，大家一起走，一起来，只不过换了一个门，他就成了高中一年级学生。

但是益肇心里明白：“这所高中每年有 20 多个毕业生进入美国最好的大学。”这个数字满足了这个华人家庭的某种心理期待。

“几年以后，我将成为这 20 多人中的一个。”益肇这样想。

排队的文化

我每次去见女儿的老师，都要问：“她是第几名啊？”老师就是不告诉我。我也没有办法，因为美国的家长都是不问这些的。

——李开复

“我是饱受中国教育制度摧残的一代，填鸭式的教育，一级一级地考上来。”韩这样说。

韩现在是微软公司的部门主管。他也是一个中国人，出生在北京。他说他度过了一个“没有快乐的童年”：从清华附小，到清华附中，然后是清华大学。这样一个学生，一定对“分，分，学生的命根”这句话有着刻骨铭心的体会，懂得那是他获得社会认可的唯一标准。可是，他后来进入美国芝加哥大学商学院遇到的一件事情，彻底颠覆了他的这个观念。

那一天，学校里的一群学生发动了一场投票运动：决定是否需要向招聘者提供毕业生的成绩。结果超过三分之二的学生反对公布自己的分数。老师们为此不满，在他们眼里，这学校一直是美国最好的商学院之一，过去几十年里，出了很多诺贝尔奖获得者，所以他们一直为学生的优秀而自豪，也乐意向招聘者公开学生的成绩。尽管如此，校方还是不能不尊重学生的决定，对外宣布：今后学校将有义务为学生的成绩保密，招聘者也不得过问学生的分数和名次。

韩对这种事情闻所未闻，甚至无法想象。事实上，他在那天投了赞成票。他认为自己是个好学生，所以从不担心公开分数。恰恰相反，他担心，如果不说明分数优秀、名次靠前，将会影响自己未来就业的机会。让他惊讶的是，那时候美国大多数商学院已经采取不公开学生成绩的制度，更让他惊讶的是，他毕业之后几次应聘，人家果然不问成绩，而且这个制度丝毫没有影响他的就业。这时候他才发现，分数在一个学生未来的道路上，真的不能决定什么。这同韩在中国积累的那些教育经验，真有天壤之别。

从某种意义上说，中国的教育文化是一种“排队的文化”，这一文化后面包含着两个东西：

1. 大家都必须遵循同一标准——分数。

2. 大家都想得到同一个东西——大学录取通知书。

高考前的三个月里，排队的文化放射出最耀眼的光彩，你不仅要知道你在班里是第几名，以及在学校里是第几名，还要能够计算出，你在你居住的城市是第几名，甚至在全省是第几名。然后所有的父母都带领他们的孩子酝酿“志愿”，志愿表上有 15 栏是空着的，所以在理论上你可以填写 15 所大学和专业。这时候，名次让人兴奋也让人悲伤，而且无论多好都不能让人心安。如果那名次能够上一所普通大学，父母会想：为什么不是重点大学呢？如果能上一所重点大学，父母会想，为什么不是清华、北大呢？如果能上清华、北大，家长会想，还有那几个最热门的专业呢，还有哈佛、斯坦福呢！

可是在美国，无论是学校、社会还是家庭，衡量一个孩子的标准都是很不同的。有些家长注重孩子的数学，有些家长注重孩子的演讲。有些学生毕业后去了哈佛等名校，大家都知道他很好。有些学生去了一般的大学，大家也不觉得他有什么不好。有些孩子不想上大学，父母也不会强迫他上。美国父母看到自己的孩子有一个 A 就会觉得很光荣，可是中国家长要孩子全部都是 A，才会说你好。那些在美国读过书的“微软小子”，有一个共同的经验：他们都不知道自己的成绩是第几名。等到他们成了父母，又从来不知道自己孩子的学习成绩是第几名。

现在让我们重新回到朱丽叶和她 14 岁的儿子沃伦这里来。

有一天，有个中国记者告诉他们，在中国，学校有时候会把学生的成绩排出名次表，张贴在墙上，这位美国母亲惊讶不已，“怎么会这样呢？”

沃　伦：不管学习好不好，每个学生都应当是平等的。

朱丽叶：美国的学校鼓励你和自己竞争，比你自己更好，而不是和别人比。我们在爱尔兰的时候，那里的学校就是鼓励学生超过别人，这也许有点像中国。

记　者：你在班上比其他学生小两岁？

沃　伦：对。

记　者：有没有人说你是神童？

沃　伦：没有。我也不希望别人这样说，大家都是平等的。

记　者：有没有人欺负你？

沃　伦：没有。

记　者：你知道你的成绩是第几名吗？

沃　伦：我不知道，也不想知道。

记　者：老师有没有说你是大家学习的榜样？

沃　伦：没有。我的老师从来没有说我是榜样。

朱丽叶：我也不希望他是榜样，如果他是最好的，那么就会有另外一个学生被用来做比较，这样不利于培养那个学生的自信。比如，你在学习画画，一个老师拿来《蒙娜丽莎》，然后对你说，你看人家画得多好，你画得不好，这有利于学生学习吗？

这种想法在美国的教育中是很自然的，但是那些到美国去留学的中国学生，都会对美国学校的“不排队”感到意外。李开复在 20 世纪 70 年代初期到美国读书的时候，就发现“美国的学生没有排队的概念，他们不关心自己的分数，也不知道自己的名次”。大约十年以后，张益肇在美国读高中，也有一番感受，和李开复完全一样：

> 我们这些华人的家庭，都希望孩子读好书。可是美国的学校里几乎不存在排名的概念，美国父母也没有名次的感觉，这种信息根本就不存在。美国学校一般会把学生的成绩做成一个曲线图，比如100分的有几个人，90分以上的有几个，80分以上的有几个。你看到这个曲线，就会知道自己大概的位置在哪里。每个人的分数只给个人，别人是不知道的，学校把成绩单给家长，不过家长也不知道你的位置，父母只是看到A、B、C这样的成绩。如果你都是A，那肯定是不错的，但如果你都是B，也不一定不好，因为你不知道这是在什么位置。
>
> 我从来不知道自己是第几名。美国学校强调的是你个性的发展、你的独特的地方，而不是你的名次。当然，也不是不分优劣。美国的孩子高中毕业的时候，前20%的学生可能会颁发个类似缎带的东西，表明你是比较优秀的学生，作为纪念。后80%的学生也不会给你排列出来，无论前面的还是后面的，都是不公布的，自己的位置是属于私人的东西。有些人满意，有些人不满意，都是自己的事，由他自己来决定要更加努力还是保持现状，别人都无所谓。

又过了20年，李开复的女儿也到了上学的年龄，入学之后有一次考试，考完之后分成三个班，起的名字叫“黄班”“蓝班”“绿班”，不分先后，至于哪个班好哪个班差，无论孩子还是孩子的父母，都不在乎。李开复每次去见女儿的老师，总是要问：“她是第几名啊？”老师就是不肯说。他没有办法，只好打道回府，去问女儿，可是女儿也不知道。

女儿在一所私立小学读书。学校设在山上，被郁郁葱葱的红杉环抱着，规模很小，只有大约100个学生和9个老师。副校长名叫多维特，是个身材高大的中年女人。“我们每学期都有一次考试，每个星期还有测验，但我们不公布成绩，也不分名次。”她坚决地说，“美国人不喜欢把孩子分成好的坏的，那样会伤害孩子，影响孩子的成长。好还是不好，都是个人的事情，与别人无关。这是美国的文化。”

李开复的童年在台湾度过，那里的教育和中国大陆如出一辙。他还记得，那时候他特别清楚每一门课考了几次，平均几分，期末考试又是多少分，排第几名。他说：

> 说实话，这种排队的心态，直到现在我也没有完全脱离，总是想让女儿也有个好名次。有一天她的成绩单来了，三门100分，三门95分，对她来说，这是很好的成绩，可能是她考得最好的一次，也许是班里第一名。我跟她开玩笑，说：“你的成绩怎么越来越退步啦？”她说：“是吗？可能是没有很努力吧。”她考了三门100分啊！可是她的脑子里完全没有这个概念。虽然她也想有个好成绩，她也知道我们在乎，想让我们高兴，她也知道考试成绩好了有奖励，可她还是不知道三门100分算个什么。

我凭什么进入麻省理工

中国的高考制度有两个问题，一个是一次定终身，一个是只看考试不看别的。这是最简单的办法，但是很害人。美国的顶尖大学看重的是你的个性、你独特的地方，而不是你的成绩、你的名次。

——张益肇

1985 年暑假，张益肇成为麻省理工学院的一年级学生。

这一年益肇 17 岁，一副东方人的身架，个头本来不高，又很瘦，看上去比他的年龄还要小。他已经成为老师和同学心中的天才少年，可是妈妈总觉得他发育不良，当他离家去麻省的那一天，不免担心他是否能照顾好自己。

其实这不是益肇第一次离家。读高中的时候，他曾去哈佛大学的数学学校读书，有好几个月在那里独自生活。那时候他只有 16 岁，觉得离家的日子特别长，还非常想家。但是在哈佛的日子给这个孩子留下了刻骨铭心的印象。他感受到一种欲望，这欲望是那么强烈，压倒了他对母亲对家庭的依恋。

“我将来上的大学，”他对自己说，“不是哈佛，就是麻省理工。”

说老实话，在美国，收到一张大学录取通知书并不是什么了不起的事情，至少要比在中国容易得多。一个孩子在高中毕业之后如果想上大学，总是可以如愿，不用担心考试成绩不够好。他不会因为分数不够名落孙山，也不用担心没有钱交学费，因为可以申请贷款。但是如果想去读最好的学校，就非常难。比如哈佛大学在每四个申请者中录取一个，麻省理工录取的学生中有一半是在高中最好的学生。好的学校不仅要求学生有非常优秀的素质，还要付很多学费。

名牌大学的门难进，这在任何一个国家都一样，美国的不同之处在于，父母没有那种“一定要让孩子上名牌大学”的观念，孩子们也没有这样的压力。根据益肇的观察，他的同学中间，起码有50%的人没有这种愿望，他们认定“只要有个大学念就可以了”。

尽管如此，益肇心里的那种渴望还是越来越强烈。“高中的后两年，我的脑子里面总有这个念头。”他后来说，“当然这同国内的学生不一样。这是自己给自己的压力，不是谁强加给我的。”

不管是有意还是无意，人总是向着自己内心渴望的那个方向走去。就从这时候开始，益肇的生活发生了变化。他的内心充满渴望，变得勤奋而且激昂。不仅要让自己的成绩进入学校最好的5%之中，还开始自修大学课程，数学、科学、物理、化学……总共学了七门。这孩子的确非常努力，废寝忘食，生活的节奏比一个最忙碌的成年人还要快。在旁人看来，这真是苦不堪言，可是他有自己的想法：“如果一个孩子感觉不到学习的快乐，那不是因为他过于努力过于艰辛，而是因为，他觉得自己努力争取的东西，并不是他想要的东西。”那些日子，他的感觉正相反，没有一点痛苦，而且还很快乐，因为他要做的事情不是“不得不做的”，不是“应当做的”，甚至不是“义务”或者“责任”，也不是父母的“愿望”，他在追求自己“想要的东西”。

但是对于一所真正的好大学来说，优秀的标准绝不仅仅意味着学习成绩好。益肇知道，像哈佛、麻省理工这样的学校，不会录取那些除了优异的学习成绩之外没有任何可取之处的学生。他们不会把学习成绩作为唯一标准，还要看很多分数以外的东西，所以那些真正优秀的孩子，都把课外的东西当成必修课。

益肇竭尽全力去参加那些课程之外的活动，那会占用很多时间，但他把这一切都当作他的梦想之旅上的伙伴，与它们携手同行，没有怨言，竭尽全力。

现在到了 1985 年，益肇高中毕业了。他向麻省理工学院递交了申请，自信万事俱备，梦想就要实现。

很多年以后，益肇已经获得麻省理工学院的博士学位，成为微软亚洲研究院的研究员。有一天，和熟人谈起当年的求学经历，在回答“你凭什么进入麻省理工”这个问题的时候，他说：

> 中国的高考制度有两个问题，一个就是一次定终身，一个是只看考试不看别的。这是最简单的办法，但是很害人。中国的孩子也有两个问题：一个是统统被赶到“上大学”这一条路上来，不管你愿意不愿意；一个是把清华、北大看成“绝对的第一”。标准是一律的，这也很害人。
>
> 美国并没有绝对第一的学校，也没有绝对第一的学生。学生选择学校是多样化的，学校选择学生也是多样化的。美国的顶尖大学看重的是你的个性、你的独特的地方，而不是你的成绩、你的名次。美国绝对不会像中国那样，弄出个“某某省高考状元”，然后在媒体上说他们怎么走上“成功之路”。
>
> 所以，中国教育和美国教育的区别不在于有没有选择，而在于选择的标准不同。你在中国要想上清华，就靠分数，分数是可以计算的。你在美国要进哈佛、麻省理工，就没有固定的可以计算的东西，既靠你的整体能力，也靠你的独特性，当然也有靠运气的。比如你的数学不如另外一个孩子，但你不是一个书呆子，你对课外活动也很投入，学校可能就选择了你。说来说去，美国的教育和美国的社会一样，就是多元化。

现在，让我们回过头来，看看当年这 17 岁的孩子手上都有些什么，让麻省理工学院无法拒绝他的申请：

第一，有一个很好的学习成绩。这包括平时成绩和最终成绩，校内成绩和全国统一考试成绩。“我相信我的成绩是前 5%，但是我无法看到具体的数据，所以到底是第几名我就不敢说了。”当面试老师询问他的成绩时，他这样回答。

第二，是很多课外组织的成员。他是学校数学比赛代表队的队员，是中国同学会的会长，还是中学里一个荣誉团体的成员，只有那些品学兼优的学生才有机会参加这个团体。

第三，有很多校园之外的工作经验。他在每周三下午到一所医院去做两个小时的义务工作，为不同科室提供服务，包括开发计算机应用程序、整理文章和做其他杂事。

第四，有一些很独特的能力。比如在学校辩论会上的口才和机敏，还有下棋。

第五，有很强的思维能力和表达能力。麻省理工为检验考生提出试题，性质有点类似中国的高考，但方式完全不同。它是由一系列论文组成的，题目五花八门。益肇在申请的过程中写了十几篇论文，有的题目只是自我介绍，还有的题目特别随心所欲。比如：你一生当中都犯过什么错误？你学到了什么东西？你的长处在哪里？你的缺点在哪里？你为什么要来我们学校？还有一个题目是，“你跟某某共进晚餐”。所有文章都拿回家去写，整个过程持续好几个月。你可以听由己意，任意作答。答案没有标准的对与错，全看学生的见识和表达自己的能力。

第六，老师的推荐书。

第七，在整个申请入学过程中表现出来的强烈的渴望。

大多数美国的学校都相信，一个孩子内心的渴望——而不是别人的渴望，将成为他永远的向导。

我不在乎总是第二名，但我在乎学什么专业

一个人的内心拥有了渴望，就会产生一种奇异的力量。

——马维英

马维英上了大学以后，突然发现很不喜欢自己学的化学工程专业。他希望

能给自己换一个专业，于是去找老师，说他喜欢电机系。老师说，按照校方的规定，学生换专业是可以的，但机会很少，条件苛刻。

他眼睛一眨不眨地盯着老师，“什么条件？”

“一年内考试成绩连续保持全班第一。”

这是在1986年，维英16岁，是台北“清华大学”一年级的学生。和台湾海峡这边的清华大学不一样，那所“清华大学”并不是最好的学校，在台湾排在台湾大学之后，是“第二”。

“我不在乎这个第二，”当初他在报考这所学校时这样说，“但我在乎我学的是什么专业。”

他的第一志愿正是电机系。

像开复和益肇一样，维英出生在台北，只是年龄稍小，等到进入上学的年龄，已是20世纪80年代。

台湾海峡两边都是中国人，虽然当时互不往来，还有成见，但相似的地方其实很多，教育制度和教育观念就是其中一个方面。大多数家庭都把孩子的读书看成最重要的事，从开复读小学的60年代直到维英读小学的80年代，始终没有变。维英很小的时候就知道“万般皆下品，唯有读书高”这句古训，还知道“书中自有黄金屋，书中自有颜如玉”。爸爸和妈妈总是对他说：“反正不管怎么样，你读好书就对了，只要读好书，将来什么都会有。”

人们用学习成绩来衡量一个孩子的好坏，预测他的未来。一个孩子的学习成绩好，左邻右舍都来夸奖，父母为之自豪；一个孩子的学习成绩不好，那就得不到周围的认同，自己也渐渐散漫起来，甚至成了不良少年。那时候台湾有个流行语，叫作“放牛班”，就是特指这些孩子，意思是说：“你以后就不用读书，放牛去好了。”

有些人家无钱无势，又不甘为人下，想要翻身，那就只有督促孩子读书。整个社会的观念都是这样，教育制度也在鼓励这种观念。就像大陆一样，台湾的教育也是一个“过坎”的制度，孩子进入高中时被淘汰一批，进入大学时又被淘汰一批。所以明星高中就出现了，而且很吃香，因为那里老师好，教学的质量也好，能够让学生有更多机会考入大学。

维英的中学是台北最好的中学，叫建国中学，可是经过这两次过滤，还是有60%的人被淘汰掉，只能去读职业高中，学些技术，然后去做蓝领。台湾的孩子是看不起蓝领的，父母也不认为那是有出息的孩子做的事，这又和大陆如出一辙。

正是这种流行于全社会的价值观念，给维英的少年时代留下烙印：不上大学就没有出路，而且一定要上好大学。这一点和所有的台湾孩子都一样。维英的与众不同之处是："不仅要好好读书，而且一定要读最喜欢的书。我觉得学一些自己不喜欢的东西，是一种痛苦。"

他从小就是那种会读书的孩子，成绩不错。他最大的问题是，永远都是班上的第二名，小学毕业的时候，他是第二名；中学毕业的时候，又是第二名。他无数次地期望自己能拿到第一名，总也不能如愿。他把这叫作"功败垂成"，常常觉得失望，可是却又很容易地为自己找个台阶下。

"从心理感觉上，第一和第二当然是有区别的。"他说，"可是如果我总是第一名，那么就很容易自视过高，以后遇到一个暂时的失败，就会无法承受。第二也有好处，就是总能提醒自己不够好，遇到一些挫折，我都可以接受，无论成败，都可以看开些，都有退路。"

父亲一直希望儿子去学医。台湾的老一代人大都崇拜医生，父亲也是其中一个。他总是对儿子说："良相医国，良医医人。"他的看法是，一个男人要么做良相，那是救国；要么做良医，那是救人。对于这个没有什么权力背景的家庭来说，当医生是最好的选择：既能安身立命，又能救死扶伤。

可是儿子不喜欢做医生，他喜欢电机。他对父亲说，在所有的理工科里面，电机系一直是最棒的，最优秀的孩子都在那里面。那时候计算机科学刚刚兴起，第一台个人电脑诞生还没有几年，他对这个领域还一无所知，可是他的选择却成了他进入计算机科学领域的第一步。

在父与子的相持中，母亲的态度起了关键作用。她是一个处世随意的女人，不太在意什么事业不事业，也从不强迫儿子做他不喜欢的事情，她只希望儿子快乐。

到了报考大学的时候，维英又遇到了第一还是第二的问题。台湾最好的电机系在台湾大学，而"清华大学"的电机系只能排第二。他反复掂量自己的实力，宁可去读清华大学那个"第二"。

他觉得这是一件很有把握的事情，不料大学联考（类似大陆的高考）那天心情紧张，居然考砸了。考完以后填报志愿，他还是执拗地在"第一志愿"那一栏里填上自己的渴望。可惜台湾的大学录取是按照分数排队，而不是按照兴趣排队。老师从分数最高的人开始选，依次往下排，第一志愿挑完了就挑第二志愿。如果你的分数很低，所有大学名额都没有了，那么你就落榜了。维英的分数差了不少，无法让他满足愿望，一下子就被分到“清华大学”化学工程系。

现在，他是台湾“清华大学”化学工程系的一年级学生了。让他开心的是，他已经和老师达成默契。他决心满足老师提出的转系条件，去追求自己的梦想。对这个孩子来说，这件事情有着特殊的含义：他要打破12年读书只有“第二”的纪录。

说来真是奇怪，一个人的内心拥有了渴望，就会产生一种奇异的力量。几乎就从这一天开始，维英的生活发生了变化。他全力以赴，心里只有一个念头：第一名，然后转系。

第一个学期结束的时候，他打破了自己的纪录，成为全班第一名。第二个学期结束了，还是第一名。

过去从来没有做到的事情，现在做到了。很多人遇到这类情形，都会以为，这是因为事情更容易做了，其实这是因为你的潜力被更多地激发出来了。激发潜力最重要的力量，不是来自别人的强迫，而是来自你内心的渴望。

大学二年级开始的时候，维英成了电机系的一个学生。

“过坎”的制度

他们的问题不是不够优秀，他们的问题是，从小到大按部就班地走过来，从来没有想一想，什么东西是真正适合自己的。

——张宏江

张宏江在郑州大学毕业之后，又去丹麦留学，在那里领教了西方社会的文明。他后来说，他可以肯定“西方的教育能让孩子更快乐，并且逐渐发现自己的潜力”。他还惊讶地发现，他可以用非所学，所以他才“决定改行”。这想法一定有他的“郑州经验”和“丹麦经验”做基础。事实上，这位曾任微软亚洲研究院副院长的计算机视频检索领域的开拓者，如今所做的工作的确与他在学校里学的东西相去甚远。

2003年春季一个让人神清气爽的中午，他坐在上海西郊宾馆一个安静的角落，回顾自己从20世纪70年代到90年代的求学经历——叶县中学、郑州大学、丹麦科技大学、新加坡国立大学，不禁连声慨叹：

最近这些年我总是到一些大学去演讲，很多学生问我：“微软亚洲研究院的淘汰率是不是很高？”

我说：“是的，大约有30%的人最后是要离开的。”

他们于是问：“被淘汰的人是不是表现不好？”这是他们经常要问的问题。于是我就回答：“其实，有些人离开研究院不是坏事。他们的问题不是不够优秀，他们的问题是，从小到大按部就班地走过来，从来没有想一想，什么东西是自己真正想要的，什么东西是真正适合自己的。”

他们都瞪大了眼睛，好像不明白，于是我就慢慢解释：

我们的教育制度是一种“过坎”的制度。一个孩子从小到大，他的目的不是发现自己的潜力，甚至也不是学到一些东西，当然更不是享受生活。他的目的只是考上一个好大学，只要翻过一个一个的坎就行了。一切都是顺理成章，不用怀疑。我自己就是这样走过来的，我之后的那些人也是这样走过来的。比如一个人如果在小学是第一名的话，很自然地就要考上本地最好的初中。如果初中又是第一名，那么就会去考最好的高中。然后高中还是第一名，那么必定去考一流的大学。如果他在大学又很优秀，于是就去读硕士，读博士。就这么一路走过来，到什么时候就干什么，从来没有想过“我为什么要去读大学，为什么要去读博士”。最后他可能会发现，他一直在努力争取的东西根本不是他想要的，或者不是适合他的，他的兴趣原来不在这里，但是他过去从来没有想过。所以，千军万马过独木桥，过不去的人觉得自己是失败者，过去了的人也不一定就万事大吉。他也许根本就不该过那个独木桥，不该读博士。他如果把读博士的四年时间拿去学习别的东西，可能要好得多。

中国黑客

有的人把人家的网站弄垮，叫黑客。有的人技术很好，也叫黑客。黑客的意思太多了。如果你认为黑客也是好人，那我就是黑客。

——蝶雨

“我们发现了一个黑客，在中国。”

2003 年 1 月的一个早上，张亚勤来到办公室，打开电子邮箱，这一行字立即弹出来。

邮件来自微软公司总部的安全小组。这小组的职责之一是监视因特网浏览器在全球的运行情况，专门寻找“臭虫”，然后弥补，同时还要监视网络上面神出鬼没的黑客的行踪。

对于微软公司来说，网上黑客的性质是不同的。有些黑客的确对微软抱着敌意，专门寻找微软软件产品中的“臭虫”，利用软件本身存在的漏洞，去攻击那些软件使用者。这种攻击带有极大的破坏性，还让微软公司难堪。另外一些黑客则纯粹属于技术狂，对技术的热爱导致他们去寻找大公司产品的毛病。他们绝不出手攻击网站，因为他们知道那是违法的，还会给别人带来损失。但是他们通常把自己的发现在网络上公布，还详细说明，怎样才能通过他们的发现抓住软件上的“臭虫”大做文章。

根据微软总部安全小组的判断，新出现的中国黑客属于后一种情况。他不是恶意的攻击者，但他技术高超，眼光独到。他的矛头直指微软因特网浏览器，还把他发现的至少四个“臭虫”公布在网上。

“他的发现真是让人难以置信。他比我们迄今为止见过的最棒的黑客还要棒。”安全小组在电子邮件中这样说，“他知道这些‘臭虫’是什么原因造成的，能猜出程序员在写程序的时候大概犯了什么错误，还告诉别人怎么攻击。每当他公布一个'臭虫'，就会有一大堆恶意攻击者尾随而来，攻击所有那些使用微软产品的人。"

微软的安全人员防不胜防，因为这个中国黑客差不多每个月都能在浏览器上抓到一个"臭虫"，而且他也不像别的黑客那样隐姓埋名，他把自己的来路全部公布在网络上。

严格说来，他的行为并不违法，因为他并没有利用微软的"臭虫"去攻击他人，也没有给他人造成损害。但这样的黑客让微软感到头疼，微软安全小组的工程师们非常希望找到他，于是向张亚勤寻求帮助。

"可以肯定他是一个中国的学生，"他们告诉张亚勤，"在湘潭大学读书，名叫蝶雨。"

中国，湖南，湘潭大学。

蝶雨坐在他的拥挤不堪的房间里，盯着电脑屏幕，目不转睛，已经好几个小时一动不动。那上面是微软公司最得意的产品之一——因特网浏览器。他知道他想找的东西就在那里面，他已经清晰地感觉到它的存在，可它为什么还不出来呢？

"这个系统的安全措施是不准使用字符 a，"他自言自语地重复，"不准使用 a。"

一个念头在他脑子里电闪雷鸣般地滑过去：微软的检查人员一定会检测 a，那么我就使用 A 好了。

他一边想，一边用手指敲击键盘。就在那一瞬间，因特网浏览器出了麻烦。

他咧开一嘴大板牙，嘿嘿笑了："我破坏了它的规则，是不是？"

他找到了想要找的东西，原来那就是一个大写字母 A。这已经是他在因特网浏览器上找到的第五个"臭虫"了。像往常一样，他把它公布在因特网上，留下了自己的姓名和地址。

他站起身来，不禁有些得意：微软公司那样的庞然大物，好几千人做出一个浏览器来，你不能不说它是全世界最棒的软件，有多少人把它恨得咬牙切齿，又奈何它不得，可是我有办法找到它的毛病。

他身边有不少恨微软的人，看了他做的事情，不免大快人心。开心完了，又在猜测微软那边的动向。"真奇怪，"有个同学对他说，"微软还没有对你采取行动啊？"

"采取行动？"他将信将疑。一种不安全感也越来越浓地聚集胸中，他又想到“这座城市里面经常发生刑事案件”，不禁紧张起来。

“我经常做梦，”他对朋友说，“梦见微软来了，像一个魔鬼，来抓我。我缩在墙角……然后就惊醒了。”

朋友大笑道：“听说补上一个‘臭虫’要花 10 万美元，他们会不会要你赔？”

正说着笑着，电话铃声响了。他拿起来，就听那边有个声音说：“我是微软的。”

蝶雨当即目瞪口呆。

电话那边真是微软的人，叫林斌，是微软亚洲研究院新技术开发部的经理。他接到张亚勤转发的邮件，按图索骥，很容易地找到了蝶雨。

可是对面的人不说话，只有喘息声。

“我们找你，没有什么特别的。”林斌感觉到对方的紧张，希望缓和气氛。

对方“啊”了一声，还是不说话。

林斌似乎想起了什么，赶忙自我介绍，说自己在北京，在微软亚洲研究院负责一个工程师小组。

“啊，啊。”

“我只是微软的一个技术人员。”

“啊，啊。”

“我们的院长是张亚勤，他是世界一流的计算机科学家。”

“啊，啊。”

“我曾经参与了‘视窗 2000’的制作。”

“那很酷。”对方终于说话了。

“我们对你的工作非常感兴趣。”

“啊。”蝶雨又不说话了。

“我们很想请你到北京来看看，也许你愿意和我们合作。”

“啊……”

“你寒假如果没有事的话就来吧，坐飞机坐火车都行，我们负责你的旅行费。”

“我很愿意。”蝶雨说，“也许吧。”

蝶雨放下电话，心还在“咚咚”跳。他的第一个念头是：“这年头骗子太多啦，他们真是微软的吗？”接着又一个念头：“就算他们是真的，到底为什么找我呢？

该不是要把我关起来吧？”

蝶雨这样想着，第一次感觉到“黑客帝国”的惊险离奇。

实际上他不喜欢别人叫他黑客。“我没见过黑客。”有一次他这样说，“有的人把人家的网站弄垮，叫黑客。有的人技术很好，也叫黑客。黑客的意思太多了。如果你认为黑客也是好人，那我就是黑客。”

说老实话，他完全是在一种不经意的心理状态下走上这条路的，只是带着几分好奇、几分兴趣，还有几分想要证明自己能力的欲望。

他还清晰地记得，事情是从 2002 年 6 月 30 日开始的。那一天，他偶然看到一篇文章，是一个外国人写的，告诉你怎样发现一个程序中的错误，还举了不少例子来说明。很多在蝶雨看来非常困难的事情，顿时变得简单了，就像文章作者说的：“并不需要你有多么高深的知识和多高明的技巧，你只要从特殊的角度去看它。”

“我也一定能做到。”蝶雨这样想。

那个晚上他没有睡觉，想了一夜，绞尽脑汁。第二天就到微软的因特网浏览器上去检验自己的想法，一举成功。他找到了第一个“臭虫”，那是在 2002 年 7 月 1 日。

对于蝶雨来说，这一天有着特殊意义。这倒不是因为他从此开始了与微软的纠缠，而是他重新认识了自己。“最主要的问题是，你是不是真的想得到它。你如果真的想得到，就会拼命去做，就能用你的知识去实现你的想法，就能得到你想要的东西。”

“我发现只要简单的一步，就突破了某些限制。这里面没有什么复杂的，所有的知识都是一样的，他们都知道。”他说的“他们”，是指微软公司那些既聪明又有经验的程序工程师。他们在美国微软总部连连感叹这个中国学生的神奇，因为他总是在一些很奇怪的地方动手。可是蝶雨说：“a 和 A 的区别，谁不知道呢？他们只是没有想到这里的区别。”

“我知道那些编程的人只是在完成别人交给的任务，然后让另外的人去测试。他们最想要什么？想要通过测试。”蝶雨把手狠狠地挥了一下，接着说，“但是一个‘臭虫’显现出来，一定有很多弱点，他补了一个，还有很多，他可能就不管了，所以你很容易抓住他的弱点，然后扩大化。那弱点通常就在他的补丁旁边。”

他的思路屡试不爽，他在微软的浏览器上到处找，不停地找到“臭虫”，但是微软也在找他。现在，微软终于找到他了。

林斌放下电话，就去找研究院人力资源部的经理王谨，请她安排蝶雨在寒假期间到微软亚洲研究院来实习。

于是微软的电话再次进入湘潭大学。

可是这一回蝶雨连电话也不接。他去找父亲。父亲听罢事情经过，大起疑心。他用一种过来人的口吻告诉儿子，一定要核实清楚他们是不是微软的。

蝶雨核实情况的方法简单而又实用，他把电话打到北京 114 查号台，询问微软中国公司的电话号码，循号打来，接电话的人正是王谨。

“你们是不是微软的？”他在那边满怀疑虑地问。

“是啊。我给你打过电话，你为什么不接？”

蝶雨还是不信：“我不接，因为我不相信你。”

“我把我的电话给你，把我们公司的网页给你，我把你到北京来的飞机票寄给你，这是不是可以呢？”

“这些都可以是假的，我只认电子邮件。”

王谨觉得自己似乎不能说服蝶雨，只好转回头来找林斌：“这个孩子怎么这么有意思啊，他问你是不是微软的。”

林斌的电话再次打到湘潭：“你相信电子邮件，那很好，我们的电子邮件地址有‘微软’字样，这不会有假吧？”

春节过后，蝶雨终于来到希格玛大厦。

林斌致电微软总部，说他们要找的黑客现在就在他身边。

“太棒了。”对方兴奋地说，“我们在一起开个会吧。”

蝶雨闻声大惊：“我要见敌人了！”

“你怎么会想到这个？”林斌很奇怪。

“我是在找他们的麻烦啊。他们不是敌人吗？我是在和敌人的头子说话啊。”

林斌说：“我们不是敌人，我们只是想把软件做得更好。”

“你们想要我做什么？”

林斌对他说：“你想做什么，就做什么。你如果想继续在浏览器上找‘臭虫’，我们总部的产品组可以和你合作。你找到漏洞，他们马上弥补，打包，然后再给你。你能得到最新的程序，还没有公布的。”

两个人正在说着，蝶雨的手机响了，是他父亲从湘潭打来的。

“没问题，我很安全。”蝶雨对着听筒说，又抬起头看着林斌，“我觉得你们微软和外面说的不大一样。”

蝶雨开始工作了。连续七天，他在因特网浏览器上找到七个“臭虫”，一天一个，而且都是很难找到的。他自己很兴奋，微软总部的人更兴奋，惊叹“这个人怎么这么厉害”。

“他的工作简直太好了。”林斌说。

第八天，林斌给了蝶雨一本书，是专门讲怎样编写安全代码的。作者是微软公司产品部门的一个经理，在书中列举了程序员常犯的错误，极为细致周到，所以这本书成为微软程序员的必读书。

林斌说：“读读这本书，你能更好地发现程序员的弱点在哪里。”

蝶雨大喜，拿回去看了第一章，脑子里面马上有了新主意。他试图以其人之道还治其人之身，直接深入到书的作者领导的那个小组中去。

林斌听了他的想法，觉得不会有结果：“书是他自己写的，他不会在他领导的小组里犯错误。”

但是蝶雨更相信自己的直觉。

接下来的事情，让所有人都感到意外。蝶雨在浏览器的地址栏里发起了他的战役。就规模来说，这的确是一次“战役”，而非小打小闹。当他使用一种方式来表达一个字母的时候，浏览器没有任何问题。他继续扩张到第二种方式，仍然没有问题。这都是意料中的，他并不在意，一口气做下去，不断扩张出新的表达方式，字符串也迅速延伸，一直延伸到第 81 次，系统的毛病显示出来，他笑了，再接再厉，扩张出至少 200 种变化，字符串形成前所未有的长度。结果发现，从第 81 种变化开始，一直到第 100 种，系统都会出现问题，最后他莫名其妙地进入一个银行的网页。

“真是太绝了。”林斌说，“别人的测试，只变化 10 多次、20 多次，已经不得了。而他的变化是从 0 到 200 多次，就是在中间一个短暂的阶段，他发现了问题。问题报告总部，那边的人佩服得一塌糊涂。”

“这种测试，我们根本想象不到。”微软总部的安全小组回电说。

平心而论，在中国的教育制度下出现了蝶雨这样的人，是一个偶然。他是湘潭大学计算机专业的二年级学生，才 20 岁，是父母唯一的孩子。

从外表上看，此人没有一点神奇精灵的味道，实际上他更像是一个脾气古怪、有些神经质的人，眼睛大而有神，目光时而发散，时而集中，门牙突出，长头发，脸盘轮廓分明，喉结格外明显。

父亲是做电脑的，软件硬件都做。他从小学五年级起就喜欢玩电脑。他读的中学不是重点中学。“我数学稍微好一些，但是语文很差，高考的时候语文根本不及格。”他这样回忆自己的学习经历。大学一年级的时候，他的成绩好起来，是班里第一或者第二，但是他一点也兴奋不起来。

> 我从小学到大学，都和别的同学不一样。别人都是习以为常，可是我总是觉得很累。这是为什么啊？看到别人都学英语，我就受不了，因为我觉得那种学英语的办法根本没有用，就很痛苦，不想学。我的同学们也觉得这种学法没有用，但是他们很乐意去学，可是我就受不了。其他事情也是这样，同学们毕业就想考研究生，那不是又一次高考吗？你说难受不难受？要不就是去找工作，可是找到一个自己喜欢的工作又那么难。所以每天都是惶惶不可终日。有一个同学，明年就要毕业了，我从他身上想到了我，就觉得很恐怖。

他是那种对任何事情都抱怀疑态度的人，甚至不免偏激。从很多方面来说，他并不是我们所期待的那种 E 学生。这可以从他和一个记者的对话中看出来：

“我不怎么相信老师，也不相信父母。”

“为什么？”

“他们总是说谎。”

“说谎？”

“是的，高考就是这样的。我最宝贵的时间都浪费在这件事情上面了，他们总是告诉我，高考有多么重要。他们可能是说谎说惯了，整天就是考试、考试。我听了他们的话，考了，可现在那些东西全都忘记了，有什么用处？”

“你的意思是，你后悔参加高考？”

“我认为那段时间过得很不值。”

“要是再给你一次选择，你会怎么做？”

“我不会去考这个东西，因为你浪费的始终都是你自己的力量，是不是？”

“你会干什么去呢？”

“也许我会去学英语，去学电脑，然后去跑步。我想把高考那段时间变成我自己的力量留在我的身上，而不是变成一张纸。”

“力量和大学录取通知书真的那么对立吗？”

“是不大一样。”

“有很多人不上大学，也很成功。但是就概率来说，可能受教育水平比较低的人，成功的概率也要低一些。比如，100 个不上大学的人中，可能有 1 个人成功了，但 100 个上了大学的人，可能有 10 个人比较成功。”

“你这样说，也有道理。可我还是觉得，高考那段时间过得很不值。”

新发现

1.E 学生和其他学生的区别不在于有没有自己的兴趣和要不要最好的分数，而是在于，前者把兴趣看得更重要，后者把分数看得更重要。一旦后者把这个顺序倒过来，就有可能成为 E 学生。

2. 抛弃了“排队文化”和“状元崇拜”。事实上，优秀的学生有两类，有些人能够成为 E 学生，并且像天才一样成长，有些人则不能。这些人永远不会为了一个目标而牺牲第一名的位置，永远不会将热情和雄心投入到更富有吸引力和更有长远价值的事情上去。对这些人来说，最重要的是超过别人，是第一名，是名牌大学。这中间最让人感到意外的是，驱动人们争取第一的欲望，与 E 学生的品质背道而驰。当你把这一现象与父母老师的期望、报纸上颂扬的“状元经验”联系起来的时候，就会知道，为什么我们的 30 个研究对象大都不是第一名。

3. 每一个人都是在真正抓住自己想要的东西之后，才能充分展示自己的潜力。这个环节至关重要。所以，通向 E 学生的第一推动力，不是天赋聪慧，不是重点学校，不是名师家教，不是父母的眼睛紧盯不放，不是任何“来自外界的压力”，有一样东西比这一切都重要，那就是“发自内心的渴望和热爱”。

4. 抛弃了“不能偏科”的旧观念。“一技之长”比“平分秋色”更容易促使一个学生成为 E 学生，尤其是在大学阶段。

5. 孩子的“开窍”与教育环境有着更大的关联度，而不像我们通常以为的仅仅与孩子的年龄相关。在 90% 的案例中，孩子的“开窍期”发生在大学二年级到大学三年级，而不论他在这时候是 14 岁（比如张亚勤和沈向洋）还是 20 岁（其他所有按常规年龄上学的人）。

6. 真正知道“我到底要什么”的学生，通常比那些学习成绩特别好的学生还要快乐。

第四章

爸爸和妈妈

对大多数孩子来说，父母的影响持续一生。可是我们仔细观察“微软小子”的成长之路，就会发现，父母的影响力，只是在他们的童年时代才会特别强烈。从那以后的漫长岁月里，他们谈起父母，十之八九都是自己童年时代发生的故事。有鉴于此，我们相信，E学生成长之路上的第四个秘密，是他们的爸爸和妈妈。

我们对“爸爸和妈妈”的研究曾经向很多方向延伸出去，有一度把焦点指向父母的受教育水平，父母的职业、性格，或者在社会各阶层中的地位，有一度又指向父母的教育方式。但是后来我们发现，那都是歧途。事实上，父母对孩子的影响力，不是取决于这些因素，而是取决于父母和孩子的关系是否融洽。

这也是 90% 的“微软小子”都是出自平常人家的奥秘。

离家时刻

我很奇怪，现在的孩子十八九岁了去上大学，妈妈还要陪着。

——张亚勤

1978 年盛夏，中国中部一个城市中心的火车站。

那一天，车站里人很多，又脏又乱。周围都是大人，亚勤夹在他们中间，显得特别矮小，还很瘦，一副发育不良的样子。这也不能怪他，他才 12 岁。

可是从这时起，他就要离开家，离开妈妈。他已经是大学生了，对他来说，大学校园是一个未知的世界，他以前只知道那是个青年待的地方，可是他还没有走出童年时代呢。

周围人挤人，有人撞了他一下。他手里提着的包掉在地上。那一瞬间，这孩子有点慌，拉紧妈妈的手，觉得抓到了一个依靠。说来也怪，在妈妈身边的时候，他从来没有什么特殊的感觉，现在，就要离开妈妈了，他才第一次从那只手上感觉到安全。可是他知道，妈妈不会陪伴他。妈妈在他走出家门的时候就已经说了："你未来的旅程要独自一人去走。"

他仰起头来，看看妈妈。妈妈注视着他，眼光里面有一种异样的光彩，与其说那是怜爱，不如说那是鼓励。

"去吧，你能行。"妈妈说。

这话在亚勤听来是那么熟悉。过去的这些年里，每逢关键时刻，妈妈就在他的耳边说："去吧，你能行。"一次又一次跳级的时候、独自出门旅行的时候、参加数学竞赛的时候、得了肝炎去住院的时候、在中国科大的报名表上写下自己姓名的时候，妈妈都是这样说的。那时候妈妈眼睛里面的光彩，就像现在一样。

罗伯特·麦克纳马拉曾经说："人脑和人心一样，朝着被赞赏的方向走。"事实真是这样的。每个杰出孩子的周围都有一个鼓励和赞美的世界。很多人见了这情形，都会有个误解，觉得一个孩子是因为聪明，所以值得赞美，其实情形往往相反，孩子是因为得到赞美，所以才聪明起来。

外婆一直夸奖亚勤有天赋，总是对他说："那是你妈妈爸爸给你的最好的礼物，千万不要浪费了。"他对外婆像对妈妈一样亲，小时候总是往外婆家里跑，还记得外婆常常说："去吧，你能行。"后来妈妈每次对他说出这几个字的时候，他都会想："妈妈一定是从她的妈妈那里学来的。"

亚勤和妈妈之间有一种特殊的默契：从来没有什么特别的亲密，但却彼此信任。母亲总是说："好孩子是夸出来的。"还喜欢说："让孩子知道他很聪明，他就真的聪明起来了。"天下的母亲都喜欢夸奖自己的孩子，都知道父母的表扬和认可对孩子的心理发展有重要意义。这位母亲的与众不同在于，她懂得夸奖的艺术。懂得什么时候该让孩子意识到自己的能力，什么时候该让孩子意识到自己的不足。她的夸奖常常出其不意，每当儿子表现出懦弱、犹豫、挫折，她的激励就特别顽强。可是人人都在夸奖她的儿子时，她却相信，儿子已经不需要夸奖了。

亚勤在太原读中学的时候，整个城市都在谈论他，还要"掀起学习张亚勤的热潮"。我们在前边提到这个故事的时候，遗漏了其中一个情节，现在不能不说。那一天亚勤见到这条标语的时候，觉得特别有意思，跑回家来眉飞色舞地告诉妈妈，想要妈妈和他一同高兴，不料妈妈只是淡淡地说：

"没有什么好让人家学习的。你和别人家的孩子一样。"

1978 年那个夏天，亚勤接到中国科大录取通知书的那天，学校里一片沸腾，同学特别高兴，老师更是激动，邻居们都来祝贺，还有很多记者要来采访。亚勤不禁得意扬扬，准备大干一场。他对妈妈说："我的目标实现了。"

妈妈也挺高兴，可是这个从不吝惜对孩子的鼓励的女人，当时却没有说出一句夸奖的话来。"也许她在别人面前也夸我了，但是她当着我的面还是比较平静的。"亚勤多年以后回忆当日情景时这样说，"我也不记得母亲当时跟我说什么了，就和每次考试之后差不多吧。"

每一个母亲都希望生下一个天才，但真正天才的母亲，都会说他们的孩子是一个普通人。这并非谦虚，因为他们太了解自己的孩子，知道人性中所具有的那些东西，自己的孩子无不具有，所以亚勤的母亲几乎没有当面夸奖过他。有几天，他成为记者追逐的对象，记者们都说他是个神童，要在报纸上推广他的事迹，让全国孩子都来学习。这时候妈妈要求他不要接受记者的采访，不让记者把他的名字登到报纸上。

“记住，儿子，”妈妈说，“名声，还有报纸说的那些话，都不是什么了不起的东西。再说你还是个孩子，还不能说什么是成功什么是失败。”

现在，儿子就要去上大学了，妈妈的脸上仍然只有淡淡的神情。列车车厢里空气浑浊，一片嘈杂。这是 1978 年秋天的那种嘈杂，和 20 世纪 80 年代的嘈杂不一样，和 20 世纪 90 年代的嘈杂就更加不同。那时候我们国家的高考在中断了 11 年之后刚刚恢复，“上大学”成了“摆脱广阔天地”和“回到城市”的代名词，叫亿万孩子和他们的父母激动不已。连续 11 年的“高中毕业生”坐在同一个考场里，此外还有一大群像亚勤这样的孩子，报纸上一个劲地说他们是神童，全都汇聚在中国科大的少年班里。现在，亚勤要去的地方，正是那个少年班。

就像我们在前面说过的，独自旅行对他来说不是第一次。他觉得在妈妈跟前撒娇的时光结束得特别早，印象里小时候到处跑，妈妈从来不会形影不离地跟着他。“我从小就很独立。”他回忆自己的童年，“我很奇怪，现在的孩子十八九岁了去上大学，妈妈还要陪着。”

现在，妈妈又走了，把儿子独自留在南下的列车上。这火车要开到哪里去？亚勤还想不明白。他那时候只知道眼前这段旅程有 1000 多公里，从太原到合肥。

在经历了最初的恐惧之后，亚勤镇定下来，左看右看，领受着大人的目光。没有什么人相信这又瘦又小的孩子居然是个大学生。

火车开动了。亚勤离开了他在太原的家，这一次是永远地离开了，就像妈妈说的，独自走向“未来旅程”。

父亲的遗产

父母是孩子的第一个偶像。

——李开复

看到父亲多年来的工作，你就能更好地理解儿子为什么能把那么多智慧和激情投入到学业中去。事实上，父亲对儿子的影响还不止这些。

开复成年以后，试图把对父亲的零星回忆编织起来，发现父亲和自己在一起的时间很少，而且“他非常不爱讲话，只是埋头写他的东西”。

童年的时候，开复每天晚上都会去父亲的书房，看他伏案写作。那个男人个子不算高，寡言少语，平和从容，难得一笑，即使高兴的时候，也只是把一丝淡淡的笑容挂在嘴角上。可是父亲的笔似乎永远也不会停下来，那里面流淌着无穷无尽的智慧和激情。开复还小，看不懂其中奥妙，却已经感觉到，有一种生生不息的力量在支撑着父亲，这让他好奇极了。

对于大多数孩子来说，父母的影响力通常不是看他们说什么，而是看他们做什么。在开复的心目中，父亲是道德和正义的化身，给他留下经久不灭的烙印。多年以后回想当日情景，他渐渐明白是父亲为他上了宝贵的第一课，给了他第一个人生启示。那并不是父亲的成就，而是父亲的品行。

希腊悲剧作家索福克勒斯说：“父亲的成就是儿子最大的荣耀，儿子的善行是父亲最大的骄傲。”而在这个家庭，无论父亲还是儿子，始终把品行当作为人处世的第一要务。很多年以后，开复已成为世人瞩目的计算机科学家，才华出众，但他仍然认为一个人最重要的素质不是智力，而是品格。有一次他和当时的北京大学副校长陈章良在电视上讨论学生的素质，后者把“人品”排列在“智力”之后，这让他极为震惊，结果导致了一场公开的辩论。他对于人的品格的看重和执着，甚至让电视机前的那些中国学生也有些惊讶。那是因为，他们不了解他的家庭有一份最重要的遗产，它来自他的父亲。

父亲工作的时候相当专注。每天清晨，他总是以一个 60 多岁的老人所能具有的最快的速度开始工作。他对桌子上的稿纸和资料近乎疼爱，堆得越高越混乱，他就越是兴奋，甚至常常对着桌子说些旁人听不懂的话。每当他写完一本书，长长舒出一口气来，开复就会走过去，偷偷看看父亲写了些什么。有一本书的名字叫《刘少奇传》，另一本叫《林彪评传》，还有《周恩来传》。对一个刚刚上学又完全没有大陆生活经验的小男孩来说，要理解这些东西是困难的。他只觉得父亲脑子里面的世界是那样宽广多彩，无边无际，一直伸向遥远的地方。

他会偷偷地伸手触摸父亲写下的文字。就在那个房间里，他第一次看到爸爸最珍爱的那个条幅，并且认识了上面的字。字是钱穆写的，苍劲而又从容：

有容德乃大，无求品自高。

当年父亲的朋友看了，都说这就是父亲；后来儿子的同事看了，又说这就是儿子。李开复自己说，第一句像他，但第二句的境界，他与父亲比起来还差得远。也许他真的是一半像父亲，一半像自己。可是你无论怎样看待这副对联的含义，都可以感受到父亲对儿子的影响力。从大历史的角度看，中国年轻人的禀性和思想总叫你觉得新奇，其实都是几代人延续和发展的结果。在他们的身上，有着他们父辈深深的烙印。

当年父亲为官一场，却又厌恶官场风尚。国民党兵败如山倒，政权顷刻瓦解，他离开大陆来到台湾，对政治也已彻底失望。他辞官回家，拼命写作。他是那种少有的出身官场又没有沾染上官场恶习的人，拥有独立的精神，而且坚持在待人接物方面的率真坦然，既不附势，也不媚俗。他热衷于写作是为了表达自己的想法。

那时候台湾海峡两岸势不两立，没有政治往来，没有经济往来，连民间往来也没有。台湾没有大陆的访问团。大陆这一边也是一样，没有台湾游客，没有台湾企业，也没有台湾的投资者。警察公开监视那些在台湾有亲友的人，说他们有“特务之嫌”。大陆的报纸上总是说“解放台湾”。台湾的报纸上总是说“反攻大陆”，吹嘘“蒋总统”多么英明，或者诅咒大陆是“共匪”。两岸都在自己的孩子中间培养着敌意，但开复的父亲是个例外，他从来不说这样的话，也从来不在儿子面前贬损大陆。事实上，父亲对共产党高层领导人有着很深的了解，晚年陆续写出书籍，几乎全部牵涉共产党的领袖，却从来不肯按照台湾当局的要求把“中共”改成“共匪”。他本性孤傲，从不随波逐流，人云亦云。总是说，做人应该秉公周正，每个国家每个政党每个人都有好的一面和坏的一面。他就是以这样的观点来评价海峡两岸的是是非非，所以他的大部分著作在台湾和大陆都不能容许出版，只有香港肯出版。但这些事情都是开复长大之后才能悟出的。在当时，开复只是在奇怪，父亲为什么只是不停地写作却从来不肯拿去出版？

开复 11 岁那年，家里多了一个话题，那就是该不该让这孩子到美国读书。当时这个小男孩完全不能理解这究竟意味着什么。如果父亲出面阻止，他一定会很乐意留在父亲身边，但是父亲什么也没有说。父亲从来不肯说出对这个儿子有什么期望，现在也只是平静地看着儿子从他身边离开。

儿子就这样离开了父亲，越过浩瀚的太平洋到达异国。大多数孩子都有一种心理倾向，离父母越是遥远也就越是在内心深处激发起对父母的依恋，开复也是一样。闲下来的时候，他忍不住向着东方遥望，他能感觉到他的家，感觉到母亲在他耳边絮叨，却怎么也听不到父亲的声音。

不过，父亲的形象仍旧在他心中，潜移默化地影响着他。他后来说：“在美国上中学的时候，只是想跟着父亲的路子走，因为我知道他是个了不起的人。”

像这样发自内心的交流，在这一对父子之间很少发生。就像很多父子一样，他们也有太多的情感和太多的话放在心里，想要告诉对方却又始终不肯开口，也不敢猜测对方外表之下的真实想法，结果是，彼此都觉得越来越远，直到很久很久以后的某一天，才忽然发现原来父子之间竟是如此心心相印。

到了 1990 年，在离开大陆 40 年之后，父亲终于有机会回到家乡四川。这是“很震撼的一次旅行，回来后情绪久久不能平复”。回到台湾的那个晚上，81 岁的老人把自己在大陆拍的照片取出，令家人观看，指出哪个是祖母之坟，哪个是家乡的文殊院。又交代家人，在他去世后一定要将他的骨灰送回家去，葬于祖母身边。最后取出一方石印，那是四川一位金石篆刻家送他的纪念。老人默默吟诵石印上的诗文，及至念到“少小离家老大回”的时候，不禁失声。

这一切都是妈妈在电话中告诉开复的，那时候开复正在苹果公司，为了他第一个语音识别产品，昼夜苦干。儿子和父亲一直依靠电话保持着联系，直到

1994年的那天清晨，电话铃声响起，这一次不是父亲，他听到了姐姐的声音，在心底感到一阵颤抖。姐姐用她最伤感、最沉静、最温和的声音告诉他，他再也不能和父亲通电话了。

父亲病逝的时候，面容安详，嘴角带着微笑，但所有家人都明白，在他的内心深处必定留下了极大的遗憾。他在弥留之际曾经告诉儿女，他做了一个梦。他在梦中来到海边，在一块石头上捡到一方白纸，上面写着“中华之恋”。还说，他有一个计划竟然不能实现，那就是再写一本书，书名叫作《中国人未来的希望》。当然他也把他最珍爱的东西遗留给了开复，表明他在多少年以前就对儿子有着巨大的期待。父亲的遗产就是那十个字：“有容德乃大，无求品自高。”

拿着这条幅的时候，开复感觉到父亲的力量。他觉得自己是世界上最孤单的人，同时也是最富有的人。此后无论他走到哪里，都会把它带在身边。到中国的时候挂在他家的墙上，到美国的时候仍然挂在他家的墙上。回想过去种种，还有以后的路，他渐渐明白，父亲是在用他自己为儿子做榜样，用一种无声的权威指引儿子的未来。父亲的品格丰富了儿子的生命，而儿子的品格则是父亲生命的延续。这与智慧无关，与财富无关，与权势无关。

儿子的价值

父亲从来不过问我的学习，甚至在家里很少说话，可是那个晚上他彻夜不眠，然后做出一个决定，从此改变了我的一生。

——沈向洋

在微软亚洲研究院，没有比沈向洋更卖力的人了。当同事说他工作起来“像一只狼”的时候，他说：“不是一只狼，是一只饿狼。”他的一连串成就中的每一项都让全世界的同行惊讶，然而他又是一个快乐的人，他那爽朗的、富有感染力的笑声，总是回荡在希格玛大厦的第三层。在过去的36年中，他是从苏浙两省交界处一个贫穷的小村庄，一步一步，走到这座像蓝宝石一样闪闪发光的大厦里来的。

其中最关键的一步，是父亲帮助他迈出来的。

11 岁那年，向洋离开家乡到县城去读高中。县城离家很远，坐公共汽车要走一个多小时。一路上，妈妈使劲鼓励儿子学习独立生活，自己照顾自己，可是到了分手的时候，这个一向严厉的女人哭了。

让儿子来读高中，在这个家庭是一个非常困难的决定。父亲在儿子的学习上一向不加过问，但是为了做出这个决定竟是彻夜不眠。

此中情形，一定要和那时候我们国家的大势联系起来，才能理解。

在 20 世纪 70 年代，一个农家子弟进入高中是非常罕见的事情，那意味着他未来的道路只能朝向大学校园。不要说那时候高考制度还没恢复，即使彻底打开大学之门，在农村上亿像沈向洋一样的孩子中，也只有 1% 能够走上这条道路，其余大都只能完成初中或者小学的教育，此外还有至少一亿农家子弟没有机会读书。

无论从法律上还是从教育制度上看，中国并没有禁止农家孩子上大学。他们可以和城里的孩子一样参加大学考试，只要通过了就可以进入一所大学读书。可是，农家孩子的大学之路，要比城里的孩子更加艰辛，也有着更多的阻碍。这种阻碍一半是因为农村知识匮乏，视野狭窄，在这种环境中长大的孩子，根本无法和城市孩子在同一个考场里竞争。另外一半阻碍则是来自父亲和母亲。一般农家经济拮据，大多数父母都希望孩子尽早投入田间劳作，帮助大人支撑家庭。在这样的情形下，一个孩子能够完成初中学业，已属难得，即使那些父母眼光远大、孩子品学兼优的家庭，也只是要求孩子在初中之后即去完成中等专科。

如今的大学生到处都是，毕业之后还愁找不到工作。那时候可不一样，连续 11 年没有大学毕业生，无论城里还是乡下，最受宠的就是中专毕业生了。农村人家冒出一个学习好的孩子，就忙不迭地去读中专。从制度上说，一个农家孩子取得中专毕业文凭，是改变身份、获取城市户口的最有效的途径，由此可以成为乡里的荣耀，他的家庭也因此获得更多收入，所以特别风光。就以沈向洋为例，他的初中毕业成绩相当不错，于是父母按照当日风尚，为他选择了附近的一所中专。

“他将来又不当大科学家，”左邻右舍都这样说，“用不着上大学吧，只要读两年中专，就能得到城市户口，找个好工作，又体面，又有钱。”

父亲是个优秀教师，还在公社主持初中毕业生的升学报名，对这一切当然都了然于胸。可是那个晚上，当所有学生的报名材料即将封存的时候，他却忽然不安起来。他抽出儿子的报名表，左想右想，越发觉得不能只想着让儿子早工作早养家，于是抹去“中专”字样，改成“公社高中”。

改完之后躺到床上，仍觉得有什么地方不对头。事实上，他比这个家庭中任何一人更明白，这张表格决定了儿子毕生的命运，非同小可，不由得把儿子生活中的一幕一幕回想一遍，忽然之间，脑子里面出现一个新念头：儿子还有潜力，只有让他远走，才能高飞。于是父亲再次把儿子的报名表抽出来，抹去“公社高中”，改成当地最好的学校“县高中”。

这个晚上发生的事情，在今天看来的确有些引人回味。一个人毕生的命运取决于一张表，这在西方人看来是不可思议的，但在中国，人人习以为常，即使是父亲自己，也没有多想什么。迄今为止，他极少在儿子的学习上操心，平时甚至很少过问儿子的考试得了多少分。事实上，他在家里很少说话，可是一旦开口，就很有力。他的最有力的一句话，就是那一天说出来的：

“我儿子的价值，不仅仅是一个城市户口和一份好工作。”

现在，母亲把儿子送进县城高中，看到儿子将要居住的房间是个大教室，30多个同学挤在一起，床挨着床。别的孩子都15岁了，还有16岁的，可她的儿子才11岁。

有一瞬间，妈妈哭了，犹豫着，想把儿子带回家，“他毕竟还太小啊”。这时候有个老师走过来，看看孩子，又看看母亲，然后问长问短，和颜悦色，说话温和：“没有关系，我待这孩子就跟自己的儿子一样。”

妈妈一咬牙，终于把儿子留下来。

“人这一辈子，有些事情是无论走到哪里也忘不了的。”向洋长大成人以后这样说。父亲的那个不眠之夜，还有母亲转身离去的那一瞬间，直到很多年以后，向洋记忆犹新：

> 人的命运啊，有时候就是一念之差。不能说哪一步是正确哪一步是错误，只不过是在做不同的选择。我现在的成就虽然达到世界水平，可也

不见得就能证明我走对了一条路。回头看历史，一个选择就决定了你的一生。我们家的背景要求我好好念书，不过，那时候从整个社会来说，上大学也不是非常重要，一直到我念高一才恢复高考。在那之前都是去读中专，那也是一条道路，对我来说也顺理成章，我只是个乡下孩子呀。要是我没去读高中，没去上大学呢？那现在就大不一样了，也可能我就是个民工，还有什么“追随智慧”？有什么“世界一流”？

慈父严母

父母和孩子之间的精神上的距离感，常常是由父母对孩子的过于亲密引起的。当父母允许孩子与自己保持距离的时候，孩子的心灵反而回到父母身边。

——作者

我们在研究中发现，“微软小子”的家庭有个惊人一致的基础：慈父和严母。

他们在回忆自己的父母的时候，说出来的话几乎完全一样。

李开复说：“父亲基本不管我，而母亲管我就很严厉，母亲对我是非常标准的中国式的教育，背书要背得一个字都不错，考试不好要打我的，打得很重。”

沈向洋说：“男孩子可能受母亲的影响比父亲的要多一些，至少我是这样的。我父亲几乎不说话，我母亲对我非常严格。她给我的最深的影响，可能就是好胜心，绝对不能输的好胜心。”

至于张亚勤，他的记忆中完全没有父亲，只有母亲，还有母亲的母亲——他的外婆。

我们还不能认定“微软小子”都是母亲教育出来的，但是的确有证据证明，很多重要人物在回忆自己童年的时候，都认定母亲对自己的影响远远超过了父亲。比尔·盖茨是其中的一个，微软亚洲研究院里这些最杰出的华人青年，李开复、张亚勤、张宏江和沈向洋，也是一样。还有那些后起之秀，周明、童欣、初敏、张波、刘策，都说过几乎完全相同的一句话：“我受母亲的影响更大。”

此外还有一个惊人的一致：“微软小子”都是在年龄很小的时候离开了家。李开复 11 岁，张亚勤 12 岁，沈向洋 11 岁。

这个年龄是一个孩子从童年向少年的转折点，每个人都是在这个年龄开始产生自主意识。E 学生之所以叫作自主型，正是因为人本身具有的自主意识能够健康地成长起来。

我们把“少小离家”与“慈父严母”加以对照，可以发现这里所谓严母，只是对孩子的童年时期来说的。一旦孩子年龄稍大，她们都无一例外地终止严母的形象，要么允许孩子离开自己远走高飞，要么改变严厉管教的方式，变得宽松甚至放任。

这中间的含义令人回味。

父母与孩子的亲密关系，有可能使孩子得到鼓励、爱护、关注、温暖，也可能让孩子感到压力、打击，甚至产生厌烦和隔膜。即使是同样一种东西，在不同的时候也会在孩子心里引起完全不同的反应。

但是这里面仍然有一些一般性的规律可以遵循。父母的呵护和管教，通常都会对童年时代的孩子产生强烈影响，也会在孩子心里留下美好的记忆。但是大多数孩子进入少年时期的时候，都会经历一个反抗父母的阶段，这是他们要求“自主”的时期，也是我们经常说的“逆反心理”。这时候父母施加在孩子身上的关心、爱护和严格管教，总是适得其反。

我们看看周围的父母，大都在孩子的童年时代过分娇纵，而在孩子的少年时代又过分施加压力。“自主意识”遇到不可抗拒的压力，也许会消失，也许会变形，也许会走上歧途，这就是“逆反”甚至“叛逆”。结果是，父母与孩子越是亲近，就越是有一种疏远感。

在李开复、张亚勤和沈向洋这三个案例中，情形恰恰相反。母亲的严厉、细致、直接控制，仅仅留在儿子的童年时代，而在少年时代即将开始的时候，这一切都戛然而止。母子分别，让母亲更多地表现出母爱之中慈祥、温柔、关切的一面。这让儿子感受强烈，甚至把母亲昔日的严厉和专横都变成美好的记忆。

那些少小离家的“微软小子”谈到自己当年的感受，都曾说起，他们最初有一种解放、轻松和自由的感觉，但随之而来的就是对父母的思念。还有一些

“微软小子”直到长大成人之后才有机会离开父母，那时候他们就会有一种迫不及待想要远走高飞的感觉。很多孩子在高考时一定要寻找离家遥远的学校，就是觉得父母如影随形地跟着自己的日子，简直无法容忍。

说来真是奇怪，父母和孩子之间的精神上的距离感，常常是由父母对孩子的过于亲密引起的。当父母允许孩子与自己保持距离，甚至鼓励他们远走高飞的时候，孩子的心灵反而回到父母身边。彼此天各一方，不能相见，但距离越是遥远，就越是造就了两代人之间的亲近感。

难演的角色

中国人喜欢攀比，父母在单位里见到同事的时候，就会想，我比不过你，我儿子还比不过你儿子吗？

——沈向洋

沈向洋很坦率地承认，母亲对他的期望值很高，“就是那种典型的望子成龙的心态”。他从那种期望当中感受到压力。所以，他小时候“最高兴的事情就是母亲去上夜班”，因为家里没有人管他了，他也就有了一个自由的晚上。当他有了儿子以后，不免常常揣摩儿子的心思，将心比心，于是想着：“小孩的心理都是一样的。我的小孩看见我不在家可能会高兴得不得了。”

但他还是认为家庭给了他巨大的影响，他回忆道：

父母的影响不是一句两句话，也不是他声音大，有权威，而是潜移默化的，不断地影响着你。别看我那么小就离开家，无论后来走到什么地方，有些情节是永远不会忘记的。当时我家生活在这个社会的最底层，很清苦的。当然还有更重要的，就是身份。除了父亲，家里别的人都是农村户口。你可以想象，读好书对我们这个家庭有多大的意义，那就是跳出农村了。小时候我还没有这个意识，但是现在，我就特别理解我母亲那时候为什么对我那么严格。

人啊，一定要明白一点，你这一辈子，很大程度上不是为自己而活，这就是做人最辛苦的地方。你想，一个人从小到大，肩负着父母的希望，肩负着老师的希望。无论走到哪里去上学，无论多么艰苦的岁月，都有一点这样的信念在里面，让我觉得输不起，过去是输不起中国人，现在就是输不起外国人。这也许不是一个很好的心理状态，但问题在于，有这样一种教育制度，有这样一个教育环境，这种状况就非常难改变。现在的小孩是不可能没有这种压力的，我相信他们的压力更大，因为这已经形成一种社会规范了，根深蒂固，是一种文化了。比如中国人喜欢攀比，父母在单位里见到同事的时候，就会想，我比不过你，我儿子还比不过你儿子吗？说不定就有这样的想法。

如今父母的角色也越来越难扮演了。他们整天都在问自己：怎样为孩子的明天做准备呢？大街上到处都有教导他们怎样养育孩子的书，每个星期有十几种，每年有几千种，从孩子还没有出生一直到孩子最后离开他们，从“胎教”到《高三家长》，全都有，可是他们还是感到迷茫，无所适从。这是因为，孩子的明天既不能预料，也不能理解。

我们都知道，30年以前，家庭的中心是大人，完全不像最近这20年，孩子成了家庭的中心。孩子小的时候，父母在他们的驱使下做这做那，从中享受着无穷的快乐。随着孩子一天天长大，父母在他们的心中渐渐变成负面的形象，成了他们口头上轻飘飘地说的那个“我老爸”。

现代生活每一天都在变得更复杂，人们面临多样化的选择——从职业到伴侣，从手机的铃声到住宅的样式，但是我们却希望把自己的孩子造就成完全一样的人：读书、考试、分数、小学、中学、大学，一份由教育系统认定的好文凭，和一个用社会标准衡量的好工作。父母、老师、专家、媒体，还有整个社会，齐心协力构造出来的教育体系，整齐划一，就像张益肇说的，是“一条生产线”。

这是全世界最大的生产流水线，拥有工业化社会的经典特征：标准化。你看看过去20年里父母和老师把心血倾注在孩子身上的情形，也许会想到流水线旁的工人在关照自己的产品。产品每天都在流动，工人盯着它们，目不转睛，重复着同样的动作，安装同样的部件，完成同样的程序，然后依据同样的标准来检测。其间充满紧张、单调、枯燥以及焦躁不安的煎熬，好不容易熬到下班铃声响起，长出一口气，看看眼前的劳动成果，又看看身后的流水线：送进去的原料形形色色，经过他们亲手塑造，出来的产品一模一样。

父母把太多的期望寄托在孩子身上，那是可以理解的。他们在自己的一生里有太多的理想没有实现，不能做自己喜欢的事情，也不能和自己喜欢的人待在一起。现在，儿女是父母生命的延续，他们希望在孩子身上找回自己的梦想。孩子聪明就是自己聪明，孩子快乐就是自己快乐，孩子考了 100 分就是自己考了 100 分，孩子考上大学就是自己圆了大学梦，孩子出人头地，自己也就能够扬眉吐气。

要论两代人之间生活的差别，全世界没有哪个民族像中国人这样巨大。新一代人无从体会过去的生活，却无时无刻不在父母身上看到过去的烙印。那些想要出人头地的孩子埋怨父母不能给他们指导，那些率性而为、随遇而安的孩子则嘲笑父母对他们的期望。

“天底下当老子的不会有太大的区别，无外乎两种类型，”一个高中一年级的学生这样说，“一种埋头苦干争名夺利，另一种连争名夺利的本事都没有，却把这种无耻的希望寄托在自己的孩子身上。”

期望值

54% 的孩子想对父母说的第一句话就是：“别老问我考几分！”

——引自吴苾雯《高三家长》

面对自己的孩子，即使是那些受过良好教育的父母，也会感到无所适从和焦躁不安，这种感觉随着孩子的成长越来越强烈，到了孩子读高三的那一年，就会达到顶点。

面对自己的父母，即使是最听话的孩子，也会感到压抑、沉闷和痛苦，这种感觉随着自己的成长越来越强烈，到了读高三的那一年，也会达到顶点。

是什么东西让父母那么焦躁不安？是什么让孩子那么压抑、沉闷和痛苦？是父母对孩子的期望值。

有一项在高三学生中所做的调查发现，当这些学生每天放学走进家门的时候，父母第一句话说得最多的就是："今天考试得了几分？"

吴雯在她的《高三家长》一书中公布了另外一项调查：54% 的孩子想对父母说的第一句话就是："别老问我考几分！"

"父母对孩子的期望值过高，是导致孩子失败的原因之一。"王坚的妻子徐芬说这话的时候语气坚定，她是北京师范大学心理学系的教师，也是一个孩子的母亲。

那一天，这一家三口坐在一起，讨论父母对孩子的期望。王坚曾是浙江大学心理学系主任，现在是微软亚洲研究院的主任研究员，他认为，"期望值"是可以作为教育心理学上一个重要课题来研究的。在他看来，"微软小子"的父母们，也都是怀抱期望的父母，这一点和别人的父母没有什么区别。

"区别不在于有没有期望，而在于怎样表达期望。"王坚说。

应当说的话和不应当说的话

父母对孩子应当说	父母对孩子不应当说
"试试看。"	"不要……"
"你真是棒极了！"	"你怎么这么笨！"
"你今天开心吗？"	"你今天考了几分？"

续表

父母对孩子应当说	父母对孩子不应当说
“你想要我做什么？”	“我这是为你好。”
“我相信你。”	“你胡说！”
“你一定比我强。”	“让你干比我自己干还费劲。”
“你能行。”	“你不是那块料。”
“你喜欢做什么？”	“都什么时候了，还在玩！”
“这是你自己的事。”	“只要把学习搞好，别的什么都不用你管。”

上面这个表格中列举的内容，存在于微软亚洲研究院里这些年轻人的零零星星的回忆中。他们认为自己的父母做到了其中大部分，又说这是他们对所有父母的期望。根据我们的研究，如果父母真能按照此表所列，在孩子面前说“应当说”的话，不说“不应当说”的话，那么他们的孩子一定会更快乐，也更杰出。

严格好？宽松好？

我爸爸后来对我说了他教育姐姐的那种方法，我就想，幸亏他没有把这些方法用在我身上，要不我可能会反感。

——林斌

对孩子的教育是严格一些好，还是宽松一些好？这个问题一直都有争论。教育学家、心理学家、记者、作家，还有政府中负责教育事务的那些官员，都参与进来，父母们要么听由己意，要么无所适从，就是很少有人听一听孩子自己的想法。在我们的研究对象中，严格和宽松这两种家教模式都有成功的例证。与此同时，我们还发现：

1. 有 27 个人，也即 90% 的部分，是在“宽松家教模式”中成长起来的，只有三个人经历了“严格家教模式”，但这三个人都是最杰出的——李开复、张亚勤和沈向洋。

2. 三个“严格家教模式”的案例全都发生在20世纪70年代，自从80年代以来，便再也没有出现过一例。

3. 三例“严格家教模式”的主角全都是母亲，而非父亲。所以，我们在前面专门列举慈父严母的现象。但这是有条件的，请看下面这条。

4. 三例“严格家教模式”仅仅应用在孩子的童年时代。三个孩子全都在12岁以前开始了独立生活，也脱离了家庭的近距离管教。

5. 这30个人——不论是在“严格家教模式”还是在“宽松家教模式”下成长起来的，全都表示，自己喜欢宽松的成长环境。其中那些已经有了孩子的人，全都对那种强迫式教育深恶痛绝，并且声明，自己将以更宽松、更开明、更平和的态度对待孩子的教育。

我们相信每一对父母都会有自己的想法，事实上孩子的禀性丰富多彩，不可能有一个放之四海而皆准的教育方法。我们所能提出的建议是：如果你真希望自己的孩子不仅有一个好的考试分数，而且有一个好的性格、好的习惯、好的品行、好的心态、好的心情，你就必须少给孩子一些强迫，多给孩子一些空间。每个孩子心中都有一粒美好的种子，只要别人不去压迫，它就能长成一棵美好的大树。

这个想法在我们的研究对象中引起共鸣。有一天，林斌谈到父亲的教子方法：“他对我姐姐和对我的教育方式完全不一样。”那都是很多年前的事了，但是直到今天还是全家人津津乐道的话题。

这是一个典型的知识分子家庭。父亲是广东潮州人，那地方有经商的传统，但父亲不喜欢那个，他喜欢读书。他到广州去念大学，在那里认识了母亲，母亲是学医的，也在大学读书。两人早恋，然后早婚。但是这并不妨碍他们对自己的孩子寄予厚望。

在林斌出生之前五年，姐姐降生了。这是家里的第一个孩子，夫妻两人视若掌上明珠。爸爸决心让女儿成才，而且他在教育方面有一套自己的想法，要在女儿身上验证。他的教育计划是从女儿还在襁褓之中就开始的。他对女儿的要求很高，也很严格，在女儿身上花的时间特别多，眼睛似乎一刻都不会从女儿身上挪开，倾心尽责，不遗余力，陪着女儿去上学，又针对每一个科目寻找辅导老师。老师讲课的时候，他就守在旁边，一边倾听老师讲得好不好，一边观察女儿学得好不好。老师走了，他还在女儿身边，看着女儿完成全部作业。女儿从小到大，“完全是在爸爸的引导下成长起来的。爸爸脑子里面想象的那些教育孩子的方法，都用在姐姐身上了”。可是她的学习成绩总是不能名列前茅，让父亲觉得失望。这失望与其说是对女儿，还不如说是对自己。他开始怀疑自己的教育理念：花了那么多时间和精力，却没有得到理想的结果，也许这种紧盯不舍的教育方式真的有问题？

父亲承认自己的教育方式并不成功，但他还有一个儿子，他决定改弦易辙。这一年林斌也长大了，进入初中，父亲果然不再紧盯着儿子不放。他让儿子去住校，每周六天不回家，即使回到家里，他也不再监督儿子的学习，甚至有意识地不去过问儿子的考试分数。“他对我完全不像对我姐姐，根本不管我，非常宽松。”父亲对儿子的唯一指令是“保护好眼睛”。儿子从三岁起就近视，这让他着急。所以他要求儿子不要总是读书，要去游泳，去参加乒乓球训练，他觉得那个快速运动的塑料小球对眼睛有好处。可惜他再次失望了，儿子的眼睛越来越近视。

尽管儿子的眼睛没有好起来，但是他的“宽松式教育法”还是起了作用，弟弟的学习成绩明显比姐姐好。说来真是奇怪，一旦没有了外界的压力，孩子内心中的那粒种子就会生长起来。林斌在初一第一学期的考试是全班第 12 名，这让他特别不舒服。他决定发奋，果然成功，到了第二学期，他后来居上。他成了班长，还做体育委员，而这一切父亲并不知道。此后几年，林斌一直将自己的成绩保持在前五名，直到高三毕业，被免试保送进入中山大学。又几年之后，赴美国费城，在德龙大学计算机系完成硕士学业。

如今这一家人聚在一起的时候，父亲总是说起他对子女的教育方法。他对儿子的成长非常满意，说他没有花什么心思，却得到硕果。当然他对女儿也满意，只是有点美中不足：假如当初对女儿也能像后来对儿子一样，那么女儿也许能做得更好。

我们与林斌交谈的时候，特别注意他本人的想法。有一刻，话题转到“父母对孩子应当严格一些还是宽松一些”上，他说：

> 爸爸还是管我的，只是没有把他自己的想法强加于我。我喜欢爸爸对我的教育方式，给我空间，让我自己去发展。也许我们家有点特殊，但我

觉得这里面多少有一点必然性。我爸爸后来对我说了他教育姐姐的那种方法，我就想，幸亏他没有把这些方法用在我身上，要不我可能会反感：为什么要强迫我学这个？其实你要是让我选择，我可能也要去学的。

我们对这个家庭的观察所得是，“严格家教”不等于“强迫式家教”。实际上，这两点有天壤之别。让一个孩子每天 24 个小时处在压力之中，占领他在童年时代（甚至还有少年）用来寻找快乐的全部时光，最终为了父母的期望——这是强迫；而一开始就循循善诱，说明社会规范，又留下足够的空间——这是严格。强迫的潜在逻辑是，“我是你妈”，或者“我是你爸”，所以“你不听我的听谁的”。严格但不强迫，就意味着承认孩子的天性和尊重孩子的兴趣，让孩子“习惯于”一种规则，而不是“就范于”一种规则。

换一句话说，问题焦点不在于是严格还是宽松，而在于是否给孩子足够的空间，是否在一些关键的问题上让孩子自己去选择，当孩子进入少年时期的时候，尤其如此。我们发现大多数父母在孩子的早期过于放纵，到孩子读中学的时候又极端严厉，甚至带有强烈的强迫色彩。他们的理由看来非常充分：孩子要考重点高中了，这比考大学还要关键。其实，这恰恰是颠倒了顺序。因为我们迄今为止还没有发现，一个孩子能够在没有自己空间和兴趣的前提下健康成长，成为 E 学生。

我的孩子在想什么

这是一个父亲的难题：

我的孩子到底在想什么？
我的孩子到底想要什么？

我的孩子每天早上起床的时候开心吗?

我的孩子愿意把自己的想法告诉我吗?

我的孩子为什么总是把自己关在屋子里?

我是在让孩子做我喜欢的事,还是让我做孩子喜欢的事?

当我和孩子在一起的时候,我是让他像我,还是让我像他?

每对父母都在为自己的孩子操心,每对父母都希望孩子像自己期望的那个样子成长。在过去的20年里,我们的国家发生了巨大变化,很多事情都不是原来那个样子了,但是父母心目中的好孩子形象,可以说是变化最少的:既不胖又不瘦,既聪明又听话。幼年擅背古诗歌,少年精通数理化。既不看电视,也不看小说,但一定要会一手琴棋书画。不交朋友,不去网吧,脑子里面装着名次的概念,不是第一名,就是争当第一名。从重点小学,到重点中学,然后不是清华就是北大。

可是这一切究竟是孩子的需要还是父母的需要?孩子的愿望、孩子的问题、孩子的需求,常常是在一种不经意的情形之中表现出来的,父母有没有把自己的注意力集中在孩子最喜欢的事情上呢?

2003年6月23日是个星期一,上海的很多父母在和他们的孩子度过一个兴高采烈的周末之后,走进办公室,忽然意识到,他们原来根本不知道自己的孩子在想什么。

这一天的《文汇报》刊登了一个孩子的来信,编者把它说成是“一个小学生的烦恼”。

孩子名叫黄诗佳,是上海市徐汇区建襄小学三年级的学生。按照她的父亲黄崇德的说法,她的“学习成绩不错,学得也轻松”。

看上去,黄崇德是一个很乐意理解女儿的父亲,还常常为自己对孩子的宽松感到欣慰,但是他怎么也没有想到“女儿竟也有一肚子烦恼”。

父亲一定是被触动了,所以把“女儿的烦恼”送到了报社。

编者读罢来信,不禁感叹:“我们许多做家长、做老师的,常常为孩子想得很多,却并不真正了解孩子需要什么。”

女儿的烦恼是用一连串“我”写出来的,字里行间压抑着不可遏止的激情和渴望:

我，是学生。我，是儿童。我，是个喜欢看书、画画、玩电脑的女孩。我，是……

我，只想说："我要玩，我要看，我要画！"我，不想整天在家。我，不想你们帮我辅导。我，不想做那没有"长处"的孩子，不想……

我，并没有感到学习压力大，但我感到：我不想做那长不大的孩子，不想一到外婆家就给我糖吃。

我，想有点自由，只要一点儿。我想用一点儿自由看书、看电视、玩电脑、画画、去公园玩……不想作业一做完，只能看半小时电视、只能读英语、只能做数学练习题。我只想能看我喜欢的动画片，不用等到每晚六点，只想在童话里遨游，只想玩够电脑游戏，只想做我喜欢的事。

我，不是机器人，一切按你们设计的"程序"做。我，想双休日没事就出去玩，不想在家里读我已背得"滚瓜烂熟"的英语，我只想在家里看那"囫囵吞枣"的图书。

我，要出去玩，哪怕我胆子太大闯了祸，也由我承担。

我，要大声叫喊："让你们解放我的眼睛，解放我的嘴巴，解放我的双手，解放我的双脚，解放我的空间，解放……"

我，面对大山喊："哎——真苦！"只听："哎——真苦！哎——真苦！……"

与一个美国父亲的对话

我每天和女儿在一起待五个小时，早上一个小时，晚上四个小时。

——凯文·斯考菲尔德

凯文·斯考菲尔德在微软公司主管三个部门，他在大学期间学习的专业是计算机和教育，与此同时，对专业之外的很多问题也抱有强烈的兴趣。然而凯文给予我们的最强烈的感觉，是他作为父亲的形象——他有一对双胞胎女儿。他甚至纠正了我们的一个看法：过去我们想到美国男人的时候，脑子里面总会冒出一个不负家庭责任的形象，可是凯文对女儿的责任感超过了我们熟悉的任何一个中国父亲。他每天花五个小时和女儿们待在一起，而且，他对女儿的那种关注之情，和我们所能想象的中国父亲不大一样。

问：我听说你对美国的教育制度持很强烈的批评态度？

答：不完全是批评，美国教育制度有不好的地方，也有好的地方。人类社会很重要的一件事情是培养下一代，可是我们教给下一代什么呢？这不仅仅是学校的问题，也是我们每天都应该问的问题，比如我有两个女儿，我就要问，学校要教给女孩子什么东西？

问：你对女儿的未来有自己的设计和期望吗？

答：我没有具体的目标和计划，我不能决定女儿应该做什么。我的女儿非常聪明，我只是希望她们将来的工作会更多地使用大脑。她们如果不能做很智慧的工作，就会不开心，觉得无聊。我不会强迫女儿去做什么，但我鼓励女儿在学校去学习难度更大的课程。我认为，女儿在学校学习知识很重要，但最重要的是学习“怎样学习”。如果不知道怎样很快地学习新东西，她们在信息社会中将很难生存。

问：能告诉我你的女儿多大了吗？

答：12岁（从口袋里掏出皮夹，拿出6张女儿的照片）。你看，这是她们的照片……

问：双胞胎？

答：是啊，是啊（笑）。你看，这是伊丽莎白，这是亚历山大。这是她们1岁照的（笑），这是5岁照的（笑），这是最近照的（笑）。

问：你每天要花多少时间和她们在一起？

答：差不多五个小时，早上一个小时，晚上四个小时。我每天早上给她们做早餐，和她们一起吃早饭。晚上从学校接她们回家，给她们做晚饭，和她们一起度过整个晚上，直到她们睡觉。我认为花些时间和女儿在一起是非常重要的。很多研究都证明，家庭成员坐在一起的时间多一些，能使家庭更快乐更幸福。

问：在美国西部，这是一种很普遍的家庭生活方式吗？

答：我不能确定，因为我没有看到统计数字，也许这要看不同的地区。

问：你是一个很辛苦也很幸福的父亲。

答：做一个好父亲是非常辛苦的事情。我非常努力。我不知道怎么做一个好父亲，但我要努力去做一个不坏的父亲。做父亲是一种很好的学习，比如说，你小时候不喜欢父母做的事情，现在你做了父亲，就会下决心不对你的孩子做同样的事。有时候你发现，你小时候不喜欢父母做的事情，现在你却不得不对你的孩子做，所以你能更加理解你的父母。你父母的一些错误，你可以避免，但是你可能又会犯一些新的错误。

问：在美国，甚至在全世界，人们都在谈论“美国梦”。大家都相信，一个人不怕出身低微，只要努力，就能改变自己，升到这个社会的顶上。你认为这个梦是真的吗？

答：所谓教育，就是把造就社会的希望寄托在下一代人身上。但是到下一代，也还是有人在底层，有人在上层，和现在是同样的分布。所以，总是有些人能实现这个梦想，有很多人不能实现。在美国，人们告诉你，人人都可以实现“美国梦”，如果你没有实现，那是你自己的问题。在英国，人们会告诉你，每个人出生在不同的阶层上，如果你在低层，你就应该很高兴，为什么要到高层去呢？比如说你生活在低层，每天在工厂里工作八小时，其他时间都是你自己的。可是如果你在高层，就不是这种情况，你要经常加班，老板要求你做很多额外的事情，否则你就不能发展。所以低阶层的人也有好处，因为你不需要考虑很多事情。

问：有钱的人没有时间，有时间的人没有钱？

答：（笑）这是很有趣的现象。在美国和在英国，人们说的事情不一样，但你会发现结果是一样的。阶层总是会有，人们总是在做不同的工作。对中国来说，这也是一个很大的挑战，总要有一些人在上面，而另外一些人在下面。

问：那么什么人该在上面？什么人该在下面？

答：（笑）让我们回到问题的本质，教育所能做的，就是把社会的本身复制给下一代。在美国，有一句老话：权力是会消失的，绝对的权力会绝对地消失。即使你把最优秀的人放在上面，也会有腐败的事情发生。所以社会总是在变化，你没有办法永远赢。

做孩子喜欢的事情，不是让孩子做你喜欢的事

父亲领着我走在那条街上，走过去再走回来，不停地找啊找，为的只是要满足我心中的一个愿望。

——周明

父母一生为孩子做的事情不计其数，可是能够在孩子心里留下烙印、永难磨灭的，通常只有很少的几件。如果我们仔细研究一下，就会发现，所有那些在孩子心中具有永恒意义的瞬间，都是孩子真正喜欢的，而不是父母自己喜欢的。

就像我们在前边叙述的，周明的父母对儿子有着无限的期待，但是周明并没有感觉到自己是在这种期待中长大的。父亲从来不会把自己的要求对儿子说出来，相反，他希望自己能满足儿子的要求。

虽然生活在城里，但周家境况一直艰难。父亲每月 70 多元钱的工资要支付全家的生活花销，要供养住在农村的爷爷和奶奶，还要供三个儿子读书。所以，当周明有一天说“想买一本英语教材”的时候，父亲的第一个反应是：“那本书要多少钱呢？”

“我也不知道要多少钱。”儿子小心翼翼地说。

拿现在的眼光来看待父亲的“第一反应”和儿子的“小心翼翼”，是怎么也不能理解的，但是在 20 多年前，几乎家家都是如此。

中国孩子学习英语的兴趣，是从 1972 年美国总统访华之后开始的，但在以后的几年里发展得相当缓慢。等到 20 世纪 70 年代中期，“文化大革命”结束，广播电台里面开办了“广播英语”，大城市里终于出现新中国成立以来的第一轮

英语热。周明那时候刚刚进入初中，又是住在承德这座偏僻的小城，英语学习并未成风气，可是这孩子对语言有一种与生俱来的天赋和热情。

父亲不是先知，不会预测儿子的未来之路，那时候他也不会像今天的父母一样，知道一口娴熟的英语是孩子必备的技能。他只不过是一个父亲，觉得儿子的愿望就在那本英语教材里，所以下定决心为儿子买来。

父亲重新计算了家庭的收支，腾出一笔钱来，然后问儿子那书名是什么，可是儿子也说不出来。

“没关系，”父亲笑道，“我们挨家去找。”

父子两人走出家门，走到大街上。这座城市并不大，当时市民说它是“一条大街一个楼，一个警察一个猴”。两个人舍不得花钱坐车，徒步走进城，用了半个小时才走到最繁华的那条街，从这头走到那头，每见到一家书店，走进去，周明就会听到父亲拉着售货员说：

“我的儿子想要一本书，是学英语用的。”

父子俩走过去，又走过来。父亲把同样的话重复了三遍，周明每一次都满怀希望，却每一次都失望。

接着，他们看到了第四家书店，也是这座城市的最后一家书店，父亲拉住售货员，第四遍说：

“我的儿子想要一本书，是学英语用的。”

就在这时，周明一声欢呼，他看见那书赫然放在书架上。

父亲也是一声欢呼。

“咱们家还没有《英汉字典》啊。”周明还不满足。

但是爸爸没钱了。

看见儿子的眼里仍然满含期待，父亲又说：“这只是本小字典，我领你去看大的。”

父亲领着儿子到了勘探队，拿出公家用的大字典，摊在儿子面前。

“你要想看，就坐在这里翻吧。”父亲说，“下个月……下个月一定给你买。”

儿子笑了。

很多年以后，周明成为哈尔滨工业大学的博士，把我们国家的计算机英汉翻译技术推向一个新阶段，这在很大程度上不是得益于他在计算机领域的天赋，而是他在语言方面的热情。到了21世纪开始的时候，同行们都知道他是我们国家最杰出的自然语言处理专家，但是，在1977年冬季的这条大街上，似乎只有父亲一个人知道，应当满足这孩子对语言的愿望。

“那一天是我第一次看到《英汉字典》。”周明说。

信任的力量

那个晚上，妈妈给了我最好的礼物，那就是宽容和信任。让我一辈子都受用不尽。

——童欣

童欣9岁那年的一个晚上，一切都是那么出乎意料。在这之前整整24小时，这个男孩子沉浸在一种莫名的恐惧和焦虑中，不能自拔，上课总是分神，下课不说不笑，回到家里饭也不想吃，但是就在那一瞬间，他的心情转阴为晴，体会到一种真正的喜悦。

童欣现在已经30多岁，还对那个瞬间念念不忘，“这件事可能妈妈已经忘掉了。可它给我的印象很深”。

那时候他在读小学三年级，是个性格温顺、学习优秀的孩子。老师把他挑出来做班干部，以为他能成为全班同学的模范，一点也没有想到他也是个孩子，偶尔也会淘气。

这一天老师正在讲课，童欣和同桌为了一点小事争执起来，愈演愈烈，最后当堂打了一架。

可以想见老师对他的失望。“身为班干部，竟犯这种错误，”老师指着他怒吼，“很严重，很严重！”

“严重”这个词，突然之间成了一个巨大的黑洞，在这孩子眼前张开。最要命的是，老师命令他回家去，请母亲到学校来。

那时候是20世纪80年代刚刚开始，改革开放的潮流在中国已经深入人心，不过，整个社会环境还是不喜欢淘气的孩子。老师总是要学生遵守纪律，服从集体，尊重老师，不能表达自己的意见。“文化大革命”的阴云已经散去，童欣不用去参加“大批判”，也不用“天天读”了，但是每年三月都要和同学们去学习雷锋做好事，这是全国统一的“文明礼貌月”。

如果你考试成绩不好，老师会说“你这个学生怎么这么不争气”；如果你考了个 100 分，老师就会说“你这个学生怎么这么容易就骄傲了”。所以，就像所有的孩子一样，童欣在那时候得到的教训是，不管怎么样，都要做到喜怒不形于色。“教育就是把你变成一个螺丝钉，拧到哪里就在哪里发光发热，就是这样的感觉。你就夹着尾巴做人就最好。”

学校里面不断颁发“小红花”，提拔“小队长”，让那些听话的孩子受到鼓舞，也让其他孩子有了学习的榜样。对于那些过于淘气不服管教的孩子，老师用召见家长的办法予以惩戒，是永远不变的教育方法，几乎所有稍微淘气一些的孩子都遇到过这样的事情。

可是老师们永远不会想到，召见家长予以严责，对孩子心理上的伤害有多么大。它在孩子的心理上留下阴影，在孩子和老师之间造成敌意，也在孩子和家长之间造就不信任。因为家长在这种情形中通常会认为自己的孩子不诚实，至少在隐瞒缺点，令自己在老师面前丢脸。孩子则会痛恨老师，也会抱怨家长只信老师一面之词。

这一天童欣走进家门的时候，感觉到全身心都处在这样一种重压之下。自从懂事以来，这是他遭遇到的第二次危机。第一次在他 5 岁那年发生。

那一天幼儿园的老师拿出一块香皂放到柜子里，香皂的表面有一层很漂亮的包装纸。一个小时以后，包装纸不见了。老师认定是童欣拿走了，童欣说没有拿，但是老师不信，不许他吃饭。幼小的童欣感到受了极大的委屈，回到家里却又不敢对妈妈倾诉。好多天以后，妈妈忽然对他谈起这件事，像是在叙述一件与己无关的往事：“你的老师叫我去了幼儿园，说你拿了别人的东西，还说谎。我对老师说，这孩子可能会犯别的错误，但是绝对不会撒谎，他说不是他拿的，那就肯定不是他拿的。”

那是他第一次感受到母亲对他有一种特别的信任，不禁如释重负。可那一次他毕竟是被冤枉的。这一次不同了，他的确犯了错误，妈妈还会信任他吗？

他在忐忑不安中把事情告诉了妈妈，说老师要她到学校去。看着妈妈满脸惊讶地走出门去，他心里特别害怕，怕老师夸大他的错误，怕同学不再信任他这个班干部，但他最害怕的是妈妈的责骂。迄今为止，他的大部分时间和妈妈在一起，要么讨好妈妈，要么顶撞妈妈，让妈妈高兴，也让妈妈生气，但他觉得从来没有哪一次事情像这次这么严重。他知道妈妈对孩子的品格有着极为严格的要求，担心妈妈从此不再把他当成一个好孩子。

但是他担心的事情没有发生，那个晚上，妈妈把他拉过来，对他说："我已经和老师谈过了，我知道了事情的经过。"

妈妈甚至没有一句责备。"这件事情已经过去了。"她看着儿子惊恐的眼睛，语气温和，"你过去是一个好孩子，以后还会是一个好孩子。"

就在这一瞬间，童欣在妈妈的眼睛里面看到了他所期待的东西。

这个夜晚过去 18 年之后，童欣获得清华大学的博士学位，加入微软亚洲研究院。此后四年，他一直在希格玛大厦第五层的大方格子间里占有一个小小的角落，第五年，他搬到第三层，还拥有一个单间的办公室，这表明他的表现杰出，已经升迁。他在微软公司年轻一代的研究员中代表着杰出，也代表着责任。父亲到北京来看他的时候，带给他一个玩具，那是由几千枚大头针组成的，可以随着你的想象变换各种形状。童欣把它放在办公室的书架上，每天端详。看来，即使是在格外成功的时候，他还在精神上保持着和家庭的联系。

"工作几年之后，反过来回想起童年，想法特别多。"他说，"我觉得家庭教育和学校教育对我的影响各占一半。学校对我的智力发展有很大影响。父母更重要的还是培养了我的性格和品质，比如怎么做人。言传也好，身教也好，父母总是在影响你。"

妈妈已经退休，人也老了，从张家口搬到北京来和他同住。现在轮到他来照顾妈妈了，但是他仍然能从妈妈身上感受到力量。

"那个晚上，妈妈给了我最好的礼物，那就是宽容和信任。"他这样说，"让我一辈子都受用不尽。"

鸿　沟

不管怎么说他还是我爸。当他不把自己的意志强加给我的时候，我还是很……很喜欢……很爱他的。

——王益进

1984年夏天，王益进还是个5岁的小男孩时，就迷上了爸爸的卡车。

爸爸是个司机，总要把他放在副驾驶的座位上，高叫一声“儿子，坐稳了”，一踩油门，呼啸而去。这时候益进的感觉真是棒极了，还觉得爸爸是全世界最了不起的人。

有一天爸爸把车停下，走到路边小店去买东西。益进爬到爸爸的位置上，三弄两弄，觉得自己也是个司机了，不禁得意。可就在这时，卡车忽然动起来，向前驶去，越来越快。

男孩吓坏了，大叫：“爸爸，快来救我！”

爸爸冲出来，高喊着“刹车、刹车”，不顾一切地抓住车门跳上来。但就在这时，卡车居然被这孩子弄得停住了。

儿子惊恐万状，与其说他是怕汽车，倒不如说是怕爸爸骂。爸爸吓得脸色惨白，可是居然没有生气，还笑了：“我这儿子真是了不起，小小年纪就能把车开走，不教就会。”

那一瞬间，他觉得爸爸真是天底下最好的爸爸。不是因为爸爸救了他，而是因为爸爸没有骂他，还夸他。他想对爸爸说“我爱你”，可是动了动嘴巴，竟没有说出口。

“等以后吧，”儿子心里想，“以后我一定要让爸爸知道，我爱他。”

可是说不清从什么时候开始，益进觉得，他和爸爸之间好像有了一道鸿沟。父子二人距离越来越大，还总是吵架。

爸爸出生在20世纪50年代初期。那个年龄的人差不多都是一样的经历，初中毕业之后就下乡了，没有受过高等教育，文化素养不高，说话情绪激烈，没有条理，衣着过时，皱皱巴巴，还总是双手污垢，每天不是挣钱就是吃饭，除了看报纸之外，什么书也不看。

益进一家住在沈阳，那是中国北方最重要的工业城市。小时候，益进总是听说工人阶级都是最了不起的人，知道爸爸属于他们中间的一个，为此充满了自豪感。但是后来，他知道外面的世界已经变了，知道了所谓“蓝领阶层”和“下岗工人”，知道“工人阶级”成了带贬义的概念。爸爸也老了，白发早生，眼角处的皱纹连成一片。爸爸经历过通货膨胀，经历过工厂的不景气，经历过下岗，经历过严重的糖尿病之苦，后来因为工厂无法支付他的医药费，他就把自己大半生省吃俭用积攒下的钱全都用来治病了。

爸爸生性暴躁，脾气本来就坏，现在更坏了。衣着总是很乱，还不干净。他从来没有问过儿子的学习成绩，没有逼过儿子上大学，没有给儿子讲过什么人生大道理，也没有和儿子谈过未来。放学之后父子携手走回家的情形，从来没有在益进身上发生过。儿子和别的孩子打架的时候占上风，他会拉住儿子，但心里却很高兴。如果儿子在外面被人欺负了，他就怒不可遏，痛骂儿子没有本事。儿子身体瘦弱，却有一副倔强脾气，总是挨打还总是不知道如何躲避。每逢这时候，父亲就会冲着儿子怒吼：“你个笨蛋！”

自从儿子5岁时把汽车开走那件事情以后，他再也没有对儿子说过他以儿子为荣。他在心里特别明白自己一生多灾多难，但嘴上从来不肯承认，甚至不会对儿子说：“希望改变自己命运的人才会发狠读书，读书是可以让你出人头地的一个机会。”

这话是益进长大以后自己悟出来的。外面的生活多姿多彩，变化万千，他特别希望找到属于自己的世界，但是他知道，爸爸绝对不是能够带领他走进那个世界的人。上中学的时候，他听到很多同学说自己的父亲开了个公司，要不然就是个干部，而自己的爸爸只不过是一个卡车司机。

儿子年龄越大、个子越高，也就越多地惹爸爸生气。爸爸倔强，儿子继承了爸爸的倔强，父子两人一言不合就要吵架，谁也不让谁，声音高得把屋顶都要抬起来。这时候，儿子就会想到离开爸爸，离开这个家。很明显，爸爸没有什么智慧，也没有远见，因为他无法摆脱他平凡的生活。

1998 年儿子进入清华大学，真的离开了父亲，离开了沈阳那种平凡的生活。他从前无数次地设想过，这一天到来的时候他会有什么感觉，“我以为会感觉很爽，但是很奇怪，我开始想念父亲，而且越来越想”。父亲以往的形象一个个地在他脑子里面转。他花了好多时间来理解那个男人的价值，时间越是久远，那个男人给予他的一切也就越是清晰。

爸爸有一个聪明的大脑，而且还有满腔热血。他年轻的时候工作起来不要命，他在工厂拥有“技术能手”的称号。那时候他买不起电视机，但是他有一双灵巧的手。儿子还记得连续几个夜晚爸爸都没有睡觉，在灯下摆弄一大堆零件。然后，他和妈妈就有了一个电视机，虽然不大，只有黑白两色，而且总是坏，但是它让这个家庭充满了笑声。

爸爸最讨厌那些说话不算数的人。他言出必行，答应了别人的事情就一定给别人做好，从不违背承诺。他为别人做了事情从不在意回报。他的自尊心很强，无论自己多么艰难，也不肯低头求人。

爸爸对儿子特别宽松，甚至对儿子的嗜好有些纵容。益进小时候兴趣很广，除了迷恋电脑，还爱下象棋，爱开车，爱骑马，爱唱卡拉 OK。愿意干什么就干什么，都是自己说了算。当他把所有的热情和时间都花在电脑上，连学校的功课都顾不上的时候，爸爸也不干涉。儿子至今记得，爸爸说过一句让他惊心动魄的话：“学那些课本有什么用！”他相信全世界只有他的爸爸才说得出这样的话来。

这么多年以后，益进回头看看自己当初那么狂热摆弄的计算机，觉得“选这条路还是挺对的”。一想到自己走过的路和别人家的孩子那么不一样，他就会说“我很幸运”，因为他有一个不干涉他的爸爸，让他有足够的机会去做他喜欢的事情。现在他渐渐明白了，一个孩子要走自己的路，自己要承担很大压力，而父母要承担更大的压力。很多孩子都羡慕他，希望像他一样，但是做不到，就是因为他们的爸爸不允许啊。

当然爸爸的生命中还有更重要的东西，那就是他对儿子的爱。他是那种不善于表达爱的男人，从来没有对儿子说过“我爱你”，但是儿子现在明白了，爸爸的爱是无条件的，是天下最彻底最纯净的爱。尽管他自己的命运多难，但是他不会强迫儿子去改变命运；尽管他自己是一个平凡的人，但是他不会强迫儿子去摆脱平凡。他不是那种在“爱”上附加“期望”的爸爸。真正的父爱是没有条件的，不会因为儿子有没有出息而改变，不会因为儿子是不是符合自己的心愿而改变。儿子的学习成绩好，他爱他；儿子的学习成绩不好，他也爱他；儿子是一个优秀的孩子，他爱他；儿子是一个平凡的孩子，他也爱他。他爱儿子，仅仅是因为，那是他的儿子。

爸爸默默地教会儿子这一切，可是儿子在爸爸身边的那些年居然没有意识到。现在儿子见到爸爸的次数越来越少，却越来越多地回想小时候和爸爸在一起的情形，想起有一次他吃多了玉米，撑得喘不过气来，爸爸抱起他就往医院跑。又想起有一次爸爸把一把斧子当作玩具给他玩，他却挥起斧子砍在爸爸的手上，弄得到处都是血，也许爸爸手上那道伤疤现在还在。这些往事会让他心中涌出强烈的情感，让他激动得说不出话来，鼻子发酸。

“不管怎么说他还是我爸。”益进有一次这样说，“当他不把自己的意志强加给我的时候，我还是很……很喜欢……很爱他的。他真的特别好。”

进入大学那一年，益进忽然有个强烈的愿望，想要和爸爸沟通一下。他特别希望爸爸能来看看他的学校。清华学生的父母全都充满了自豪感，但是对益进的爸爸来说，清华并不代表什么。他从不到北京来看自己的儿子，不知道他是不肯离开他那个破旧的家，是不喜欢这座繁华的都市，还是无法和这个与他一样脾气暴躁的儿子相处。

益进带着自己获得的计算机竞赛金牌奖金和家里的全部积蓄，到清华来读书，但是这些钱在大学的第一年就全用光了。他知道爸爸手里没有钱，于是告诉爸爸，他不需要家里的钱了。他开始出去打工，为自己挣学费和生活费，又省吃俭用，把余下来的钱寄给父亲。他知道父亲还拖着一身病，等着钱去看医生。

2002 年益进从清华大学毕业，成为微软亚洲研究院的一个工程师。儿子到了成家立业的年龄，而爸爸却老得做不了任何事情了。不过，他的身体好多了，“可能是我不在他身边，没有人和他吵架，也没有人气他了。”益进有时候这样想。又想到，假如时光倒流，让他和父亲重新过一回，他会怎么和父亲相处呢？

这一年夏天，他回家去看父亲。父亲瘦得不成样子了，一米七八的个头只有 90 斤重。儿子心里发酸，特别想为父亲做一件事。他把微软发给他的前六个月的工资全都给了爸爸，自己一分也没有留。这是他平生以来得到的最大一笔收入，他知道，无论多少钱，都不能代表他对爸爸的爱。但是直到今天，他还是没有对爸爸说过“我爱你”，就像爸爸从来没有对他说过“我爱你”一样。

儿子仍然认为爸爸是一个平凡的人，正是这一点让他悟出了一个道理：

“就做一个平凡的人，挺好的。”

旧式父母和新式父母

旧式父母	新式父母
使孩子感到被关心	使孩子感到被尊重
希望孩子更优秀	希望孩子更快乐
关心孩子的分数	关心孩子的能力
让孩子做父母喜欢的事	让孩子做自己喜欢的事
严格	宽松
严肃	幽默
不放心	信任
焦虑	随意
替孩子做决定	让孩子自己做决定
替孩子做所有的事	让孩子自己动手
关注孩子的一举一动	让孩子自己管自己

第五章

大脑的成长

从现在开始，我们将逐渐展开讲 E 学生所拥有的“情绪智力”，也就是人们通常说的情商。我们把它叫作“第二种智力”，这是相对于“第一种智力”——智商来说的。

首先在本章中，你可以观察到 E 学生的第五个秘密：大脑怎样被训练得与众不同。然后，在后面几章里，你将会看到情绪智力中的一些最重要的因素。

如果你希望自己成为一个 E 学生，那么就请记住：在任何情况下，第二种智力都比第一种智力更加重要。

刘策学画

现在回想起来，我在初中受到的真的是填鸭式教育，并不是启发式的。学校衡量自己好坏的标准，就是看每年有多少个学生能考到最好的高中去。

——刘策

2003 年夏天，刘策接到四份录取通知书和四份博士学位的全额奖学金。它们来自美国的三所著名大学：麻省理工学院计算机系、卡耐基梅隆大学自动化学习中心、卡耐基梅隆大学机器人学院、加州大学伯克利分校计算机系。刘策选择了麻省理工学院计算机系，这时候他在微软亚洲研究院已经工作了 19 个月。

“他是我迄今为止见到的最棒的学生。”在写给美国几位著名教授的推荐信里，沈向洋如此这般介绍刘策。

有个中国记者听说了这件事，就问沈向洋是不是在夸张。

“不，一点也没有。以他现在的成就，不要说去读博士学位，就是申请美国大学的教授，都没有问题。”沈向洋说，“这个人将来一定是大师级的人物。”

沈向洋这样说，无论是出于老师对学生的偏爱，还是老板对雇员的赞许，都不是偶然的。事实上，刘策在中学和大学期间都是老师的骄傲，也是很多学生的偶像。

不过，刘策对自己迄今为止的受教育历程，另有看法。

“从小到大，给我影响最大的，不是课程本身的东西。”他这样说，“当然课程也是需要的，可它缺少一个最重要的东西——启发式的东西。”

作为微软亚洲研究院的助理研究员，刘策的研究领域是图像的认知。每天沉浸在数字的世界里，工作之余闲下来的时候，他喜欢静静地欣赏自己的画作，那都是国画，而且很大。有一幅长四尺，画面上莽莽苍山，气势磅礴；有一幅长六尺，画面上滔滔江水，苍凉沉静。这些画是他在中学时代画的，现在全都装在电脑里，成为他的精神世界的一部分。他说他将把它们带到大洋彼岸去，以便可以经常看看。他喜欢绘画，在国画的技巧方面有很深造诣。你看他的画，很难想象那是出自一个孩子、一个业余画手之手。但是对于刘策来说，作画不仅仅满足了他的兴趣，不仅仅是一种技能，甚至也不仅仅是一种艺术，它还有着更多的东西。

那是他从小学画渐渐悟出的东西。

刘策到上中学的年龄时，我们国家恢复高考制度已有 12 年。在他出生之前彻底摧毁了的那些东西——漫长的学制、灌输、背诵、重复、考试、竞赛、分数、名次、升学率，现在伴随着他的成长全都恢复了，而且还变本加厉。不论这教育制度有何长处和短处，父亲和母亲都把自己当初“破碎的梦想”寄托在儿子身上，也把自己当初“砸烂的枷锁”加在儿子身上，而他是他们唯一的孩子。

父亲在四川大学做教授，母亲在一个企业当会计，父母之间最大的区别是出生在截然不同的时代里。父亲出生于 20 世纪 40 年代早期，那个年代的孩子，只要家里有钱就有机会完成大学学业。而母亲的命运大不一样，这一代人在自己最需要接受教育的年龄里砸烂了学校，赶走了老师。对于那些往事，凌小宁至今记忆犹新：“那时候毛泽东说‘教育要革命’。很多人已经认识到教育有问题，希望有所改变。最后失败了，是因为‘教育的革命’被劫持到另一条路上去了。”在微软，凌小宁是属于“老一代”的，他与刘策的母亲同年出生。这一代人的脑子里面有些东西是永远不会磨灭的。“其实，现在教育制度中很多让人深恶痛绝的东西，”凌小宁说，“都是那时候我们反对的。”

刘策出生在大学校园里，从小生活在学生、老师和老师的孩子中间。在这样一种气氛中成长起来的孩子，几乎没有不专心读书的。沈向洋的那个切肤感受——“人是很难不受环境影响的”，在刘策身上再次得到验证。

“我不断地念书，我想生活环境是一个很大的原因，”刘策说，“如果当初不是生活在大学校园里，现在也可能会走另一条路，不会选择做学问。”

刘策从小就知道自己不喜欢什么，特别讨厌一些课程，比如语文和政治。这一点和大多数孩子都一样。他还知道自己喜欢什么，把很多精力用在喜欢的事情上，这一点在孩子们中间已属少见，但也不算稀奇。刘策身上的最奇特之处，是他同时喜欢两样东西：数学和绘画。他在这两个领域里投入了无限的热情，而它们的技巧却是风马牛不相及，思维方式则属于完全不同的两个世界。

学校对他来说是个“数学的世界”，他在那里参加各种数学比赛，成绩优异。他觉得世界的奥秘有很多是在数字里。但是在学校之外，在家里，情况就完全不同，那是一个“绘画的世界”。他的绘画训练在整个童年时代和少年时代始终持续着，有十几年，其严格、系统的程度，较之今天美术学院里的任何一个高才生都不逊色。他有专门课程，有教材，有名家指点，每天投入很多时间，还有一个固定的学画地点。当然他也利用家里狭小的空间，把纸铺在地上作画。

20 世纪 90 年代初期，城市里的家庭已经时兴对孩子进行多种技能的训练，绘画也是其中之一。不过，无论是老师、教育专家，还是每一个家庭的父母，都倾向于把美术作为一种“课外的教育”，或者叫作“素质教育”。这个词语背后的含义是：有用，但并不是必需的。

可是，刘策对于绘画的执着不是建立在这样的基础上。那时候他想的是：“将来我要么当数学家，要么当画家。”

父亲不画画，但在绘画方面并非完全外行，他的专业有时候需要制图，所以也经常使用线条、颜色一类的技巧。他特别喜欢看到儿子画画时的专注神情，觉得那才像是自己的儿子。母亲也喜欢儿子画画，不过她更信奉“学好数理化，走遍天下都不怕”，两相比较，还是觉得儿子对数学的喜爱更符合自己的想法。她的办法是每天交给儿子五道数学题，要求儿子在开始画画之前先把这些习题做完。

“先做完你必须做的事情，再做你想做的事情。”她总是对儿子这样说。

尽管家里并不富裕，但爸爸和妈妈还是愿意拿出很多钱来供儿子学画。纸张、毛笔、颜料，还有各种教材，在儿子的眼里都很贵，要花好多钱。等到长大以后回忆起那些往事，他还明白了，爸爸妈妈支出的不仅是钱，更是时间和精力。儿子年幼的时候，他们把他放在自行车的横梁上，骑上车走好远的路，把他送到少年宫，又等在外面，直到他完成当日全部的绘画课程，再把他放在自行车上带回家。等到儿子稍微大些了，就每天到公共汽车站送他和接他。那时候还没有实行双休日，周末只有一天，爸爸妈妈有很多家务事要做，但是每个周末的第一件事情，就是带着儿子出去写生，或者去看画展。

他是从 7 岁开始学画的。很多孩子都是在那个年龄对画画发生兴趣，甚至更早些，但是他们很快就觉得有更重要的事要做，所以不再画画。刘策的幸运在于，他的学画从未间断。“大多数孩子的兴趣都不是从课堂上来的。”他这样说，“初中那几年我的这个感觉特别明显，因为一到初中，无论老师还是家长都在强调升学率。”似乎只有他是个例外，画画占了很多时间，也占据了他的精神世界。

有时候你会发现，看父母是不是无条件地支持孩子的兴趣，只要知道在学校考试之前他们说什么就可以了。刘策从来没有听爸爸妈妈说“画画是好事，但不是最重要的”或者“都什么时候了，还在画画”之类的话。

不过，母亲也曾对他说：“要想进入重点大学就必须先进入重点中学，要想进入重点中学就不能偏科。”就像所有的母亲一样，她也希望儿子能在关键时刻多花一点时间在学校的课程上，只不过忍住了没说。敏感的儿子还是意识到妈妈也有某种期待，但他的脑子里面全是他的数字和他的画，所以照例我行我素，即使在初中毕业面临中考的那一年，他仍然把很多时间用在画画上。

他开始为自己的选择付出代价。这一年，他没有考上重点中学，事实上他后来读的那所学校非常普通，既非市重点也非区重点。这让全家人感到失望：他把太多的热情倾注在画画和数学上，其余课程大都学得很糟糕。最糟的是，他的脑子里面只有他喜欢的东西，完全不能了解考试分数和重点中学都是关系未来命运的大事。

大多数中国家庭都认定，孩子成长的道路上有几个关口最重要，中考是第一关。现在，在妈妈看来，儿子这“第一关”就没过去。

那些日子，家里充满了沮丧的气氛。无论这个家庭多么脱俗多么标新立异，也不能不感到社会的压力。父母对儿子的期望和别的家庭是一样的，没有本质的不同。母亲知道公认的教育标准是什么，信奉“要上大学，就一定要选择清华”的风尚，而且相信，画画的天赋无论如何也不会引导儿子走上名牌大学的道路。

刘策仍然徜徉在自己的世界里。初中毕业那一年，他在成都举办了个人画展，是这座城市里小有名气的“少年画家”了，他也觉得自己拥有绘画的天赋。在这个孩子的心里，绘画已经不仅是一种爱好。“这就是我一生要去追求的东西。”他看着自己的画展，在心里想。一想到能做个画家，就无比快乐。只不过，这一切看上去和他的升学毫无关系。

可是无论是在当时，还是在那之后，妈妈和儿子都没有想到，神秘的绘画能力要求一个人用一种完全不同的方式使用大脑。而刘策这种在数学世界和绘画世界之间来回跳跃的学习方式，竟会让他以难以置信的方式成长起来，让他的大脑变得如此与众不同。

在我们继续叙述刘策学画的故事之前，先回过头来，看一看人的大脑究竟是怎么回事。

神经树

人的大脑隐藏着无限的可能性。

——张亚勤

1968年，凌小宁16岁，徐迎庆9岁，张宏江8岁，李开复7岁，王坚6岁，郭百宁5岁，朱文武3岁，张亚勤和沈向洋只有2岁，李世鹏1岁，张益肇和马维英刚刚出生，而刘策还要等到9年以后才会出生。正是这一年，生理学的领域里发生了一件不同寻常的事：罗杰·斯贝瑞公布了他对人类大脑功能的研究结果，后来还因此获得诺贝尔奖。

在此之前，科学家对人类大脑的理解一直是“重左轻右”的。他们认定，人的语言能力、逻辑能力，以及与此相关的其他种种能力，都是由左脑来实现的。人的大脑就这样被区分成“聪明”部分和“笨蛋”部分——“聪明的”、“主要的”、居于“支配”地位的左脑以及“沉默的”、“次要的”、居于“服从”地位的右脑。这种说法在过去200年里一直占据着脑科学领域的主要地位，直到最近还在盛行，最后的结果，就是整个社会都在歧视右脑。教育系统和科学系统似乎全盘忽视了右脑的智慧，有个科学家甚至把右脑当作一个“退化的器官”。另一个典型的例子是，父母拼命纠正孩子使用左手的习惯，老师也绝对不允许学生用左手来写字。而所有人都知道，左手是由右脑来支配的。

现在，罗杰·斯贝瑞令人惊讶地证明了，人的两个大脑拥有同样复杂的智力机能，而且同样聪明。人类使用大脑也有着两种完全不同的模式，一种是语言的、逻辑的、分析的和连续的，拥有判断是非和辨明利害的能力；而另外一种是非语言的、直觉的、形象的、刺激性的和突发的，是一种不分是非、不管利害的想入非非。每个人都可以从一种思维方式转换到另一种思维方式，这是一种与生俱来的能力。

“尽管我们总觉得我们是一个人，一个独立的个体，但我们有两个大脑，”贝蒂·艾德华这样解释罗杰·斯贝瑞的理论，“每半边大脑都有自己认知和感知外在真实事物的方式。从某种意义上来说，我们每个人都有两种智力、两个意识，通过两个脑半球连接着的神经纤维不断融合。”

这样，人的大脑在处理外来信息的时候便有了两种模式：左脑模式和右脑模式。左脑让我们分析、提炼、计算、描述、计划，以及根据逻辑做出理性陈述和判断；右脑使我们具有想象力、创造力，理解事物的象征性，看到梦幻中的图像，以及只有精神的海洋里才存在的一切。正因此，贝蒂·艾德华和所有那些相信斯贝瑞理论的人都认定：“了解你的两边大脑是释放你创造性潜力的重要步骤。”

如果这一理论不错，那么人的两个大脑，一个是数学家、语言学家、科学家，一个是梦想家、发明家和艺术家。很明显，在我们的学校教育中，数学家、语言学家和科学家受到特别的青睐，而梦想家、发明家和艺术家在很大程度上被压抑，被改造，被埋没。我们的课程设置——语文、数学、物理、化学、外语、生物、历史、地理、政治，几乎全都建立在训练左脑的基础上，我们的考试制度——无论是“3+2”还是“3+X”，只不过是在选拔那些左脑发达的学生。

然而事情还远不止如此。

我们的大脑表层被至少140亿个脑细胞覆盖着，数量巨大。这些脑细胞中真正与智能相关的，只有大约5亿个。在普通人那里，它们被叫作“智力”；在生理学家那里，它们被叫作“神经细胞”，也叫“神经元”。

无论黄种人、黑种人还是白种人，无论高考状元还是落榜者，无论博士还是文盲，无论天才还是普通人，只要经过健康的发育过程，他们大脑里的神经元数量是没有什么差别的。

既然决定人的智能的神经元并无明显差别，人类又怎么会有聪明和不聪明之分？

按照张正友的解释，“人的聪明不是靠神经元，是靠神经元之间的连接”。张是毕业于巴黎第十一大学的博士，现在是微软研究院的研究员，他的业余嗜好之一是了解人脑的生理结构：“中国人有句俗话‘三岁看老’，这是因为人脑的神经元在三岁之前就开始连接。你的神经元之间能不能很快地形成一条宽敞的通路，与你受的教育、接触的东西有关。有些通路，你不断地使用它，它就加强了，有些通路，你不使用它，它就萎缩了。”张根据自己的经验，认定“一个人到了15岁，神经元的连接就定型了”。生理学家的研究结果，似乎证明他说得不错。大脑并不是由互不相关的单个神经元堆积在一起的。事实上，神经元纠缠在一起，互相伸展，构成复杂的回路，它的形状犹如一棵棵枝杈繁茂的树，所以生理学家把它叫作“神经树”。人的智力的差距，与神经元互相纠缠伸展的速度和复杂性有关，而神经元的生长和连接，需要外部因素去激活。

然而我们大脑中的神经元还有另外一个特征，无论你是否激活它，是否发展它，它都会新陈代谢，都会死亡或者新生。实际上，我们每天睡觉的工夫，就会有至少10万个脑神经细胞死去，可我们还从来没有使用过它们呢。

这个事实令人沮丧：大多数人一生中只使用了自己大脑中10%～15%的神经元。

当然这一事实也令人激动。因为，你只要把沉睡着的神经元唤醒1%，就能让自己的智力出现飞跃。如果你能把神经元的使用率提高一倍，比如说达到30%，那就变成牛顿、伽利略、爱因斯坦那样的大天才了。

有个叫作稻田太作的日本心理学家，以这些理论为基础展开了他的教育训练，其教育过程包含了无数鼓舞人心的格言：

“自己不行，是因为自己让自己变得不行。”

“大脑只要能够合理使用，就能发达。”

“人有时会遭遇失败，原因很多，其中之一就是没有把自己的大脑更充分地使用起来。”

此人写了一本让人激动的书，叫作《头脑，原比天空更辽阔》。他在书里把人的种种智力因素汇集起来，称作“头脑指数”，这有点像我们通常说的“智商”。

张亚勤是研究电脑的，不是研究人脑的，但是他显然非常了解人脑。

“人的大脑隐藏着无限的可能性，同时它又有自己的结构。我可以把大脑结构图给你画一下。”有一天他和一个朋友谈到记忆的问题，一边用手在桌子上面画，一边说道，“你记住了这个就要把那个忘了，这是记忆选择。好的教育方式是让你记住最重要的东西，不好的教育方式就是让你记住很多不重要的东西。比如做很多习题，做好几遍甚至几十遍，这就是让大脑僵化的过程，到最后连自己也糊涂了。”

脑子是可以被塑造成一种形态的

美国的孩子不会背诵乘法表，但知道乘法是什么。中国的孩子会背乘法表，但不知道乘法是什么。

——李开复

潘正磊在华盛顿州立大学遇到的第一次考试，有个情节，让她过了多少年还不能忘记：老师允许学生带一张纸进考场，并且可以在上面写任何东西，比如自己背不下来而又有可能在考试中使用的各种公式、概念和数据。

“美国的老师不要你背，他们认为那是浪费时间。”她后来说，“你只要知道在哪里能找到你要的东西就可以了。考试不是考你的记忆能力，而是考你的思维能力和解决问题的能力。”

李开复也曾谈到同一个问题：“从根本上来说，教育不是灌输给孩子一大堆知识，而是塑造孩子的大脑。当然，灌输也是一种塑造。”然后他就谈到了自己正在读小学的女儿：

有机会你应该看看我女儿的作业。现在我的小女儿也上学了，我也要教育小孩。我太太教不来的，她每次一教就要生气，因为她总要怪女儿，说：“这个公式这么简单，怎么就记不住呢？”我每天晚上要到八点半才能回家。女儿有时候就要我教她功课，我问她：“你三点半到八点半这五个小时干什么去了？”她说：“妈妈教的我不懂。”我就让她先明白为什么，从头解释给她听，是怎么回事。还告诉她懂得了为什么就不容易忘，就是忘了还可以想出一些理由，容易记起来。

这里面的一些情节，涉及两种完全不同的教育方式。

美国的教育方式是要你先搞懂这是为什么，理解概念，然后才告诉你怎么去做，不是要你死记硬背一堆公式和数字。如果一个东西一定要背诵，那也是最后一步。比如三角形，老师就让孩子回家去，把家里所有三角形的东西都画下来。再比如九九乘法表，中国的孩子可能一上来就是背。美国的老师要先告诉你乘法是怎么回事，举一些生活中的例子，让你懂得“乘”是什么概念，然后告诉你怎么做，比如2×3、4×3，最后才要你背九九乘法表。再比如老师讲解分数，是先告诉你“分数”这个概念是怎么来的，为什么是这样。在中国，你会知道这是几分之几，但不知道这有什么用，孩子不去问为什么，老师也不讲。他学会了“鸡兔同笼”的题目，可是换了一个“狗鸭同笼”，就不会做了。老师为了让学生会做，就不断重复，结果一个规则要让学生做几十遍，甚至一百遍，再有兴趣的孩子也要被搞得索然无味。

中国的教育中有一种“背的文化”。这也难怪，常用的汉字有6000多个，不背绝对不行。因为有这种文字特点，所以，背诵就成了最主要的学习方法。要背公式，背数字，背地名，背海拔多少米，背“鸡兔同笼”，背圆周率的小数点后面多少位……

我上学的时候对“为什么”特别有兴趣，可是现在我的女儿对“为什么”并没有兴趣。我如果问她，是愿意理解还是愿意背，她可能愿意背，但是她背了就忘。要是喜欢数学的孩子可能就不一样了，我的女儿不喜欢数学，但是她的脑子已经被塑成一种形状，你如果不告诉她为什么，她就记不住。如果明白了为什么，就不容易忘，就算忘了那个概念，还可以想起那个“为什么”。比如她前一阵子学一个四则运算，她背来背去，还是搞不懂，第二天考试，考了一个“重考”。那天我回家很晚，结果我就教她，还是先让她知道为什么。她也不想跟我学，但是不学好像通不过考试这一关，最后终于懂了，就考了个满分。从这里也可以看出来，孩子的脑子是可以被塑成一种形态的。

杨振宁曾经说过，中国的教育方式适合普通的学生，美国的教育方式适合聪明的学生。李开复说，他不能很确定这话对不对。他觉得“聪明的学生用美国方式来教育是对的，至于大多数普通的学生用中国方式来教育是不是好，我就不是很确定了”。

“美国的孩子不会背诵乘法表，但知道乘法是什么。中国的孩子能背乘法表，但不知道乘法是什么。”李开复这样说。他经常抱怨中国的教学办法太死板，又不能完全同意美国小学和中学的教学办法，说它“实在太松散，太不注重背了”。他的女儿背九九乘法表，从 7 岁背到 8 岁，还是不会。“她装不进脑子去。老师也不要求她背，上课时提问题，就是问她喜欢什么，有几个朋友。”

两个大脑

每个人都有两个大脑。只有极少的孩子能学会使用自己的两个大脑。

——刘策

无论老师还是父母，都能在孩子获取知识的过程中获得一种满足感。一个学龄前的孩子今天会背“床前明月光，疑是地上霜”了，明天会背九九乘法表了，这些都会在周围的大人中引起惊叹，人人都说这孩子真是“聪明过人”，都相信这就是孩子的成长，但是几乎没有人注意到，知识的积累和大脑的成长并不完全是一回事。

对于少年刘策来说，学习数学是一个成长的过程，学习绘画也是一个成长的过程，可是任何一个了解大脑结构的人都能想象，这两个过程中间有着巨大的区别——他必须用两种不同的方式使用大脑。

很多年来这孩子的全部生活，就是在数学和绘画之间交替转换，甚至在周末也是如此。星期六下午学校只有两节课，三点钟就放学了。他离开学校，登上公共汽车，赶去参加“数学尖子培训班”。数学老师嘴上说是培训学生的严谨和逻辑，其实不过是专门找些稀奇古怪的题目来难为这些孩子。每个题都特别难，有些题目真的需要你有很强的数学能力，但也有不少题目只不过是脑筋急转弯。对数学没有兴趣的孩子遇到这些，那可就要糟了，但是在数学培训班里坐着的，都是这座城市中对数学最有兴趣、数学能力也最强的学生，人人见了难题兴奋不已，刘策置身其中，自不例外。

例外发生在后面的三个小时里。数学培训结束后，别的孩子都回家了，只有刘策径直跑到少年宫，一个绘画训练还在那里等着他，从下午六点钟开始，持续到晚上九点。三小时的绘画和两小时的数学紧密相连，刘策从始至终都很专注。几分钟之前他还沉浸在数字的世界里，拼命调动自己的逻辑能力、推理能力、分析能力、抽象能力、判断对与错的能力，这让他的左脑格外活跃，但是现在，他开始调动他的右脑了。

几乎所有孩子的右脑都曾蠢蠢欲动。两三岁的时候，他们就知道在家里的墙上地上涂鸦，到了四五岁，他们开始用自己的眼睛去看世界。酷爱轿车的男孩子，会让一辆赛车占据画面的三分之二。赛车一定是在飞速前进的，所以有一大堆笔直的箭头穿过白云，指向后方。还有轮子后面弯曲延伸的线条，像是流动的空气，又像卷起的尘烟。还有右上角那个放射着红色光芒的太阳，只有四分之一的部分留在画面上，表明孩子的想象力已经超越纸张的局限，飞向天外。

一旦诸如此类的直觉构成一幅图画，形象就活跃在大脑中。如果孩子们得到鼓励，投入更多的想象、情感和努力，他们的右脑也就会一次次地被激活。

可惜我们的教育体系并没有注意到这一点。事实也许正相反，孩子六七岁，到了上学的年龄，一个已经成形的、由语言和数字组成的知识体系支配了他的记忆，控制了他的大脑，把那些直觉的、形象的东西全都驱逐出去。就像心理学家卡尔·布勒在 1930 年说的："随着本质上是语言的教育成为主导力量，孩子们放弃了用绘图来进行表达的努力，转而几乎全部依赖于词语。语言先是扰乱了绘画，然后全部吞噬了绘画。"

我们也许还可以把话说得更彻底些：今天学校的教育模式，是在激发孩子左脑的同时埋葬孩子的右脑，左脑完全吃掉了右脑。只有极少的孩子能幸运而又偶然地躲避这种并非蓄意的摧残，学会怎样使用自己的两个大脑。刘策正是其中一个。

绘画是形象，是直觉，是感知，是一种想象力。它的全部过程和视觉纠缠在一起，而没有数字世界里的那些逻辑，没有推理，没有是与非，没有对与错。根据贝蒂·艾德华的观点，神秘的绘画能力其实就是一种将大脑的状态在视觉模式和逻辑模式之间不断转换的能力。此人是美国一位最令人惊叹的美术教育家，她撰写的《像艺术家一样思考》，被译成13种语言在全球销售250万册。其魅力在于，她鼓励那些并不希望去做专业画家，甚至从来没有绘画兴趣的人去学习绘画，因为“在学习绘画时，你将会探寻被日常生活无穷无尽的细节隐藏住的那部分大脑”。

她把自己的绘画教育建立在生理学的“右脑模式理论”之上。“我把你看作一位有创造潜力的人，通过绘画来表现自己。”她对她的那些并不想当画家的学生说，“我的目的是提供释放那种潜力的方法，帮助你进入一个有创造力、直觉和想象力的意识层面，一个我们过分强调语言和技术的文化教育系统而导致其没有被开发的意识层面。”事实上她的大多数学生的确不是艺术家，而是科学家和管理者。

现在让我们重新回到刘策的童年，回来探寻每周六下午到晚上五个小时中他的精神世界。数学老师交给他一些奇怪题目，他就全神贯注起来，于是时间停止了，停止在左脑的数字世界中。他的思维非常活跃，并且非常自信。两小时后他换了一个地方，坐下来，按照绘画老师的要求，用眼睛长时间地盯住某一个静物，一只鹰、一盆花，或者一幅风景画，就如同几分钟以前他面对着那些抽象的数字和符号一样。

他从以数字和符号为主导的“左脑模式”中摆脱出来，摆脱得异常迅速而且自然。他现在觉得这些实实在在的形象非常有趣，情不自禁地依靠视觉感知其中大量的细节，以及每个细节之间的关系，发现各个部分如何相互适应，从一个线条画到相邻的线条，从一个空间画到相邻的另一个空间。他在不知不觉中与他的目标合为一体，很平静却充满激情。他再次找到了自信。

时间再次停止了，但现在是停止在右脑中。这里是一个艺术的世界。他的思维不再由数字、符号、语言和逻辑组成，而是由线条、空间、颜色和想象力组成。

人们把一样东西从左手换到右手的时候，可以很清晰地感觉到力量的转换。奇怪的是，大脑让人们辨别左手和右手，却不让人们辨别它自己的左边和右边。

大脑成长的关键点，恰恰发生在这个不为人所注意的地方。刘策的思维在两个大脑之间不停地转换，数字开发了他的左脑，而艺术开发了他的右脑。

知识的融会贯通往往被认为是教学中最难实现的一项技巧，大脑的融会贯通就更难。不幸的是，这种融会贯通经常是偶然性的，意识的转换已经发生，却很少有人意识到。

现在让我们再来观察一下这孩子的意识转换。在很多年里他的节奏紧张，很少有休闲的时候，但他总是感觉精力充沛，他从没有觉得大脑疲倦，因为他是在交替使用两个大脑，当他激烈地使用一个大脑的时候，另外一个大脑也就从紧张中解脱。只有很少的时候，他会有一种天崩地裂的感觉，那是在他从一种思维模式向另外一种思维模式跳跃之时出现的，后来他把它叫作“转换的冲突”。那种感觉就像是在攀登一座险峰，最后一个台阶往往最为陡峭，你咬牙挺过，前面就是无限风光。

回到家的时候已经很晚，在度过一周里最让他兴奋的一段时光之后，刘策现在感到身心俱疲，特别累。他可没有想到，他在过去的五个小时里闯荡了两个完全不同的精神世界。

他对两个大脑的交替训练从幼年开始，一直持续到成年，从未间断。考初中时的失利并没有让他改弦易辙，母亲虽然失望，但毕竟没有把埋怨的话说出口来。他的绘画热情不可遏止，技巧日益娴熟，这些都是意料之中的。最奇的是，他觉得自己的大脑越来越宽广、敏捷、强劲和有耐力。他越来越讨厌课堂上的东西，尤其痛恨老师那种填鸭式的教学方法。但是那次考试失败的教训毕竟是沉重的，他开始明白自己不喜欢的课程也要过得去，因为它牵涉着考高中，进而牵涉着考大学。奇怪的是，他在学校的成绩越来越好。到了初三，他的数学考试每次都是 100 分，物理也是 100 分，化学还是 100 分。他成了班里永远的第一名。

考高中的时候他如愿以偿，进入成都最好的中学。此后三年一如既往，一边学画一边完成学校的功课，不论哪里有数理化的竞赛，他都去参加，无论是获得竞赛名次还是取得考试的好成绩，他都觉得特别轻松。实际上他在课程上花的时间一点没有增加，他照例去学画。他的国画越画越大，通常幅宽 8 尺甚至 10 尺。家里太小，容纳不了他的画，这个中学生就钻进少年宫，把纸铺在地上。有时候他在公众场合表演，一挥而就，有时候则是潜心经营，一幅画从开始构思到最后完成，要花好几个星期。他觉得自己的大脑里面装着无穷的潜力，不论做什么事情，都是如鱼得水。这些经历让我们确信，思维是可以训练的。训练思维就是训练大脑。所以说，学习的目的不是增加知识，而是让大脑以最完美的方式成长起来。

就这样一直画到高三，他拥有很多竞赛的名次，还是学生会主席，考试成绩优异。高中毕业时，中国三所最著名的大学——清华大学、北京大学和中国科学技术大学，都希望能拥有这个学生，根本不需要他参加高考，还让他选择自己最喜欢的专业。只有老师希望他参加考试，因为老师相信他能创造一个全省状元，为学校争光。

他没有听从老师的劝告。他不想当状元，对争光也没兴趣。"那没有什么意思，"他说，"还要花很多时间。"他选择了清华大学自动化系，然后回家了。当同学们都在"黑色七月"中苦苦挣扎的时候，他把一张宣纸铺在地上，走到窗前，把眼睛投向遥远的地方，开始构思一幅新画。

很多年后他从清华大学毕业，进入微软亚洲研究院。他选择了人工智能的方向。他的论文几乎全都具有世界一流的水平。有三篇发表在世界最高水平的会议上，有一篇发表在欧洲最高水平的会议上。根据沈向洋的说法，刘策目前的成就，就连很多教授也没有达到。

但是刘策的脑子里还在不断涌出奇思妙想。当他登上飞往美国的飞机时，脑子里面就装着两个问题。

他发现计算机科学家都在用数字去实现智能，数学领域中的所有元素都被集合、被定义了，可是"人的智慧总是要跳出定义，不断扩大，这跟数学完全相反。所以我的第一个想法就是打破集合论对人工智能的约束"。

第二个想法更加离奇。他想"通过数学手段去描述美学"。数学能够做到优化，比如一个工程怎样才能成本最小，你每天的时间怎样安排才能效率最高，这都是优化，但刘策认为这不是智能的全部。直到今天，还没有人想到用数字去表达美，电脑也不能说出一幅画美不美。美学不仅是优化问题，还是情感问题。你喜欢谁，将来要和谁生活在一起，这是不能最优化的。所以，刘策始终在想："能不能用数学去描述'情人眼里出西施'呢？"

有一天他和一个记者谈起这些想法，于是引出如下一番对话：

问：你喜欢数学，又喜欢美学。我还听说很多大数学家同时也是艺术家。你觉得这两个东西真有什么相通之处吗？

答：我觉得是这样，艺术与数学或者工程相比，在内容上是很不一样的，而且确实是两种思维方式。但是在人的培养方面，这两个方式有很多相似的地方。

问：你的意思是，这两个过程的相似处，不在技术方面，而在精神状态方面？

答：绘画培养了我一些精神。它激发你去思考很多问题：怎么能画得更好，什么地方是重要的，什么地方是次要的，这是你在课堂学不到的东西。一张大幅画可能要好几个星期才能完成，课堂上的教育，很少有机会让你在这么长的时间里从头到尾完成一件事情。这也培养了我做事情就一定要做完，要懂得分配精力，要自己解决所有问题的习惯，而且乐在其中。

问：学习数学的时候也是这样吗？

答：读高中的时候，老师要我们做解析几何，解题的过程我感觉很像画一幅画。很多人做习题，做着做着就忘了他本来要解决的是什么问题，满脑子陷在具体的步骤里，就有做一步是一步的感觉，有时候做着做着就解出来了，但是并不是自己自觉地往那个方向走。画画也存在这样的问题，这两者都要有一个长远的目标，还有就是你怎么实现你的目标。中间的过程都存在很多诱惑，你要绕开它。做数学题的时候，你纠缠在里面，就不可能在短时间把它做出来，画画的时候你拘泥于细节，就会忽略了整体。我的绘画老师告诉我，画画不是为了要画得像，而是要明白自己画画的目的，什么是你要画的，什么是不能画的。所以我觉得我是在同时锻炼两种能力——大师的能力和工兵的能力。

问：一般人都觉得艺术和数学是两种完全不同的东西，它们对人的思维要求是完全不同的。

答：这两个东西的最高的指导思想是完全不同的，数学强调你的逻辑性要严密，不能有丝毫错误；艺术上就没有是非对错。所以这两个领域最终追求的东西，是不同的方向。但是从它们的方法论上看，确实有很多的共性。

问：现在回头看，你从数学中受益多些，还是从绘画中受益多些？

答：这很难说，但有一点可以看出绘画和数学的区别。绘画就是鼓励你敢想敢画，要创新。我心里想的不是对与错，而是画一些新的东西，并且我要敢去尝试。老师也很鼓励你大胆去画，即使你有违常规。这在学校教育里面是很难受到鼓励的。比如我上小学的时候，有一天想到了一些有趣的数字规律，就去和老师探讨，结果老师认为这些东西没有什么意义，反而考我很多死记硬背的东西。

问：敢想是一种能力还是一种性格？

答：人的很多能力是先天的，但是后天的培养也非常重要。在国内中小学，数学不是鼓励你敢想，而是鼓励你严密，你只能被动地去做题目，去接受知识，所以很多人成了知识的奴隶，没有成为知识的主人。绘画刚开始也有一个做奴隶的过程，我也会很枯燥地在纸上画线、画圈，你确实要掌握这些技能，但是它鼓励你成为这些技能的主人，这些技能最后只是工具。

悟 性

习题、试卷、分数、名次，这些东西把学生包围起来，让他们根本没有时间和空间去思考。他们得到了高分，却失去了思考的能力。

——张宏江

有一种很普遍的看法，中国的工科学生比美国的好，中国学生的数学功底比美国的学生好，但是张宏江不同意。

“我以前也是这样想的。”他有一次这样说，“后来我看到的情况不是这样。我看到的是，中国学生，学习数学的时间比美国学生要多很多。要说机械的计算能力，也就是做题，中国学生确实比美国学生好。但是我看到只有很少的中国学生能够重新定义一些概念，能够形成自己的数学思维框架。”

听者大感兴趣，因为张宏江的话里面似乎有些东西是闻所未闻的。

“一个真正透彻理解数学的学生，一定是把数学形象化的。”张宏江继续说，“在他脑子里面，很多问题都可以形成数学的概念。比如你看见榔头，就想到钉子，但是你怎么把周围的东西变成钉子呢？一个数学真正好的人，就有这个本事。如果数学不好，或者只是假好，不是真好，那就只能寻找现成的钉子。”

“榔头和钉子？”有人似乎不能理解他的比喻，插话问道。

“中国学生是把数学作为工具来学，其实数学是一种悟性。”张宏江说，“所有的大数学家都是悟出了一些东西。”

“但是我们一直认为，能把数学当作工具已经是一种很好的概念了，很多人是把数学当知识来学的。为什么说数学是悟性呢？”

张宏江说：“如果你学到一个很好的数学模型，能不能把一个现实问题很好地融汇到这个模型里面来？这是中国学生所缺少的，而这正是西方人的长处。我看到美国的很多学生对数学有很好的理解力。还有一点不同，有些人也能把问题拿过来，但是如果解不出来或者解得不太好，他说不清楚这是为什么。数学真正好的人，是可以把问题解出来的，如果解得不好，他可以把失败的状态分析得非常漂亮。差一筹的人就没有这种能力，他只是把数学作为一种简单的推理，一个正确的答案。实际上数学的要求更高，它不仅是推理，也不仅是答案，而是一种悟性。”

“难道悟性比正确的答案还重要？”

“人的高下，到最后，往往不是由知识的多少决定的，而是由悟性的多少决定的。我看看周围这些人，比如开复、亚勤、向洋，都是胜在悟性上。我觉得人的悟性是天赋，更是教育出来的，我不相信中国人的悟性是差的，但我相信这问题和教育环境很有关系。”

“你的意思是，一个考试分数很高的孩子，却有可能悟性很差？”

“我不能完全肯定。但我相信，培养好的悟性，是需要一个宽松环境的，就像你要做出好的研究结果也要有宽松环境一样。本来教育是教学生去悟东西的，但是孩子们在中国的教育环境里很难做到。虽然有些学校很好，老师兢兢业业，把很多东西讲解得非常精辟，但是他们总是拿习题、试卷、分数、名次之类的东西把学生包围起来。学生拼命去挣高分，根本没有时间和空间去思考，久而久之，也就没有了思考的习惯。他们得到了高分，却失去了思考的能力。”

周克如果有机会和张宏江来讨论悟性，一定有共鸣。他是微软公司的一个技术总监，在主持了一系列的面试之后，产生了一种强烈的感受："中国学生的思维特点，是线性的，而不是跳跃的。"他仔细观察那些中国学生，觉得他们都很优秀，却受到根深蒂固的影响。比如他总是对应聘者提出一个问题："现在你的工作是卖饼干。你还有两个同事，你们三个人都很优秀，你怎样才能比另外两人做得更好？"这是一个很普通的问题。中国学生的回答常常是："我要拼命工作，加班加点。"问他们还有什么，他们会说"我要了解老板的意图，执行老板的计划一丝不苟"，等等。可是有个美国学生就不是这样回答的，他说："老板，你把饼干降价，让另外两人离开。我能让你卖得更多，你还能降低成本。"

"这反映了一个人的思维方式是线性的还是跳跃性的。"周克说，"线性思维，就是你的想法总是按照逻辑顺序，一二三四排列下来，不跳跃；跳跃性思维，就是从一到三，从五到九，跳来跳去。"

周克认定"线性思维方式是中国人的特征"。这不是先天的，是后天训练出来的。根据他的经验，"我们在学校做数学题，总是因为什么，所以什么。每个步骤是多少分，错一步就扣一步的分。这是一种严格训练。它培养了学生的严谨，却埋葬了学生的悟性"。

惊人的一致

张亚勤：我更喜欢形象思维

张宏江说，一个数学真正好的人，"一定是把数学形象化的"，很少有人注意到其中深意。我们发现这些 E 学生尽管今日全都徜徉在数字世界，但他们都曾对形象思维有着特别的偏好。

有一次，《科学时报》的一个记者问张亚勤："喜欢形象思维还是逻辑思维？"张亚勤毫不犹豫地说："形象思维。"那记者正感到意外，就听张亚勤继续说："我小时候特别喜欢绘画，有过许多素描和速写，要不是考上少年班，我原想将来要去美术学院的。"

杰出人物身上总是有某些相似之处，但是谁也不会想到，张亚勤小时候的梦想，也正是刘策小时候的梦想。这两个人，一个出生在20世纪60年代中期，一个出生在70年代后期；一个现在是美国电气电子工程师学会百年历史上最年轻的院士、全世界公认的杰出的计算机科学家，一个是沈向洋预测的"未来的大师"。按照一般人的理解，计算机的世界应当是逻辑思维的天堂，令人惊讶的是，这两个人在喜欢形象思维这一点上，竟是不约而同的。

然而还有更加令人惊讶的事：我们研究微软亚洲研究院大部分人的经历，可以发现，他们几乎全都喜欢形象思维，而且全都从小经历了形象思维的训练。

郭百宁：有些东西是在教室里永远不能得到的

郭百宁的蹊跷之处，与刘策如出一辙：他喜欢数学，还曾是北京大学数学系的学生，但他更喜欢绘画。

郭百宁出生在四川，与刘策同乡。20世纪80年代中期刘策刚刚开始读小学的时候，郭百宁已经是北京大学的二年级学生。那时候出国潮还没有兴起来，像北大、清华这样的学校，已经是孩子们向往的科学殿堂。郭的学习成绩相当出色，高考成绩尤其出色，可他一进北大就发现："这里聪明人太多了，我觉得自己在北大肯定不是最好的。像我这样的人很多，比我棒的也不少。"

画画是他的业余爱好，但他在这上面用了很多时间。多年以后他最喜欢回忆的一段经历就是："我从中学就开始喜欢画画。"这时候他已经是微软亚洲研究院的高级研究员，领导着一个图形学研究小组，在世界计算机图形学领域已相当有名，却还异常怀念当年和老师一起作画的情形。"如果现在回去听我的老师讲画，我会津津有味，觉得很充实。"

他学的是油画。老师是个专业画家。每天放学以后，他就在老师的指点下作画，画静物，画模特，还临摹了很多石膏像。如果时间充裕，他就跟着老师到郊外去写生。老师是一个博物馆的管理员，工资不高，是最常见的那种普通人，但是此人有着非同寻常的经历，画人物的功力非常深厚，郭百宁在他的画上，一眼就能找出哪个是四川人。老师擅长人物画，因为这是他身边的生活，更因为他对生活有着精确而又深刻的直觉。

学画的人都有一种奇怪的执着，郭百宁也不例外。老师看着这孩子一副全神贯注的样子，都说他将来即使不成画家，也必成大器，因为琴棋书画可以陶冶人的情操，而成大器者都是以情操立身的。

在很长一段时间里，郭百宁只觉得绘画是一种爱好，此外没有什么特别。但是日子久了，他渐渐感觉到画画真有陶冶情操的作用，对人的智力也有极大的影响。因为每逢画画的时候，他总能感觉到脑子特别开放，挥洒自如，胸中满是激情，眼睛里面充满了探索性。

他的家在一个小县城里，这地方现在已经人满为患，到处都是污染，乱七八糟，完全不是他小时候的那幅景色了。那时候这里山清水秀，人口不多，空气新鲜，坐在涪江岸边，沐浴在清风明月之中，周围鸟语花香，流水潺潺。他感受着这一切，常常不由得想起老师的教诲："画画一定要去写生，而不能拍个照片回去比着画。"

在山水之间、天地之间、日月之间，这孩子不知不觉地获得了在教室里面永远不能得到的东西：

"视觉会给人的思维带来新的东西。"

"绘画和数学之间可能有互补的东西。"

"在画画的过程中可以领悟到很多做人的道理。"

"你会发现做学问做得好的人，往往做人也做得好。或者反过来说，做人做得好的，才能做好学问。"

当时一起学画的那些孩子，后来都从美术学院毕业了，成了画家，只有百宁去了北大数学系，然后出国留学，又走进计算机科学的大门。1999 年他回到国内，来到微软亚洲研究院，从此全身心地投入到数字世界中，闲下来的时候，便无限怀念那个山清水秀的家乡，还有少年时代的艺术天地。

有一天，有个记者问他："你在绘画时的那种感觉，就是那种对线条、色彩、空间的感觉，和你从事计算机研究时对数字、符号、逻辑的那种感觉，有联系吗？"

"在国外，很多数学家同时也是很好的音乐家，你知道这是为什么吗？"他停了一会儿，自己回答，"艺术的确不是逻辑，而是视觉，是听觉，是直觉，是想象力，是观察能力和感悟力。但是，在数字科学的殿堂里，形象思维是很重要的。"

徐迎庆：那是一个锻炼我的空间思维的过程

“有一个对我一生都很有影响的事情，就是我小时候去了少年宫。”徐迎庆终于成为微软亚洲研究院里一个研究员的时候，总是对别人这样说。

像郭百宁一样，徐迎庆的专长也是数学，他在大学里读的是数学专业，等到在中国科学院读博士的时候，他又成了三维动画领域里的佼佼者。所谓三维动画，其实就是用电脑画画，迎庆的三维动画有一年获得了全国冠军。

他从未接受过专门的绘画训练，但是对色彩、线条和构图有一种特别的感悟力。这不是从娘胎里带来的，他把它归功于北京景山的少年宫。

他上中学的时候，中国还是“文革”岁月，到处一片混乱。说是上学，其实也是“上而不学”，老师不仅不敢训斥学生，而且提心吊胆，怕被学生训斥。每一个孩子都觉得自己无拘无束，没有什么重点中学和名牌大学的概念，没有考试的压力，没有父母的督促，整天只知道玩，直到长大成人以后才特别想读书。

迎庆的家在北京。他经常早出晚归，到景山附近的少年宫去。他喜欢那里的航模小组，因为在那里可以自己动手制作飞机模型。那时候的飞机模型可不像今天的儿童玩具，现在制造商把所有零件都准备好了，孩子只要组装在一起就大功告成。那时候迎庆要自己去找所有材料，有一种桐木，既轻盈又坚固，还有桐油、万能胶水、橡皮筋和一种薄纸，还要学会使用锯、刀、锉、钳、钻之类的全套工具。他做的第一架飞机并不大，用木材制作成骨架，下面安上铁钩，拉开橡皮筋能弹射出去。此后，他的飞机越做越大，动力也不再是橡皮筋，而是一台发动机。他带着它去参加比赛，看着它飞向蓝天。

对一个孩子来说，这是非常兴奋的时刻。其实，最激动人心的变化发生在飞机起飞前的整个过程中。

他要做的第一件事就是绘制一张图纸，这要求他长时间地把眼光停留在一个物体上，他的潜意识开始感觉飞机的整体结构，理解一个空间与另外一个空间之间的相互关系，理解各个部分如何组成一个整体。这个形象跃然纸上，同时也存在于他的意识中，生动活跃，就像未来翱翔在天空的那个真飞机一样。

“那是一个锻炼我的空间思维和形象思维的过程。”徐迎庆这样说。

多年以后他加入微软亚洲研究院，就像我们在《追随智慧》中叙述过的，他在计算机图形学的领域里大有建树，而且一直认定自己今天的成就和那一段少年宫的经历有关系。但他从没想到，类似的感悟不止发生在他一个人身上。有一天他去参加一个国际会议，遇到第 31 届国际数学奥林匹克协调委员会主席齐旭东。齐是他大学时代的老师，这位数学家居然也是一个酷爱绘画的人，而且画得相当专业，所以被迎庆视为知音。老师当年总是对学生说："不仅应该学会合理的'正向思维'，而且应该学会合理的'逆向思维'。"现在，师生攀谈起来，学生发现老师的思维方式依然非常新奇。

"什么事情你都要反过来想一想，"国际数学奥林匹克协调委员会的主席对迎庆说，"比如你在做饮料实验，做坏了，但你不要停下来，看看可不可以给做成杀虫剂。这就是换一个角度想问题。实际上有人就是这样做了，而且取得了很大的成就。"

"他的想法有时候不是逻辑的，而是非逻辑的，不是理性的，而是直觉的。"迎庆说，"与其说他是个科学家，倒不如说他是个艺术家。"

王坚：我不是绘画天才，不过，我的思维发生了很大变化

王坚的办公室非常凌乱，12 个黑色大理石碑表明，他在计算机领域里面已经拥有 12 项国际专利。事实上他被公认为微软亚洲研究院里最富有想象力和创造力的研究员，而且他还有一种生生不息的激情，脑子里面总是花样百出，其中一个花样叫作"数字笔"。

关于王坚的故事，我们在后面还要详细谈到，现在只想先说，此人也曾酷爱绘画。他最得意的作品是一幅周恩来的肖像画，用水彩画在纸上，然后贴在校园里，有两层楼那么高，异常触目。画这幅画的时候，他只有 14 岁。

在他所有的获奖作品中，最让他激动的是一幅儿童画。那是他读小学时画的，画面上，一个孩子在给另一个孩子理发。那时候这样的场面很常见，但这幅画清楚地表现了一个孩子内心里积累起来的对外界的感觉，而且还有一种神奇的童趣，所以感动了那些担任评委的老师。

王坚在奖状上看到自己的名字，这是他第一次看到"王坚"二字被印成铅字，不免激动，"那时候印一个东西还挺贵的"。

他从小学二年级开始学画，一直学到初中。先学素描，然后是水粉画，后来又学油画，他的老师挺有名，当时是浙江美术学院的副院长。

王坚对绘画非常认真，不想随便画画了事。他跟着老师学了几年，渐渐学会用艺术家的眼光去观察世界。“那时候画家们都说我很会看画，给他们提的意见都是一针见血，所以经常拉我去批评他们的画。”

这样的情形一直持续到高中。忽然有一天，他不再继续画画了。一方面是升学的压力越来越大，更重要的是他发现自己的绘画技巧总是不能进步，于是相信自己不是一个绘画天才。不过，因为绘画的基本训练，他觉得他的思维已经发生了很大变化：

> 画画对我的思维有不可缺少的影响。我认为人的一部分能力是从外面灌输进去的，比如语言和数学。但是人还有另外一些能力，是随着人的成长逐渐进化来的。一个小孩看房子，是前是后是左是右，他刚一出生的时候是不知道的，以后慢慢地可以分辨出来，这是不教就会的。比如绘画方面的视觉能力，音乐方面的听觉能力，体育方面的平衡能力和爆发能力，人类的这些能力是与生俱来的，不用去学就明白，你会了以后也很难讲出来你是怎么会的。画画这个东西，你画得好，是没有办法讲出来你为什么画得好的。这是人类的一个非常重要的特点，遗憾的是大多数人都压抑了这些能力，后天灌输进去的知识把本来就有的天赋给淹没了。为什么会这样呢？

高剑峰：衣服每天被颜料弄成五颜六色，我和同学彼此都觉得很酷

除了下围棋，高剑峰在学生时代最多的业余活动和体育有关。有我们在前边提到的长跑，还有足球和篮球，他还是上海交通大学排球队的领队。不过，他进入这所名牌大学的经历却让他和美术结了缘。

1989 年春季的一天，高剑峰走进上海交通大学，对一个老师说他将要高中毕业，希望来读工业造型设计专业。老师看了这个学生在高中三年的一大堆成绩单，说他没有问题，但又补充一句：

“你的美术绘画行吗？”

“我只练过书法，不会画画。”

“那你为什么想学工业造型设计？”

“我也不知道为什么，”剑峰老实地说，“只觉得这是一个多方面结合的学科，挺好玩的。”停了一会儿，他又补充道：“小的时候，别人一直表扬我是‘全面发展’，我觉得‘全面’这个词很重要。”

老师是个系主任，经验丰富，看看眼前这个学生，忽然感觉到他身上有一种异乎寻常的力量，不由得喜欢起来，就说：“你现在就开始学绘画吧。离高考还有三个月，也许能行。”

剑峰回到家里就去找美术老师，说他想学画画。老师大奇，心说这孩子在高中这么多年，从没把绘画放在心上，现在临到高考，人家每天复习数理化，恨不能把一分钟掰成两半用，他却如此节外生枝。

事实上高剑峰的备战高考的确与众不同，他从此开始了他的绘画历程。每天的大部分时间用来学习素描，家里成了美术速成班。父亲是学物理的，现在也期望儿子能学物理，不仅因为儿子的物理成绩最棒，而且因为他和大多数父亲一样，觉得子承父业是一种难得的际遇。尽管如此，他还是再次成了儿子的坚定支持者，就像他当年支持儿子练长跑和踢足球一样。

剑峰学画和刘策不一样，他没有时间去练基本功，上来就画。可是这一画就让他真的有了兴趣，还觉得整个备战高考阶段都特别开心，一点也不像别人说的是个“黑七月”。到考试的时候，他的基本功虽然还欠着很大火候，但对于最简单的技法已经不是外行。有个考试题目是“静物写生”，还有一个是命题画，后者有点像是用线条和颜色来写作文。他表现出来的绘画能力让他的美术老师大为吃惊，也让他如愿以偿。他真的进入上海交通大学，学习工业造型设计。

如果说中学时代是在运动中度过的，那么大学就是艺术的殿堂。剑峰进入大学以后的第一感觉是，这工业造型设计，并非他想象中的那种艺术，实际上也就是工业领域的平面设计和立体设计，有点像现在的广告装潢。这不是他喜欢的，但他仍然很开心。他每天滚在画室里面，学了很多以前不知道的东西，还拿到一等奖学金，衣服每天被颜料弄成五颜六色，他和同学彼此都觉得很酷，说自己像艺术家的样子。这是夸张的，事实上他永远成不了艺术家，但是他的绘画技巧的确娴熟起来，还找到了色彩的感觉，知道怎样像艺术家那样表达自己的思想和感受。

课外时间我们喜欢做什么

	我们喜欢做什么	时间
李开复	桥牌	大学
张亚勤	绘画、围棋	从中学到现在
刘　策	绘画	从小学到现在
郭百宁	绘画	小学和中学
王　坚	绘画	小学和中学
徐迎庆	绘画	中学和大学
高剑峰	长跑、绘画	从小学到现在
沈向洋	足球、桥牌	从大学到现在
凌小宁	摄影、篮球、乒乓球	从小学到现在
张　峥	写诗	从大学到现在
林　斌	乒乓球	从小学到大学
初　敏	篮球	大学
朱文武	篮球	从中学到现在
张　黔	400 米栏、排球	从中学到大学

用你的左手

体育训练不能增加你的智商，但是它可以发挥你的潜在的能力。

——朱文武

“用你的左手！”教练冲着他发疯似的叫喊。

朱文武奔跑在篮球场上，这是他第一次试图用左手运球。

这事发生在他刚刚上大学的时候，他记不清是哪一天了，但对自己当时那副笨拙的样子记忆犹新：“那只手好像不是自己的，伸不出去，转不回来，还抓不住球，甚至连脚下的动作也跟着扭曲起来。”

和他的大多数同学一样，朱文武不是左撇子，左手的笨拙似乎是天生的。他从父母那里继承来的最与众不同的是他的个头。父亲身高一米八，母亲身高一米七。他进入大学那一年，身高一米八五。

“你这个头不打篮球太可惜了。”所有人都这样对他说。

他从小学到中学都很喜欢打篮球，当他进入大学篮球队的时候，篮球的基本功已相当好。

可那毕竟都是业余级别的，现在，球队的教练是从专业运动队出来的，一眼识破了他左手的问题：

“人家用两手打球，你只有一只手，能赢吗？”

教练参照专业运动员的训练程序来训练他的左手。第一个目标是，让左手像右手一样灵活自如，一样强壮、细腻，而且富有弹性；第二个目标是，让两只手互相配合，左右开弓，彼此贯通，就像一只手一样。

训练每周三次，每次两小时，非常正规，而且寄托如此高的期望，不知不觉中，全身血液都集中到左手。

即便你不是生理学家，也能知道人的左边躯体是由右脑支配的，所以训练左手的过程也就是在开发右脑。

这种状态一直持续了四年。文武每天上午听课，下午训练，晚上读书，所以他形容那时的生活是“教室、图书馆和球场，三点一线”。有时候他会代表学校去参加比赛，他和队友们取得的最好成绩是全国大学生比赛中南赛区的冠军。

他的左手真的成长起来了，越来越像右手。“虽然没有达到右手百分之百的能力，但至少有个百分之七八十了。”他如此估量自己。

这是意料之中的。没有想到的是，大强度的训练不仅没有成为他的精神负担，反而让他觉得精力充沛，不再像过去那样动不动就觉得很累。

无论听课、读书，还是写论文，用功时间长了，脑子里面总会有一种沉重疲倦的感觉，但这都是过去的事情了。现在，经过一场篮球，他感到整个身心都在放松。

他开始相信，篮球不仅锻炼他的体力，而且也在锻炼他的脑力。

同学们惊问他何以如此精力充沛，他说：“把大脑的疲劳释放出去的最好途径，就是运动。当然你可以听听音乐什么的，也有同样的效果，然后你再来学习，就会觉得全身精力又回来了。”

人脑中的能量很像电池的能量，有一种再生的特征。你连续不断地使用它，也许只用 10 个小时就耗尽了，但如果两个大脑交替使用，就可能使用 20 个小时还不觉得累。这也就是朱文武总是感到精力充沛的奥妙。

然而，更加奇妙的是教练当初喊出的那句“用你的左手”。文武清晰地感觉到，左手日益灵活的过程，也是右脑日益灵活的过程。于是他开始把打篮球叫作“开发另外一半脑子”的教育，还在无意之中说出了所谓的“左手理论”：

> 我们打篮球，左手右手对球的感觉，还有控制球的熟练程度，必须是一样的。我本来是用右手的，左手很笨，现在要让左手像右手一样聪明。一天到晚用左手，我觉得多少训练了我的右脑，所以人也聪明起来，回到课堂和图书馆的时候，也觉得越来越自信。原来上中学的时候，我的成绩不是那么出色，也许以前我的智力没有那么强吧。但是上了大学以后，我觉得自己的智力明显提高，读书越来越顺。四年以后开始读研究生，真有一种无所不能的感觉。我猜想这和打球有关。当然，不是说你打球就能变得更聪明。人和人的智力是不会差太多的，体育训练不能增加你的智商，但是它可以发挥你的潜在的能力。

让大脑冲破牢笼

“海比山大，天比海大，比天空还要大的东西是什么？”
读过本章内容的人一定知道答案：“是你的大脑。”
让我们来听听微软亚洲研究院里的那些人是怎么谈论大脑的。

张亚勤：习题做得越多，头脑越是被禁锢

我觉得题是要做一点，但是绝对不要做多。题做多了，思维就被禁锢住了。只用一点点习题把你的概念清晰化，然后就不要再做了。学习应该是把复杂的东西简单化，而不是相反。理解最根本的定义，就是把它简单化。它本来是三个要点，可是你做了很多题，做题的时候又分分分，分出不知道多少点来。这是让大脑变得更复杂的过程，到最后，把自己弄糊涂了。我发现很多学生都忽略了最简单的东西。其实我们该把最简单的事情做好，再干别的。

张宏江：95 分和 85 分都是 A

中国的孩子也许只用50%的时间就可以完成现在这些课程，达到现在这种水平，另外50%的时间实际上被浪费了。各种有形无形的压力，都要求他把更多的时间用在学习上。他必须掌握所有的细节，比如他用50%的时间就能掌握95%的细节，却要用另外50%的时间去学习最后那5%的细节。这个最后的5%对99%的人来说一辈子都用不上，要论投入产出比的话，这个5%最不合算。但是他在考试中决定胜负的就是这个5%，成败常常就在一分之差，甚至在0.1分上分高下。有多少孩子考大学差了一分就落榜！所以孩子们不得不花很多时间，只是为了提高一分两分。而在美国的学校里，95分和85

分都是A，大家都觉得这是一个水平。美国的孩子用不着拼尽全力去挣那几分，所以就有更多的时间去思考别的事情。

高剑峰：要有一些不符合逻辑的观念

在大学里听了无数的课，只有一次课的印象最深。那一次是设计课，老师对我们说："把你的思路全都打开。"他鼓励我们用各种方法去完成设计，达到自己的目的，就是不准抄袭现成的东西。我在中学的时候，从来没有听老师说过这些，所以觉得既新鲜又有意思。我和同学们当时正在传阅一本书，里面有个故事正好是老师这个思想的佐证。那故事是以一个问题开始的：请你测量一座房子有多高。这本来是一个物理实验，给一个学生一块石头和一个秒表，你可以利用自由落体的原理测量出房子高度。所有的学生都知道这样做，但是只有一个学生另辟蹊径，他去找大楼的管理员询问楼房的高度。"这也是一个方法，做事情就要有这种观念，"老师说，"不仅是符合逻辑的观念，而且还要有一些不符合逻辑的观念。"

王坚：想象天上的事情

那天沈向洋对我讲，现在推导公式都把学生给推笨了，很多东西都想不出来了。我也有这种感觉，比如天上的事情就想不出来。怎么把天上的事变成地上的事，那就更想不出来了。一个人的想象力、创造力和教育是有关系的。仅仅让学生知道对与错，那不是好的教育，至少不是富有想象力的教育，还应当让学生学会在一种"不分是非"的状态下想事情。如果你的想法肯定是对的，没有人反对，但是很平庸，那有什么意思呢？又有什么必要想它呢？

刘策：你是知识的主人，还是知识的奴隶

没有什么知识是不应该学的。知识都是有用的。关键看你是它的奴隶还是它的主人。如果你是它的奴隶，那么这些东西就没有什么用，它总是约束着你，让你的思维受到限制。如果你是它的主人，你就可以驾驭它，利用它，它就有用了。你是主人还是奴隶，其实只差一步：你是不是真的使用它。你使用它，马上就是它的主人了，如果你仅仅学习它而不使用它，你就是它的奴隶。这个问题从小学到大学都存在。人人都知道学英语如果只学不用，背单词就会是一个包袱，如果你使用它，它成了你和别人交流的工具，你就不会觉得背单词是个包袱，其实所有的知识都是这样的。

新发现

1. 大多数看上去不够聪明的孩子，不是“没有脑子”，而是让自己的脑子闲置着。

2. 把学校的全部课程和考试加在一起，其实只开发了学生的一半大脑，导致大多数学生在以后漫长的岁月中只会使用一半大脑。

3. 大脑的成长与知识的积累不是一回事。以公认的标准来衡量的好学生，比如考试成绩优秀的学生，并不一定具有优秀的思维能力。

4.E 学生几乎全都拥有广泛的兴趣，并且有意无意地全方位训练自己的大脑。

第六章
学习是一种态度

Attitude is a little thing that makes big difference.

——态度是一件小事，却能导致巨大的差别。

我们在美国华盛顿州一所小学教室的墙上看到这句话，想起那些E学生的形形色色的故事，忽然意识到，这里所谓“态度”，与我们的老师常常对学生说的“端正学习态度”完全不同。事实上，这句话中包含着E学生的第六个秘密。

智力的折扣

很可惜的是，大多数人一辈子只使用了自己的一小部分智慧。即便是一个很优秀的人，也是如此。

——李开复

李开复的“精英哲学”过去几年一直是大学校园里的话题。到了2003年春天，他又一次谈到这件事，“很可惜的是，大多数人一辈子只使用了自己的一小部分智慧。即便是一个很优秀的人，也是如此”。那天晚上他坐在北京嘉里中心的西餐厅里，手里端着一杯矿泉水，眼睛看着窗外，若有所思。

他的这句话里有一个秘密仍未被揭示，这就是“智力的折扣”。

我们已经知道一个惊人的事实：一般人一辈子可能只使用了大脑的10%～15%，另外85%以上的脑神经元，始终在沉睡的状态中。我们还提到日本的教育学家和心理学家稻田太作，他是一个对人类智能有着崇高乐观精神的人。他相信，那些总是说“自己不行”的人，是“自己让自己变得不行”。这些事实对于那些总是觉得自己不够聪明的人来说，一定是个福音。人的智力的差别不在于天赋的高下多寡，而在于你能在多大程度上唤醒你的天赋。

在一番精心的研究之后，稻田太作提出“头脑指数”的概念。这同智商的概念类似，所以大多数中国人并不生疏。事实上，关于智商的话题，是所有老师和家长津津乐道的。但是教育工作者们忽视了一个问题：大多数人本来拥有的智商和实际表现出来的智商并不一致。

如果可以用一个概念来说明这种情形，那就是“实用智能指数”。在“天赋智能”相等的情况下，“实用智能指数”越高的人，越聪明。

这个规律导致了我们的第一个公式：

实用智能指数 = 天赋智能 × 大脑使用效率

一个人对于实际问题的适应能力和解决能力，通常取决于实用智商，而不是天赋智商。比如一个人虽然具有200的智商，但是只使用了其中50%，所以他的智能指数只能是100。另外一个人的智商只有150，却利用了其中80%，那么他的智能指数就达到了120，反而比那个天生聪明的人还要聪明。这就是稻田太作所谓“头脑指数”的巨大价值。

然而，是什么东西在影响人的大脑使用效率？是态度。

大脑使用效率不仅建立在智力的基础上，而且建立在态度的基础上。事实上，在你成长的过程中，你的态度比你的天赋更重要，也比老师的强迫、父母的劝导、学校的牌子、分数、名次和其他一切更重要。你只要用心体会，就会发现，态度是你学习过程中无价的财富、最伟大的力量。它是引导你走向E学生的阶梯。

在天赋智能相等的情况下，提高实用智能的关键在于改变你的学习态度。这个规律导致了我们的第二个公式：

大脑使用效率 = 智力 × 态度

事实上，大多数人的智力问题都是心理问题引起的。这些人虽然有一个聪明的大脑，但就是不知道如何使用它。

一旦拥有较高的大脑使用效率，你会惊喜地发现你比过去更聪明了，你的老师开始夸奖你的表现，你的父母开始相信你的能力，而且你还有更多的时间让大脑放松，去做自己喜欢的游戏，或者像张宏江说的，去“悟”。同学们也会惊讶地问：“你是怎么回事？也没见你怎么用功，怎么就超过我们啦？”

你可以这样回答：“因为我比你们多使用了1%的脑细胞。”

现在我们就来探讨提高大脑使用效率的几个最重要的因素。包括：

大脑集中指数；

大脑开放指数；

大脑主动指数。

大脑集中指数：提高大脑使用率的最直接的因素

我在学习中之所以比别人用的时间要少，只因为我相信，与其心不在焉地学十小时，不如集中精神学一小时。

——张亚勤

聚精会神，也可说是全神贯注，显然可以作为提高大脑使用效率的最直接的因素。它不仅仅是一种学习的习惯，也是一种学习的态度，久而久之，就成为一种能力。你要让自己更有效地使用自己的大脑，那就在最大限度上把你的精力集中在一件事情上。

我们可以用大脑集中指数来衡量一个人聚精会神的能力有多大。它由两个因素构成：

其一，集中精力的长度；

其二，集中精力的深度。

通常情形下，你集中精力的时间越长、程度越深，你的大脑集中指数也就越高，所以：

大脑集中指数 = 集中精力的长度 × 集中精力的深度

大多数孩子都会遇到下面这些情况：上课时不知不觉走神了，猛然醒悟过来，赶快听老师讲了什么，但是没有多长时间，又走神了。于是，课堂上的记忆成了一部断断续续不连贯的动画片。到了晚上，在爸爸妈妈的督促声中坐在桌前，摆开做作业的样子，却突然想起白天发生的一件事情，不知过了多久，忽然意识到走神了，强迫自己回到作业本上来，可不一会儿，思绪又跳到不知道什么地方去了。他们总在担心某一件事情：考试成绩好不好？妈妈会不会批评？想要买一件东西，能不能得到？学习的时候老是想到时间，抬眼去看表，发现坐在桌前还不到一个小时，于是就觉得时间过得真慢，不免伸个懒腰，哈欠连天。而父母们似乎并不在意这些，只要看到孩子的面前堆着作业本，他们就心满意足。

其实，集中精力的深度和集中精力的长度，才是关键，这就是通常人们所说的，“别让你的脑子走神”。但是培养这种能力还有更深远的意义：它是让你开掘智慧的真正推动力，而且让你的智慧看上去超越常人。

我们研究 E 学生的成长经历，总有一种强烈感觉：他们的成功不是因为他们比别人聪明，而是因为能够更多地使用他们的聪明。在他们的身上，你可以看到，一个人集中精力的深度和长度究竟能够达到什么状态。

“如果你每天有 6 个小时不被打扰，连续做 3 年、5 年、10 年、20 年，”沈向洋说，“那你一定可以做出一些了不起的事情来。”他显然是在谈论自己的集中精力的体会。事实上，当沈向洋全神贯注于一件事情的时候，常常可以几天几夜不睡觉。这是他在卡耐基梅隆大学读书时养成的习惯：“那是我迄今为止最艰苦的一段时间，但是也很激动人心。每天从晚上 9 点到凌晨 3 点是黄金时间，我都在学习。我现在都很羡慕那段时间。”

但是要论大脑集中指数的最高纪录，看来还是许峰雄和李开复在卡耐基梅隆大学创下的。许峰雄连续 12 年只做了一件事，那就是轰动全世界的“深蓝”。李开复每天学习工作 16 个小时，一直持续了 4 年，这是“集中精力的长度”；连续下了 4 万盘“奥赛罗”，比较了 240 万种不同的走法，这是“集中精力的深度”。

我们已经叙述过，张亚勤在小学和中学期间是怎么跳来跳去、用 6 年时间读完 12 年的课程，由此被周围的人看作神童。可是如果你让他本人来解释其中奥妙，你得到的答案是另外一个。

“我是有一点小聪明，可是我觉得仅仅从天赋来说，我不可能比别人强那么多。”他说，“我在学习中之所以比别人用的时间要少，可能是因为我学习的效率相当高。”

要说他在童年时代养成了什么过人的能力，那就是他善于聚精会神：

> 我想我一般都是在脑子比较清楚的时候，就把该做的全都做完。我的大脑经常处于发散状态。有时候太长时间的学习效果不好，我不会这么傻，学不进去的时候还坐在那里学。我就是在几个小时之内，集中精力思考，把问题全弄明白，就可以了。实际你用在学习上的时间越长，也就越

累，一累精力就分散。脑子已经走神了，人还坐在那里，当然就没有效率。有时候虽然还没有走神，可是已经钻不进去了，只是在问题的表面或者外围绕来绕去，这也不行。因为你集中精力的长度和深度都不够，也就是人们通常说的心不在焉了。

亚勤中学和大学时代的同学，都说他不是那种刻苦用功的学生。上大学的时候老师还找他谈话，问他为什么老是不上课。“有时候是我忘了，有时候是早上爱睡懒觉。”他有点不好意思地解释。他在生活方面很放纵，随心所欲，像所有男孩子一样贪玩淘气。他和别人的不同之处不在这里，而在于他有一种把精力迅速集中起来的能力，而且非常专注。

“我一旦坐下来做事，就很认真。”他说，这从他现在的工作状况也可以看出。比如他打算写一篇 20 页的英文文章。旁人会看到他一会儿看电视，一会儿上网，似乎什么也没干，实际上他的脑子里一直在想这文章怎么写，想得连眼睛看什么都不知道了。想好以后，他就坐在桌前，精力很集中，用一个晚上，从头到尾，一气呵成。

“与其心不在焉地学十小时，不如集中精神学一小时。”他总结道，“无论学习还是做事，大脑一定要连贯，就好像激光，放射出来之前一直是在集中，集中好了以后一下把它放出去，这个杀伤力是最强的。”

大脑开放指数：怎样激发自己的想象力

王坚的核心技术将改变世界，我真的没有想到他这么了不起。

——张亚勤

王坚来到微软亚洲研究院之前的简历中，有一连串辉煌的头衔——“教授”“博士生导师”“浙江大学心理学系主任”“浙江大学工业心理学国家专业实验室主任”“中国人类工效学会理事”，还提到，“他曾经主持完成了数十项国家自然科学基金、国家863计划、国家各部委以及与摩托罗拉和英特尔合作的项目”。在来到微软之后的五年中，他的头衔少多了，只不过是个主任研究员，还是一个研究小组的主持者，但他成为十几项国际专利的发明者。他还是数字笔的创始人和一张照片的拥有者。前者看上去和普通的圆珠笔没有什么不同，却被张亚勤称作“划时代的发明”；后者拍摄的是他和比尔·盖茨在一起讨论数字笔的情景。画面上，比尔把他的眼镜摘下来，用牙齿咬着眼镜架，神情专注，仔细打量面前这个神奇的小东西，看上去完全被迷住了。

这支笔在开始的时候相当笨拙，还很粗糙。“我都不好意思拿给比尔看。”他笑着说。但他还是拿去给比尔·盖茨看了。比尔大感兴趣，要他继续干，还说无论他需要多少钱都没有问题。两年以后，数字笔焕然一新，再次摆到微软公司高级主管的会议上，那位“世界上最聪明和最富有的人”一眼看出其中奥妙，当即跳将起来，兴奋得把脚上的鞋都脱了，一跃而起，跳到椅子上。

“个人计算机历史的第一个25年，是从比尔·盖茨开始的；第二个25年，有可能要从王坚开始了。”王坚的同事这样说。

大多数人都把这话当作一句玩笑，但至少比尔·盖茨是认真的，微软亚洲研究院院长张亚勤也是认真的。他在谈到“王坚的核心技术将改变世界，我真的没有想到他这么了不起”时，一点开玩笑的意思都没有。还有，王坚的8岁的女儿也是认真的，她在那张照片的下面一笔一画地写了几个字：“比尔叔叔和爸爸”。看来美国《商业周刊》也注意到一些重要的事实，所以它的有关王坚的一篇采访笔记说，王坚“虽然不懂英文，却是比尔·盖茨的技术顾问”。这话前半句错了，后半句不是夸张。

微软亚洲研究院成立的最初两年里，发表了90多篇具有国际一流水准的论文，获得了70多项国际专利，还把至少12项新技术转移到公司的产品中。在那以后的三年里，他们把研究人员增加了一倍多，又发表了大约800篇论文，获得130多项国际专利，还把几十项新技术转移到公司的产品中。这一切超出研究院的创建者李开复以及里克·雷斯特的想象，超出了比尔·盖茨的想象，也超出了全世界所有同行的想象。在这数百项成功当中，王坚的数字笔也许是最令人激动的发明之一。

当你拥有一支数字笔的时候，计算机就完全不是现在这个样子了，它只是一支笔和一张纸。这支笔是黑色的，看上去很像你现在手上的普通圆珠笔，而这张纸是真正的普通书写纸，它可以是单张的，也可以是一沓。你用这支笔在纸上随意书写，就像计算机时代之前你的工作习惯一样，可是你写下的任何东西，都将直接进入一台远距离的电脑终端，变成电脑可以处理的信息。显然，你仍在使用电脑，但你的面前已经没有主机和显示器，没有键盘和鼠标，也没有视窗操作系统。

王坚把他的数字笔视为珍宝，但是他也说不清楚，自己是不是在从事改变历史的工作，他只是说："我喜欢想天上的事情。"

王坚生长在杭州西子湖畔，却有着北方人的脸盘和身材，总是顶着一头乱发，衣服皱皱巴巴，脖子前伸，走路一颠一颠的，你在他的身上看不到一点奇异的光彩。少年时代的老师如若知道他今天的成就，准会跌破眼镜。

事实上，王坚从小学到中学都很难说是老师心目中的那种好学生。他的功课平平，从没得过什么名次，从不参加什么竞赛，甚至没有进过什么好学校，没有读重点高中，也没有读名牌大学，直到博士毕业之后，他的母校杭州大学被并入浙江大学，才让他终于和"名校"沾了边。不过，他一直不认为自己和这所大学的荣耀有什么关系。

"我都不好意思告诉人家我是哪个学校的。"他笑着说。这话听上去是谦虚，其实了解他的经历的人都明白，这正是他的独到之处。

他 15 岁那年第一次表现出来的独到之处，就是"自己做了一个很大的决定"：不去读重点高中。

进入重点高中是我们国家大多数初中生的梦想，不知道为什么，王坚就是没有这个冲动。他的成绩本来属于中等，在重点高中的第一轮考试中落选，但他通过了第二轮扩大招生的考试，并被一所重点高中录取。

那是非常难忘的一天，全家人都陷入一场情感上的大跌宕。儿子能够进入重点高中，就意味着一只脚已经踏进大学。对妈妈来说，这是一件天大的喜事，但是儿子忽然说，他不想去读那所重点高中。妈妈先是惊讶，接着失望，后来渐渐平静下来，决定尊重儿子的选择。

"你可要想好了，"妈妈把最坏的前景告诉儿子，"如果将来考不上大学，那就要下乡了。"

王坚选择留在自己原来的学校里读高中。这学校就在他家门口，是杭州城里一所很普通的学校。但他喜欢它，“它有很长的历史，校风也好，只不过升学率不高，感觉上不如重点学校那么风光”。

直到很多年以后，王坚还能记得那一天家里发生的事情：“这是我第一次自己做主，又是那么大的一个决定，家里人都有些不高兴。我妈心里可能不同意，但是我特别感谢她尊重了我的选择。”可是日后想起这件事的时候，他还有点后怕：“现在很难想象，我会做出那样的决定，其实我的压力也挺大的，如果后来考不上大学，那可真的惨了。”

今天我们回头来看这件事，很难说王坚的决定有什么特别动机，也许是因为那时候刚刚恢复高考，无论孩子还是父母，都还没有意识到重点学校的意义，但更有可能是这孩子的性格中那种不愿随大溜的意志发生了作用。

> 我这人好像和别的人不太一样。读书的时候我很轻松，我不在意成绩、名次之类的东西，不在乎是不是名牌学校，也不在乎别人对我的成绩、名次或者学校怎么看。我在小学的学习成绩其实挺差的，每次考试之后妈妈不骂我就算不错了，还记得有一次分数太差了，只好去找老师做检讨。我曾经当过班长，但那也不是因为成绩好。初中毕业那年，大家都在争夺重点高中，我第一次感觉到分数的压力，后来想一想，其实也是可上可不上。

上了高中以后，王坚迷上了办报。那是一张油印小报，他自任主编，实际上把记者、编辑、美术设计甚至印刷工人的事情全都做了。自采自编，自己刻钢版，自己印报纸，他为此花了很多时间，却乐在其中。他在这样一种心情中度过了三年。高考之前的几个月里，老师天天给学生分析形势，掐着手指计算出，全班 50 个同学中能考上大学的人也就七八个。王坚一看成绩单，明白自己不在老师的名单里，因为他只能排到 20 名之后。那一刻他忽然明白，“当初不上重点高中是一个多么严重的问题”。

别人遇到这种情况，要么心急如焚，要么破罐破摔，只有王坚依然我行我素。高考在即，同学们都在日夜苦读迎接挑战，他却依然和他的小报难解难分。老师对他说：“再不把报纸停下来，你就完了。”他想想也是，决定让他的报纸有个光明的结尾。于是坐下来，用全部感情来写他的最后一篇文章。他的语文老师后来说，这是他整个中学期间写得最好的一篇文章。

文章讲了一个真实的故事。有一天，他和几个同学一起去爬杭州城外的一座山，这是当地最高的一座山，偏远荒凉。众少年攀登到半山腰上，天黑了，周围升起恐怖的气氛，而且越来越浓，谁也不敢预料前边有什么。有人开始怀疑自己的行进路线，犹豫着不敢继续前进。但是王坚相信道路没有错误，目标就在前边，那是山顶上的一座庙宇。于是大家彼此鼓励，满怀信心继续前进，终于找到那座庙。大家一阵欢呼，既兴奋又疲倦，纷纷倒在满地竹叶上，和衣而睡。就在这时，茫茫夜色中出现了一个和尚。和尚递过一盏油灯，灯光如豆，在黑暗里燃起一片光明。

这是王坚给他的中学同学讲的最后一个故事。讲完了，他才想起，现在他的目标不是山上的庙宇，而是大学。尽管老师的排名表上没有他，但他觉得那盏油灯依然在前面引导着他。

高考的结果比任何人想象的都要好，也超过了他自己的估计。这个一向排在 20 名之后的学生，居然考了全班第三，真是前所未有。不过，这成绩仍然不够好，比他希望去的浙江大学的分数线还少 30 分。结果，杭州大学心理学系录取了他。这不是重点大学，但他仍然很高兴，觉得自己运气好，因为班里很多同学平时的学习成绩总是比他好，却都没有考上大学。

他在杭州大学完成了本科学业，然后继续读硕士和博士。他有很多次机会换到更好的学校去，1984 年考硕士时是一次，但他仍然选择杭州大学；1986 年考博士时，又是一次，他还是选择杭州大学；1989 年出国进修，是第三次，他又回到杭州大学，做了一个教师。过了很多年，他的学校与浙江大学合并，成为浙江大学的一部分，他终于有了一个名牌大学的头衔，还成了心理学系的主任和教授，这是多少人渴望的“牌子”啊，居然像天上掉馅饼似的，掉到他的手里。但是，就像我们在《追随智慧》里面曾经叙述过的，他不喜欢学校扩张之后那种大而化之、不做实事的风气，他放弃了他的名牌大学的光环，辞去系主任、教授、博士生导师的职务，跑到北京，在微软研究院里做了一个普通的研究员。

王坚的很多行为让旁人无法理解，连老师也感到奇怪。比如大多数学生的分数都会跟着考试的难度起伏，他却是个例外。有一次考试，题很难，全班 50 个同学只有 3 人及格，他是 70 多分。不久之后又一次考试，题很容易，大部分同学都是 90 多分，他还是 70 多分。老师看着这学生有些奇怪，问他为什么，他自己也无法解释，只是说：

> 有些人考了很高的分数，却有可能并没有学到什么东西。我相信我学过的东西，一定是学会了，我不会把我没学到的东西放在肚子里，不会有这样的事情。我根本不需要在考试中证明我自己的能力，不需要通过排名来证明自己比别人强。

大学毕业了，他想报考研究生。他是文科学生，按照考试规则，必须选考一门理科课程。别的考生遇到这种情况，一定会选择自己擅长的内容，而他竟选择了自己最差的高等数学。

他填好报名表，回家一看数学参考题，居然全都不会。这个一向不为考试发愁的学生，当时也不免着急。距离考试还剩三个月，他一算时间，决定采取超常规手段。他向学校团总支书记借了一间宿舍，把门一锁，每天不干别的，只做数学题。

那时候他正在争取入党，党组织的领导来批评他："一个争取入党的积极分子怎么能天天把自己关在一个小屋子里呢？"但是他顾不了这些，依然沉浸在数学世界中，拒绝任何人来打扰他。

"我只是觉得应该去学学数学，不然以后没有机会学了，可能还想挑战一次自我。"他后来这样形容自己的那一次经历，"没想到我差点就把自己给毁了。"

结果他没有毁掉他的研究生，事实上他的考试成绩相当不错，可能是那届考生中最好的。不过，为了这次孤注一掷的行动，他的入党真的被推迟了。

看来，这个学生不仅"完全不跟考试的指挥棒走"，还"完全不跟大多数人的标准走"。这样的学生极为少见，还很容易被人低估。只有一个老师发现事有蹊跷，渐渐对这个学生刮目相看。

"王坚这个人，"那老师有一次这样说，"如果将来有所成就，那就在于他的独立性和想象力。"

直到今天，每当突发奇想的时候，或者遇到困难的时候，王坚还能回想起他学生时代的那种种情节，不禁感慨万千："一个人的想象力、创造力和他受教育的环境是有关系的。我相信想象力每个人都是有的，会不会随着环境而改变，那是另外一回事。但本质上还是，你敢不敢让你的大脑走到那里去。"

这故事写到这里，我们已有可能列出大脑开放指数的公式，如下：

大脑开放指数 = 想象力 × 独立性

大脑主动指数：主动和被动大不一样

大多数人很难摆脱成绩啊，考试啊，名次啊这些东西，但如果有一天你真的在做自己要做的事，而不是别人要你做的事，那么考试就不重要了，名次就不重要了，名牌大学就不重要了。

——胡耀华

胡耀华是在一种沮丧的心情中走进大学的。他的第一志愿是北京大学，可惜没有成功，结果落在第二志愿。那一刻，他觉得是一只凤凰掉在了鸡窝里。他怎么也不会想到，微软会对他发生强烈的兴趣。

大学生活的最后一年，耀华几乎都是在希格玛大厦里度过的。那是 2001 年，他作为实习学生来到这里，题目是编制一套程序，在电脑屏幕上合成各种形态的水，要么是浩瀚大海，要么是涓涓细流，要么是风吹皱一池春水，看上去比摄影机拍下来的真实的水还有生命力。这一技术很快被用到微软公司的产品上，行销全世界。如今，每天有亿万人在使用他的发明，而他本人也成为微软亚洲研究院的一个助理研究员。

微软亚洲研究院有着强烈的名牌大学情结，他们自己大都出自名牌大学，所以特别注重学历，特别青睐博士。胡耀华在这座大楼里面是个例外，他既不是博士，也不是出自名牌大学，他是北京工业大学电子工程系的本科生。这学校虽然也是重点大学，但是那些稍微优秀一点的高三学生，都像微软员工一样崇尚名牌大学，他们心中的目标是清华和北大，而北京工业大学在很大程度上只是他们中间失败者的去处。不幸的是，胡耀华正是这样一个失败者。他在小学和中学期间，主要课程的成绩都不是很好，在班里只能算中等，参加过很多数理化的比赛，却从来也没有得过奖。高考的时候又再一次失手，望着他心中的北大叹息不已。

1997年秋天，耀华进了北京工业大学。这所学校愿意接收那些从清华、北大的志愿上掉下来的考生，这是一个相当有远见的行动。但是这些学生跨进校门的时候，几乎都有一种耻辱感。他们中间有些人就是因为无法忍受这种感觉，不来了，宁愿在家里复读一年重新考试，或者千方百计寻找出国读书的门路。耀华的与众不同，不在于他不会失败，而在于他面对失败的想法不同。

但是他仍有至少一年的彷徨。他选择了电子工程系，这不是因为他喜欢这个专业，事实上他喜欢的是计算机。他在读初一的时候就喜欢计算机了，那时候是20世纪90年代初，计算机虽然还不普及，但已经不是稀罕东西。他在学校里面参加计算机小组，去机房编制自己的程序，然后参加比赛。后来他有了自己的电脑，就把更多的时间花在电脑上。这让他的课程考试成绩总是不大好，但他并不在意。"我那时候认定我对电脑有兴趣，但是还没有认准以后就干这行。"

报考大学时选择专业，对于这个孩子仍是一件难事。就像大多数高三毕业的学生一样，他完全不了解大学里五花八门的专业都是干什么的，只是自己玩计算机已经六年，实在想不出大学计算机课程还能给他什么新东西，于是他给自己选择电子系。"人家告诉我，在计算机、自动化和电子这三个领域中，电子是一个更基础、覆盖范围更广泛的专业。我想这也不错，就挑了它。"

但是学习刚刚开始他就发现情况不对。他总是提不起精神，上课时脑子总是往别的地方跑，下课时心情一下子好起来。成绩总是不高不低，中不溜，看到同学比自己强，他也不着急。一年级还没结束，他已无法摆脱那种消极情绪。他去找老师，要求转到计算机系，老师不同意，他也就不再坚持。他相信有很多办法去追求自己想要的东西。

过去的六年里，计算机一直是他的兴趣所在，从现在开始，他要把它当作一门学问。无论学习什么，主动和被动大不一样。自从进入大学以来，耀华第一次有了喜欢学校的感觉。他开始系统学习计算机课程，完全不管学校设置的课程是什么，只完成自己的计划：一年级学习基础，二年级学习网络，到了三年级，他就开始学习图形学。

这个领域里的一切东西都让他欣喜若狂。他如饥似渴，希望得到更多的资料，可惜大多数学校很少涉及图形学，只有浙江大学还能入门，而在他自己的学校里，只是作为选修课。他没有选，他不相信课堂上能给他多少有意义的东西，他选择的方式是自学。

他的自学能力很强，上中学的时候，他总是在开学之前把课程先学一遍，等到人家开始学了，他就去玩电脑。所以尽管他的学习成绩常常不如别人，但是他学会了学习。现在，他“故技重演”。他的“教室”在学校的图书馆，他的“老师”是全世界图形学领域里最有成就的科学家。他整天泡在学校图书馆，先是一本一本地看，速度很慢，但是他很投入，速度也越来越快，后来是一个书架一个书架地看。图书馆里几百本计算机领域的书都被他看完了。

没有谁给他留作业，也没有谁给他出考题。他用了极大心血去学习的东西，通常都不在学校的考试和学分范围之内，但他并不在乎这些。而学校设置的课程，他只在一些最重要的基础课上花时间，比如高等数学，其余大多数课程，他只在考试之前突击一下，拿到学分就可以了，有的时候拿不到学分，他也不在意。“我关心的是我到底学到了什么，考试多少分我从来都不关心。”

有时候你想起学校的情景，一定会很奇怪。大家生活在同一个教育环境里，似乎没有人能改变教育的环境，但是你只要改变对教育的看法，很快就会变成一个与众不同的人。

到了大学的最后一年，耀华已经进入这样一种境界。尽管他在教学大纲规定的课程上成绩平平，但他在计算机图形学领域中的知识和能力，不仅非一般本科生可以相比，即使那些硕士和博士生也很难超过。

正是这个事实让微软对他发生了兴趣。

“走进微软的时候，我很自信。”这个连本科还没有毕业的学生这样说，“我不认为那些硕士或者博士比我强。”

对他来说，在微软的实习是一个新阶段。他要做的第一件事情就是把自己在大学三年苦心学习的图形学知识，应用到实际研究中。那些天一想到他的“数字水”，耀华就特别兴奋，深夜睡不着，白天不吃饭，脑子里面不断冒出新想法，一有想法就忙不迭地跑到计算机前去试验。

现在我们可以知道，构成大脑主动指数的两个最重要的因素是：热爱和激情。其公式如下：

大脑主动指数 = 热爱 × 激情

有一天，有个记者和他讨论这个问题。他有些腼腆又有些得意地说：“如果把我的学习时间算一算，那么我在计算机上花的时间，要比其他所有科目的总和还要多。”

“但是你总要完成学校的课程，通过考试呀。”

“相比之下，我更关心自己的实力，至于考试什么的，我不是特别在乎。”

“聪明的学生不一定都有自觉的意识，但是很自觉的学生一定是聪明的。你认为你很聪明吗？”

“不。我就怕人家说我聪明，至少那些考上北大的学生比我聪明。如果你今天要我谈论什么天才，我可一句也说不出。我觉得一个人是不是天才不重要，能力强不强也不重要，重要的是主动，是进取，是把潜力发挥出来，才能与众不同。”

“与众不同说起来容易，做起来呢？”

“事实上这也需要勇气。大多数人很难摆脱成绩啊，考试啊，名次啊这些东西，但如果有一天你真的在做自己要做的事，而不是别人要你做的事，那么考试就不重要了，名次就不重要了，名牌大学就不重要了。你就会有一种强烈的主动精神。”

“你很幸运，没有名牌大学，没有很高的学历，却找到了好工作。”

“是啊，像我这样的人很少。这样做的风险的确很大。当初我也没有怎么细想，要是细想想，有多少人敢这样冒险呢？”

胡耀华长叹一声，结束了自己的故事。

为什么学习越好的孩子主动性越差

西方有一种说法：A 等生是被人管的，B 等生是管人的。

——朱文力

“西方有一种说法：A 等生是被人管的，B 等生是管人的。”朱文力说。

同样的意思，在中国有另外一种表述。爸爸对儿子说：“你们班上学习最好的那个同学，将来是你儿子的家庭教师；学习最差的那个同学，将来是你儿子的老板。”

有很多人不同意这种说法。他们会说，这是那些学习差的人在自我安慰。可是朱文力讲这话的时候，那副表情与其说是在自我安慰，不如说是在自我反省。微软的另一个研究员张黔，第一次听到这个说法的时候开心得大笑：“真有这个可能。我们家就是证明啊。我二哥的学习成绩比我差远了，可他现在自己开了好几家公司，做得很好。我妈妈都愿意到他那里去住啊。”

朱文力是微软亚洲研究院的研究员，女性。尽管你在微软公司很难找到性别歧视的证据，但在它分布在全世界的几百个研究员中，女性的确很少。所以你可以相信，朱文力一定有一些与众不同的地方。

事实上，她不仅不是差学生，而且还是她自己所说的那种 A 等生，是我们国家教育制度下一个优秀学生的经典之作：严格而细腻的家庭教育、父母心中的好孩子、老师心中的好学生、门门功课都是 5 分，重点小学、重点中学，然后是清华大学。

她的外表有点像她的名字，端庄、文静，轻轻地覆盖在一种力量之上。她很年轻，但她在希格玛大厦拥有一个单间办公室，表明她在研究院里已经有些资历。她在美国完成了博士学业，又在美国的公司里做过几年研究员。为了帮助别人理解她的一些想法，她总要提到自己在国外的经历，还不由自主地拿中国的孩子和美国的孩子做比较。她相信“每个孩子心中都有自己的愿望，都想去实现它”，可是她不明白，“为什么中国的孩子总是很害羞，不能主动地去表达自己，主动地解决问题，主动地去开辟新的道路？”

她的想法在很多经历过西方教育的中国学生中引起共鸣。大家纷纷把自己的经历凑在一起，居然得出一个惊人的结论：“在中国，学习成绩越好的孩子可能主动性越差，学习成绩一般的孩子可能主动性还要好一些。”然后她就解释她的理由：

> 没有人逼你去做，是你自己要去做，这就是主动性。这里面也许有一个性格的问题，还有周围环境影响的问题。你的性格里是叛逆的成分多一些，还是顺从的成分多一些？叛逆的成分比较多的话，就可能对学校的教育不以为然，也不把老师放在眼里，当然也不会把全部精力放到课本上，

可能会去追求一些自己想做的事情。不知道你有没有发现，在大学里面经常逃课的学生，都是脑子比较活的人。比如比尔·盖茨，干脆退学了。所谓“好学生”，其实就是把父母和老师让你做的事情做到最好，其他的事情都不去想，主动性自然就差一些，也就是我们说的“5分+绵羊”，比如我自己就是这样的孩子。

文力的父亲是工程师，母亲是个企业的计划人员，都是那种典型的知识分子，家教极严，对这个女儿尤其严格。文力小时候是那种聪明乖巧的女孩，人人喜欢。像所有小女孩一样，她爱跳舞，爱洋娃娃，爱看童话故事。但是父亲自己是学习自动化的，认定女儿也应当像他一样。女儿刚刚进入学龄，他就要求女儿在家里学习英语。

父亲对女儿的一切都很放纵，唯有学习必须一丝不苟，他要女儿按时收听收音机里面的英语课程，绝不能有任何懈怠。文力小学毕业进入中学的那一年，中国恢复了高考制度，所有敏感的父母都意识到孩子的命运将要发生转折。这个父亲当然不例外，他开始要求文力学习数学，还亲自讲解数学题。

文力既不喜欢外语也不喜欢数学。“除了做作业，还得学英语学数学，我特别烦，觉得这是多了好多事。”实际上她喜欢看小说，看外国的童话故事，看中国的《李自成》，喜欢写那种抒情散文式的作文。但她是个乖巧听话的孩子，不会坚持自己的想法，所以父亲让她做什么她就去做。

到了吃饭的时候就吃饭，到了做功课的时候就做功课，到了睡觉的时间就睡觉，到了起床的钟点就起床。日复一日，年复一年，一切都是按部就班，从不懈怠。爸爸让她学什么，她就学了；爸爸不让她学的东西，她就不学。因为外语学院附中不是重点中学，爸爸不让她去读，她就不去了。爸爸看中了一所重点中学，让她去考，她就考上了。

“我这一辈子，至少在我出国之前，一直都是在我爸的逼迫之下学习的。”她在长大以后这样说。

她成了班里的好学生，上课很认真，作业也都按时完成，考试总是第一名，大家都说她聪明。对她来说，学习并不费劲，但是她从来没有过那种热血沸腾的感觉，“因为我从来没有发现自己喜欢的东西，从来没有去探索。没有任何一个人给我这方面的引导。我只知道完成学校的课程，考个高分数，考个好学校，就这样一步一步过来了。”老师们都在教她参加各种各样的考试和各种各样的竞赛，就是没有一个老师问过她：“你的长处是什么？你的短处是什么？你的兴趣爱好是什么？你将来打算干什么？”也没有哪一个老师对她说：“你将来一定要从事一个自己喜欢的事业，你从现在就要开始探索自己喜欢的东西。”

“有些同学可能自己想过这些问题，有些同学可能根本就没有想过。”文力一边极力回忆当时的情形，一边说。

> 我呢？开始的时候还是想得挺多的，总是幻想自己将来会干什么，但是后来这些念头全都被考试和分数埋起来了，挖都挖不出来！我们的教育从来不鼓励学生的主动性，不鼓励你去认识你自己，不鼓励你去发掘你的长处，不鼓励你去培养你的兴趣，这些都没有。大家都是随大溜，要上大学都上大学，要说计算机专业好，大家全都去报考计算机，没人问你是不是喜欢计算机。我毕业的那一年，是生物热，学校号召大家都去学这个，就是不问学生有没有兴趣。

到了高中二年级，学生要选择自己的方向：文科还是理工科？这是中国孩子在人生道路上面对的第一次选择。文力其实很喜欢文科。两个要好的朋友都是爱好文学的，大家经常在一起讨论小说。她也很喜欢艺术，到美术馆去看各种各样的展览。“实际上要是让我自己选择的话，我可能就奔这条路了，也许我现在就是个评论家之类的，去研究文学。”

但是她选择了理工科，一点也没犹豫，想都没想自己会读文科班。父亲并没有强迫她，但她知道父亲一直希望她走上理工科的道路。他不喜欢文科，看到女儿在看小说，就会说：“都什么时候了，还看闲书？”社会的舆论也不看重这个，不仅不看重，还认为只有那些数理化成绩不够好的学生才去学文科。老师也对她说：“既然你的数理化那么好，当然应当选择理工科。”

“大家都觉得，谁进了文科谁就是弱者。如果一个学生数理化很好却去学文，就让人感觉吃了大亏。”文力说，“所以，说是让我选择，其实是没有什么选择的，自然而然就走上了现在这条路。”

按照通行的标准来衡量，毫无疑问，她是一个好学生，但她不是一个有自主意识的学生。她是在进了微软亚洲研究院以后，才开始考虑自己到底对什么最感兴趣。

“这时候我已经读完了学士，读完了硕士，读完了博士，已经30岁了。”她说。回过头想一想自己的整个学习经历，忽然有了一种“自我的觉悟”。

做一个主动的人

想想今天世界上最成功的那些人，有几个是唯唯诺诺、等人吩咐的人？

——李开复

李开复曾经说，当他面对中国学生那满怀渴望的眼光时，所能想到的第一个忠告就是，“做一个主动的人”。后来，他在写给中国大学生们的一封信中进一步写道：

> 三十年前，一个工程师梦寐以求的目标就是进入科技最领先的IBM。那时IBM对人才的定义是一个有专业知识的、埋头苦干的人……今天，人们对人才的看法已逐步发生了变化。现在，很多公司所渴求的人才是积极主动、充满热情、灵活自信的人。
>
> 作为当代中国的大学生，你应该不再只是被动地等待别人告诉你应该做什么，而是应该主动去了解自己要做什么，并且规划它们，然后全力以赴地去完成。想想今天世界上最成功的那些人，有几个是唯唯诺诺、等人吩咐的人？对待自己的学业和研究项目，你需要以一个母亲对孩子那样的责任心和爱心全力投入不断努力。果真如此，便没有什么目标是不能达到的。

他还讲过一个故事，说明一个人的主动性可以产生一些出人意料的影响力：

> 例如，有一次我收到了一份很特殊的求职申请书。不同于以往大多数

求职者，这位申请人的求职资料中包括了他的自我介绍、他对微软研究院的向往，以及他为什么认为自己是合适的人选，此外还有他已经发表的论文、老师的推荐信和他希望来微软做的课题等。

尽管他毕业的学校不是中国最有名的学校，但他的自我推销奏效了。我从这些文件中看到了他的热情和认真。在我面试他时，他又递交了一份更充分的个人资料。最后，当我问他有没有问题要问我时，他反问我："你对我还有没有任何的保留？"

当时，我的确对他能否进入新的研究领域有疑虑，于是就进一步问了他一些这方面的问题。他举出了两个很有说服力的例子。最后，我们雇用了这名应聘者。他现在做得非常出色。

浪子回头

在那之前我一直都很差，也从来没有在乎过。我心里的变化发生在父母让我自己选择的时候，可以说是鬼使神差。

——吴枫

吴枫个头不高，圆脸，白净，戴一副白色塑料架的深度眼镜，身材有点胖，柔和而无棱角，说话平缓，没有锋芒，完全是一派书生模样。他是微软亚洲研究院年轻一代研究员中的佼佼者——"微软四少"中的第三人。他的研究成果在全世界范围内拥有影响力。在这之前，他读了22年书，从小学到博士，都是在国内的学校里。当人们说到我们国家自己也能培养出来优秀人才的时候，常常会提到他。这样一个人居然说自己是"浪子回头"，不免让人惊讶万分。

这是真的。1984年，吴枫初中毕业考试的成绩单发下来的那一天，无论父母、老师，还是他自己，都不会想到他的未来之路会是今天这个样子。那成绩单上的数学是32分，英语是28分。

他出生在江汉平原，汉水河畔。那地方叫岳口，是个风景如画的小镇，距离最近的县城天门还有 20 多公里。

从小学到初中的那些年，恰逢中国改革的第一次浪潮卷起，年轻人都在怀疑老一辈灌输给他们的价值观念，任何新鲜东西一露头，就会在他们当中卷起一阵风，就像传染病一样，从大城市向外扩散。吴枫居住的这个小镇也不再是世外桃源了，街上流行喇叭裤，还流行邓丽君的细腻婉转的情歌。那年吴枫 9 岁，被这些东西迷住了，和几个朋友纠集在一起，每天放学之后游荡在街上，或者盘踞在河边，穿一条喇叭裤，拎一台收录机，嘴里唱着《路边的野花不要采》，没人想到课本、书包、课堂、老师，也没人想到回家去完成当天的作业。

爸爸长期在外面工作，妈妈对这儿子无可奈何，不说不行，说轻了不理睬，说重了就跑出去不回来了。奶奶望着孙子总是叹气："唉，这孩子原来有多好啊，每天拿一个长凳，再拿一个小凳，坐在门口写作业。现在……唉……现在，这是怎么啦？"

他就这样过了六年。初中毕业那年，爸爸回来了，看着儿子的考试成绩——一门不及格，又一门不及格，倒是没有揍他，只是问他打算怎么办。

"你自己选择吧。"爸爸对儿子说，"你要是不喜欢读书，就去接妈妈的班，到供销社去做个售货员，将来养家糊口，也挺好；你要是还想读书，就把初三再读一年，明年考高中。"

有些人总想与众不同，有些人只想做个平常人。在父亲看来，这都是好事，只要儿子愿意。

可是吴枫直到那时还从没想过这些事。他本来害怕父亲会揍他一顿，现在父亲非但没揍他，还让他自己选择，这叫他在内心里多了一种责任感，第一次让自己像个大人一样地思考问题。

"我要继续读书。"他对父亲说。

"想明白了？"父亲问。

"我突然想学习了。"他回答，"我觉得已经玩够了。我不想在这个小镇上玩一辈子。"

"好吧，"父亲说，"家里虽然钱不多，但只要你选择读书，怎么着也会供着你。"

他开始重新读初三，事实上是在重新学习整个初中的课程。他的心情迫切，等不到开学，暑假里面，他就去找表哥帮助自己补习英语。表哥是个英语老师，看他“浪子回头”，又惊又喜。当场让他读几个单词，他竟全都读不出。表哥倒不泄气，从头教他。暑假结束的时候，他已经学会了音标。

从开学那天起，小镇的街上看不到这孩子了。那些伙伴还来找他，他摇头，“我再也不玩了”。

第二个初三是他一辈子也不会忘记的经历。他在老师和同学眼里，只不过是一个留级学生，但是他不在乎别人怎么看自己。他真的没有给自己留下一点玩的时间。周围的人看着这孩子的变化，惊讶不已，直到多年以后还难以置信，“一个十几岁的孩子，怎么突然之间就完全变了一个人？”

每天晚自习结束的时候已经9点40分，他回到家里，用20分钟吃点东西，10点钟又坐下来，学习到12点，然后睡觉。早上6点起床，45分以后准时开始早自习，然后去上课。中午12点钟回到家。吃完午饭是他一天当中最困倦的时刻，但他不能休息，还要赶去上课。从家里走到学校，路上要十几分钟，他闭上眼睛走几步，再睁开眼睛走几步，感觉这样也能稍微休息一下。他后来这样回忆当时的情形：

> 这都是我自己主动做的，没人逼我。现在我也说不清楚，那时候从哪里来了一股劲，有了一种冲动。其实在那之前我一直都很差，也从来没有在乎过。初中毕业考试的成绩那么糟糕，是意料之中的，也没有给我很大的刺激。我心里的变化发生在父母让我自己选择的时候，可以说是鬼使神差，就选择这条路了。如果他们当时强迫我继续读书，没准儿我会有逆反心理，反而破罐破摔了。

他在这一年里把初中的课程全部重新学了一遍。他从来没有想过自己将要达到一个什么标准，没有想过自己能考一个什么高中，毕竟他的起点太低了，没有人对他抱以太高的期望，连他自己也不会。他学得很累，不过，看到自己的学习成绩在一点点地提高，就很开心，心里并不累，也不觉得苦。

最后的考试到来的时候，他再次让所有人感到意外。他的成绩不仅通过了所有考试，而且还异常出色，全班70个学生中有3人考入全县最好的高中。这个留级学生正是其中之一。

“拿到考试分数之前我特别担心，吃饭不香，还睡不着。”他说，“拿到分数以后，一下就放松了很多，这一年的苦读没有白费。就不再想别的，只等着开学去读高中。”

走进重点中学的第一天，吴枫还在怀疑他是不是在做着一个美丽的梦。他从来没有想到自己这辈子还能上大学，但所有人都告诉他，进了这所高中，就等于一只脚踩到大学的门槛。

到了高中三年级的时候，所有的人都不再怀疑，他的大学梦就要成真。

但是1988年春天，一个医生的一句话，把他从梦中叫醒了。

对于他和他的家庭来说，这真是可怕的一天。他记得很清楚，那一天距离高考还有四个月，是一个下午的自习课。他给同学讲解一道化学题，讲着讲着，就觉得眼睛右下角有个黑点，挡住了他的视线。他摘下眼镜去擦，竟擦不掉，这才发现那黑点是在自己的眼睛上，于是去县医院看医生，大夫只看了一眼，当即说：“这是视网膜脱落。”

全家人都吓了一跳。父亲不相信，带着他到省城的医院去看，结果竟是一样的。省城的医生还补充一句：“必须做手术。”

毫无疑问，如果马上做手术，就会错过高考；如果不做手术，拖延下去就有可能更加难治，而且随时都会引起大面积视网膜脱落。

“那是要失明的。”医生对父亲说。

父亲带着儿子，提心吊胆地回家来，一路沉默，不知如何是好。望着儿子，父亲第一次注意到这孩子又长高了一头。他已经19岁，长大成人了，最重要的是，他的内心已经发生了巨大变化。

对儿子的脱胎换骨，父亲历历在目。学校在县城里，离家很远，他要住到学校里。就像第二个初三一样，学习计划占据了他的全部时间，连周末也不回家。父亲周末到学校去看他，一手提着干净衣服，一手提着一罐汤，那是骨头汤，有时候用海带熬，有时候用藕熬。母亲说：“这种汤有营养。”所以每星期都让父亲送。

刚刚进入高中时，他的成绩排在后10名，等到高一结束时，排在前10名了。他得了学校颁发的进步奖。老师对他说：“你这个成绩，可以考上大学了。”

他以为自己会高兴，但是就像所有的学生一样，欲望是无止境的：考大学还没有把握的时候，希望能考上大学；考大学没有问题的时候，希望能考重点大学；能考重点大学的时候，又希望能考上名牌大学。他们永远都有压力，永远都不会满足。现在，吴枫也是这种心态了。他屈指一算，只要进入班里前6名，就有希望上清华、北大，顿时兴奋不已。

希望越大，压力也就越大。他的压力来自他的内心。他有了两年苦读的经历，相信自己能够坚持。高三这一年，他已经是前3名。那些过去让他敬佩不已的同学，一个个落在他的后面。他觉得面前的难题越来越容易，对自己也越来越自信。“我第一次感觉到，态度是你成功的很重要的因素，有时候比你的聪明才智还要重要一些。”

他相信自己无往不胜。可是现在，从省城医院回到家里，吴枫觉得自己已经绝望。他听到了医生对父亲说的话，知道视网膜脱落意味着什么——也许他今生注定不能上大学了？

父亲一向主张让儿子选择自己的命运，但这一次事情太大了，他要自己替儿子来选择。

“先参加高考，再做手术。”父亲说。

儿子的眼睛里面立刻有了光彩。

父亲又说：“不能再像以前那样用功。只用耳朵听课，不要用眼睛看，不要做任何作业，也不参加任何模拟考试。”

儿子服从了。他回到学校里。高考复习已经到了最后冲刺的阶段，课堂的训练非常严格，每天发一堆卷子，都是模拟考试，说是临战训练。没有一个考生敢掉以轻心，可是吴枫无法参加这些训练。他表面上轻松，但心情沉重，那是他迄今为止的生涯中最难熬的四个月：总是担心眼睛上那个黑点会扩大，还觉得自己对试题的感觉越来越差，可是一点办法也没有。

清华之梦就这样落空了。他的成绩本来可以去读武汉大学，但他眼睛不好，担心人家不收。正在犹豫时，西安电子科技大学的老师愿意接收他，还答应让他去读一个他喜欢的电子系。他就这样去了西安电子科技大学。这也是一所挺好的大学，可他还是觉得经历了“一个很大的挫折”：“毕竟要比清华、北大差远了，甚至还不如武汉大学。”

10年以前他是个满街浪荡的油滑少年，现在是个即将走进大学的青年了。不过，最难过的一关还没开始。考试结束了，他去动手术。他很庆幸右眼的黑点没有扩大，手术也很顺利。不过，医生告诉他卧床一周，全身不能动，不能翻身，不能说话，不能打喷嚏，吃饭不能用嘴嚼，喝水不能动脸皮，否则就有可能让视网膜掉下来，让自己失明。

正是盛夏时节，武汉又属“三大火炉”之一。病房热得让人受不了，这19岁的小伙子咬牙挺着，想着一动就有可能让眼睛坏了，眼睛一坏，就连西安电子科技大学也去不成了，竟真的一动不动，一直坚持了一个星期。等到医生允许他翻身下床的时候，他感觉眼睛好了，可是腿已经不是自己的，不会迈步走路了，不得不用很长时间恢复行走的功能。

在我们进入这个故事的最富有感情色彩的部分之前，先来听听李世鹏的一段话。

没有什么比“态度”更重要的了

很多孩子就这样走过来了。他们也可以得到很高的分数，但并没有真正学到东西。他们说，“考试结束，就把那些东西都还给老师了”。

——李世鹏

李世鹏曾给很多年轻的学生留下印象。不仅仅因为他出生在胶东半岛上那座漂亮、宁静的海滨小城；不仅仅因为他在15岁那年进入当时全国最著名的学校——中国科学技术大学；不仅仅因为他在美国完成博士学业后又回到了中国；不仅仅因为他在数据压缩和数据传输领域所做的贡献，让他在全世界计算机领域里享有盛誉；更因为他的一个信念——“和自己喜欢的人待在一起，做自己喜欢的事情”。这信念看上去普通至极，却让很多成年人为之动容，让无数孩子为之倾心，把它当作座右铭。

这也难怪，在今天，学习正在发生一次变革。这种变革是静悄悄的，但确实是巨大的。两种完全相反的力量同时成为变革的动力：一个是大多数学生的被压迫感和恐惧感，一个是极少数学生的被激发感和兴奋感。

世鹏很幸运，因为他属于后一种学生。在他看来，这两种力量之间的区别不在于你是不是聪明，而在于你用怎样的态度对待聪明。学习是一种态度，它比课本更重要，比课堂更重要，比没完没了的习题和考试更重要，比分数和名次更重要，比重点学校更重要。我们国家的教育体系过于强大，而且坚固异常。我们无法改变教育，但我们可以改变对教育的看法。

“没有什么比‘态度’更重要了。”他坐在希格玛大厦第五层的办公室里，面对一个记者，用这句话来引导自己的回忆，“我有个特点：无论学什么东西都不去死记硬背，我总是琢磨一个道理出来。”

于是，在两个人中间有了如下一番谈话：

问：很多学生从小学到中学，整天都在做题，而你的学习好像不是依靠做很多题？

答：要做一道题，就要把它吃透了，要知道它到底是什么原理。比如物理，有几大原理在那里，所有东西都可以从那几大原理里推出来，所以我也不需要记太多东西。

问：你的意思是没有必要做大量习题？

答：多做题可以增加你的熟练程度。我确实做了很多题，但是我从来不重复做同类型的题目。同一个东西再做第二遍，很没劲。

问：看来，你现在的性格、习惯，还有思维方式，还是能从你的中小学时代找到一些渊源的？

答：有很大的关系。我在那时候得到了一种训练，学会对一个东西刨根问底。

问：但是我们的教育好像只要求你记住结论。考试的标准，就是这个答案对，那个答案错。

答：这就是一个很大的问题，叫你永远也深入不进去。很多孩子就这样走过来了。他们也可以得到很高的分数，但并没有真正学到东西。他们会说，“考试结束，就把脑子里面那些东西都还给老师了”。这是我们教育方面很失败的地方。

问：听上去好像你学习的时候很兴奋。我知道现在很多孩子都讨厌上学，你从来没有过厌学的感觉吗？

答：小学三年级以前，我很贪玩，觉得学习一点也不好玩。那时候如果把我关在屋里学习，我一定会不高兴。好在那时候还没有恢复高考，整个社会也没有现在这么大的压力。到了四年级恢复高考之后，气氛就不一样了。那一年的一次数学竞赛，我是全市第14名，从那以后，我对学习就真的有兴趣了，从来没有对学习反感，也没有一到上课考试就头疼的那种感觉。当然我也讨厌一些课，比如政治课，还有一些我觉得讲不出来道理的课。

问：也许最重要的事情还是让学生喜欢上课。他不喜欢，还特别讨厌，你怎么让他刨根问底？

答：对，这跟人的性格也有关系，比如有些孩子天性好动，天生注意力就不集中，上课听着听着就走神了，这就比较麻烦。

问：你认为注意力不集中是天生的问题？

答：我是这么想的。我是属于那种特别能坐得住的人，这是性格问题。当然，和有没有兴趣关系也是很大的。

问：还有没有习惯问题？

答：当然有。比如有些人习惯于把什么事情都往后拖，不到考试之前不看书，临时抱佛脚，考试完了就忘了。我不知道这算不算习惯问题。

问：听上去你对自己的中学时代很满意，你没有什么不满意的地方吗？

答：有啊。最不满意的地方就是，小孩子本来应该在个性方面多发展一些自己的东西。可是我呢？像我刚才说的，高中两年变成了书呆子，把我很多的兴趣给埋没了，学习把我所有的时间都占去了。现在想来，有点后悔那时候没有给自己留出一点时间干别的事。

问：别人都说你很聪明，但你说你把所有的时间都用来学习了。看来你不是靠聪明，是靠努力？

答：至少高中是这样的。大学就发生一些变化了，大学的课程更灵活一些，光努力还不够，还要有方法。当然不论在小学、中学还是大学，有一个东西是共同的，那就是态度。态度可能对最后的结果产生很大的影响。

有时候凡人的力量也是很强大的

我从来没有想要出人头地，只想做个普通人，但普通人的情感有时候也会产生巨大的力量。

——吴枫

现在让我们继续讲吴枫的故事。

眼睛恢复了健康，也上了大学，还当了班长，看来倒霉的日子已经结束，一切都该顺利了。可是不然，吴枫再次陷入低潮。

事情是从他在大学二年级谈恋爱开始的。她后来成为他的妻子，那时候是他的同学。两个人一见钟情，可是同学之间谈恋爱，本来就是不被允许的，更何况这学校又曾是一所军事院校，纪律严明。老师把他一顿痛斥，说他是班长，又是学生会的干部，还是体育部部长，居然做这样的事，要他改邪归正，给同学做一个榜样。

吴枫感受到巨大的压力，不再继续当班长，也不当学生会的干部了，但他就是不肯和女友分手。两个人同时迷上了计算机，一边共同学习，一边安排共同生活的计划。

看上去已经风平浪静，不料到了毕业的时候，他又遇到问题。女友是从大庆来的代培学生，按规定必须回大庆去工作，而他的父母不愿意让儿子到那个寒冷荒凉的北方城市去过一辈子。

这是他平生面临的第三次选择：他也不喜欢大庆，但又不能容忍女友离他而去。他陷在一种深深的矛盾中，想读研究生，又没心思复习功课，然后经历了一次失败的考试。

1992 年夏天毕业的日子，在他记忆中是一次生离死别。女友回大庆了，而他被分配到湖北沙市的南湖机电总厂。这是一家国有企业，生产雷达车。不知道是人才太多，还是没有合适的位置，这个电子系的大学毕业生拿到一个电钻和一箱子螺丝钉，师傅告诉他，把螺丝钉拧到雷达车上就行了，还劝他“安心做个螺丝钉，拧到哪里就在哪里扎根一辈子”。

吴枫就这样拧着大大小小的螺丝钉，从早到晚不停，一拧就是好几个月。晚上回到宿舍，就给女友写信，每天都写，一口气写了几百封。国庆节到了，加倍思念，有一瞬间，他是那么渴望听到女友的声音，就跑出去打电话。他在公用电话机旁坐了一天，要么拨不通，要么拨通了又听不到声音。这时候他的心情坏极了，想起小时候处处不如人，那是自己不争气，可这些年他那么努力，为何还是样样不顺？苦读四年却碰上眼睛生病，学了四年计算机却在这里拧螺丝。现在心爱的人远在天边，无缘见面，连电话里的声音也听不到，不禁悲从中来，凄然泪下。

人的一生总会有低潮有高潮，大多数人都会被这些暂时的起伏左右自己的情绪，只有那些品格健全的人，才知道怎么从这起伏之中摆脱出来，去做自己应该做的事情。看来吴枫是知道的。他一直没有放松自己的学习，就像他的第二个初三一样，不给自己一点娱乐的时间。别人都在打麻将，他继续完成他的功课。早上学英语，晚上学数学，还把工资中除了吃饭的部分全都积攒起来，盘算着什么时候能去大庆看望心爱的人。

春节到了，他计算自己的积蓄，买了一张火车票，还剩300多块，又去买了一只戒指，再从单位开出一张介绍信，就奔大庆去了。在那个冰天雪地的城市里，他把戒指送给她，向她求婚。她答应了他，然后两人同行，去办理结婚登记。

假期一晃就过完了。吴枫回到沙市，回到自己的岗位上，心中已经打定主意。他要再次参加考试，去读研究生。这一次，他的目标是哈尔滨工业大学。那是一所非常好的大学，但吴枫喜欢它，不是因为它的名气和水平，而是因为它最靠近他心爱的妻子。你可以想象，在这样一种动力的驱使下，他不可能不成功。

他在哈尔滨工业大学读研究生，每到周末就坐火车去大庆看妻子。两年半后，就要毕业了。忽然有一天，他对导师说，他要报考本校的博士生。导师问他为什么，他的回答既老实又平凡，却把导师感动了：“这里离大庆近，坐火车几个小时就可以看到妻子。”

妻子怀孕了，入学考试前的第三天，孩子出生。他在医院伺候，看看妻子，再看看孩子，没有一点心思去复习功课，却“有一股很强烈的愿望，一定要考上博士”。

他就这样考上了博士，在哈尔滨又过了三年。他获得了博士学位，已经拥有足够的学历和能力，带着一家人走遍天下。他选择了北京，把家也安在这座城市里。20年前穿着喇叭裤、哼着《路边的野花不要采》的那个少年，现在已经是微软亚洲研究院的研究员了。

他很忙，闲下来的时候常常想起这些往事。他现在想说的是：“我从来没有想要出人头地，只想做个普通人，但是普通人的情感有时候也会产生巨大的力量。”

姐姐和妹妹

人们往往过高地估计优生的力量，却过低地估计环境的影响，所以形形色色的优生理论和营养套餐充斥在市场上。但是，即使在一个家庭中长大的兄弟姐妹，也会有巨大的差别。

——初敏的母亲

大约30年前，西安城中一套小小的公寓里诞生了一个女孩。她是家中长女，本来应当像大多数城里人家的女儿那样娇宠、那样宝贝，但是很不幸，她没有娇生惯养的机会。

父亲总是在外地工作，长年累月不回家，等到回到女儿身边的时候，浑身都是病，高血压还加上半身不遂，卧床不起，不仅不能照顾女儿，还要女儿来照顾。母亲是个教师，既要照顾自己的学生，又要照顾家人，实在忙不过来的时候，就把家务事丢给女儿。所以，这女孩子从5岁开始学习洗碗，从9岁开始学习做饭，再大一点就开始洗全家的衣服。别的孩子都在外面玩，她却只能在家里忙这忙那，即便到了考试最紧张的时候，依然在做这些家务。她没有一点怨言，她爱爸爸妈妈，而且她觉得自己有义务照顾这个家。很久以后她才知道，这叫责任感。

母亲是教数学的，又是个严厉的家长，对这个女儿自有一套严格的训练方法，所以女儿从小就表现出很强的数学能力，无论竞赛还是考试，总是名列前茅。母亲于是夸奖女儿聪明，这让女儿心里产生了极大的自信。一个孩子一旦拥有了自信的力量，其影响就会超越一门课程而扩展到所有课程，这女孩子正是如此。

在她出生后的第三年，妹妹出生了。从那时起，母亲的心思全都转移到妹妹身上，妹妹受到更多的呵护。一旦妈妈不在家里，姐姐很自然地承担起照顾妹妹的责任。

妹妹像姐姐一样聪明，不同的是，她是全家人的宝贝，人人宠爱，不让她受一点委屈，也不让她承担家里的任何责任。妈妈当然也希望妹妹能像姐姐一样学习优异，但是很奇怪，当年用在大女儿身上的那套教育办法，如今在小女儿身上不灵了。姐姐非常听话，而妹妹却很任性，不服管教，学习成绩总是不如姐姐。于是大家都说姐姐如何懂事如何聪明，又会干家务又会考试。这样的话妹妹听得多了，渐渐在心里有了自卑，觉得自己处处不如姐姐，索性把自己关在屋子里面，偷偷看小说。

后来姐姐考上大学，离开了家。不到一年，爸爸撒手人世。家里变故接二连三，妹妹没有了依靠，好像是在一夜之间长大了，什么都会做，也不再任性。妈妈看到这一切，惊喜万分，开始用新的眼光打量小女儿。当初用来表扬姐姐的那些话，现在用在妹妹身上正合适。妹妹听到赞扬，心里乌云散去，成了一个阳光女孩。看来心理暗示会影响一个人的情绪，人们总是朝着被赞扬的那个方向走。自从姐姐离家后，妹妹的学习成绩也好了起来。

从那时到现在，差不多过去 10 年了。姐姐从西北工业大学毕业，又在哈尔滨工业大学完成了硕士和博士学业，现在则是微软亚洲研究院的研究员，名字叫初敏。

妹妹读的大学比姐姐的大学还要好——西安交通大学，毕业之后去了新加坡，在那里一边工作一边继续学习新的课程，最终通过了注册会计师的考试。

母亲已经退休了，回想自己任劳任怨的一辈子，最得意的就是两个女儿。她开始相信：“人们往往过高地估计优生的力量，却过低地估计环境的影响，所以形形色色的优生理论和营养套餐充斥在市场上。但是，即使在一个家庭中长大的兄弟姐妹，也会有巨大的差别。”

把整个人生当作一次长跑

你遇到了高手，被人家甩得很远，不能着急，不能乱了自己的方寸，该怎么跑还是怎么跑。记住，不要在乎中途的快慢，最后胜出的人才是真正的胜者。

——高剑峰的父亲

四年前高剑峰进入微软亚洲研究院的语音识别小组，立刻感受到一种强烈的竞争气氛，还觉得周围所有人都比自己强。那两个和他一同进来的副研究员，邸硕和陈正，看上去都是人精，而且都是出自清华大学，实在非同寻常，总是比他更快地想出主意，总是比他高出一筹。有时候遇到一个问题，他还没有弄明白是怎么回事，人家已经解决了。

“你是混进来的吧。”李开复看着他笑道。

这是个玩笑，但高剑峰还是心里一激灵。他急得不行，再次想起小时候“笨鸟先飞”的办法，决定增加工作时间，一天做12个小时。可是当他晚上走进办公室的时候，里面的情景让他大吃一惊：那两个清华大学的人精都在加班呢。他熬了半夜，熬不下去了，人家还在那里苦干。再过几天就要给比尔·盖茨汇报语音识别的研究成果，可是他的工作还没有完成，连续6天工作到清晨4点才回家，仍然赶不上。

“完了，完了。”高剑峰心想。

李开复说他是“混进来的”，不是完全没道理。别看他出自上海交大计算机系，其实他对计算机是外行，只因他的导师从机械系转到了计算机系，他跟着过来，才挂上一个计算机系的名声。他的博士学位是机械设计，学的是工业造型，和眼前这语音识别是风马牛不相及。那一天李开复来到交大，问他在做什么，他兴致勃勃地说了一番，不料李开复说：“这东西在美国已经做了好多年，你能比他们做得好吗？”他说不能。李开复于是说：“那你为什么还要做？要做就做最好的，到微软来做语音识别吧。”他脑袋一热，就到北京来应聘。

直到这时候，高剑峰对语音识别还一无所知。面试的时候，他拼命说自己学的专业不对口，可是李开复根本不在乎：“没关系，我可以教你，等你知道了，我再考你。”

于是一个教，一个学。20 分钟以后，李开复问：“懂了吗？”高剑峰不敢说不懂，勉强点点头。于是一个出题，一个做题，考完了，高剑峰还是满脑子糨糊。

现在，他又一次想到当日情形，觉得自己也许真的是“混进来的”，不免心烦意乱，不知道该怎么办才好。

这时候他想起小时候长跑的情形：

> 在赛场上，我一看对手们跑步的姿势，就知道谁是虚张声势，谁是真的很厉害。我常常碰到真正的对手，这时候我不把他当对手，而是把他当成领跑，跟着他。他看我跟着，可能会猛跑几下，想把我甩开，我该怎么跑还是怎么跑，过一会儿又跟上去了。这时候他也会明白遇到真正的对手了。我就这么跟着他，不紧不慢，到最后100米，一个冲刺超过他，那种感觉绝对爽。这都是小时候我爸教我的。我从小就一直跟在他的后面跑，第一次在最后100米超过他的时候，他很高兴，对我说：“你遇到了高手，被人家甩得很远，不能着急，不能乱了自己的方寸，该怎么跑还是怎么跑。记住，不要在乎中途的快慢，最后胜出的人才是真正的胜者。”

是啊，“不要在乎中途的快慢，最后胜出的人才是真正的胜者”。这是他在无数次长跑比赛中体验过的道理，现在怎么就忘记了呢？“如果人生就是一次长跑，那么我距离终点还远着呢！”

如今这研究院里高手如林，都很厉害，都是那种姿势很漂亮的长跑者，有李开复，有张亚勤，有张宏江和沈向洋，还有邸硕和陈正。他决心盯住他们，跟着跑。

他去找邸硕请教。邸硕真不错，教给他很多东西，还把自己的程序给他看。他本来聪明，经此点拨，立即弄懂了，不禁大乐：“早知如此，前几天我熬什么夜啊。”

他就这么跟了几年，先学着跑，再自己跑，渐渐地不再感觉累。到了第四年，他已经是项目带头人，带领着一个小组，换句话说，他也是一个“领跑”了。

闲下来的时候，他还是喜欢回过头去看自己的学生时代：

> 那些数理化的知识，现在反而看不到什么印记了。相形之下，长跑对我的影响更长久，而且越到后来越是清晰地感觉到。有些东西很辉煌，其实只是暂时的，比如考试拿了个第一名，特别高兴，但是慢慢也就没什么影响了。有些东西当时不觉得怎么样，长大以后才体会到，那才是最重要的。

“跑步的感觉真的很好。”他这样说。他现在总觉得，学校里面急功近利，学生们也很浮躁，缺少长跑者的精神，所以常常对那些来微软实习的学生说：“不用着急，不要争一时之胜。只要你自己的实力上去了，步伐自然就快了。”

出国好还是不出国好

在微软亚洲研究院的160个研究员、副研究员和工程师中，大约40人具有在国外学习的经历，是我们所谓的海归派。他们是院长和首席科学家、副院长、高级研究员、主任研究员、经理、研究小组的组长、项目带头人。从实际的情形看，拥有出国留学经历的人们的确在这里发挥着主导的作用，研究院的上千项成果中，几乎百分之百和他们有关。另一方面，我们在那些没有出国留学经历的人当中，也发现了一批佼佼者，比如王坚和周明，再比如“微软四少”——前面已经介绍过的童欣、高剑峰、吴枫，以及后面将要介绍的张黔。

这是否为我们提供了“应当出国”或者“不应当出国”的证据？

事实上，这问题很难一概而论。那些拥有出国留学经历的人全都承认，如果他们不回国，留在国外，即使在非常顺利的情况下，也很难做出如此巨大的成绩。他们取得的成就连他们自己也难以想象，这是因为中国有一批非常优秀的学生和他们一起工作。而每一个没有出国留学经历的人都认为，他们正是因为和那些从国外回来的人结合在一起，才放射出了耀眼的光芒。

这两方面的感慨都有充分的根据，那么，一个中国的学生，到底是出国好还是不出国好？让我们来听听大家是怎么说的：

我为什么没有出国——

高剑峰的理由：

我从小学读到博士，始终没有出过国，当时根本也没有想过要出去。其实上海交大的出国风挺盛的，大家都去考托福、考GRE什么的。很多研究生连课都不上，就是读外语。我当时觉得这样读书很无聊，后来又发现他们的水平比自己差很多了，因为他们不好好读嘛，而且纯粹为了通过考试去读外语也没意思。

我看上海交大的博士学位授予有问题。好些博士论文，很多数据是编出来的，一篇论文，东抄一点西抄一点，就出来了，用不了两个月时间，就能通过。中国的大学里普遍存在这种问题。我做博士论文先把系统做出来，然后在这个基础上写论文。我不是喜欢投机取巧的那种人，毕竟都是自己的事情，自己该怎么做就怎么做。别人爱出国就去读外语，我还是做我自己的论文。

谢幸的理由：

我们班60个同学，有40个出国了。我从来没有出国留学，我是到微软研究院以后才第一次出国的。很多人都问我为什么没有出国。我说，当时我也没觉得出国的人有特别的优势，我能留在中国科大读硕士博士，也不错。我当时还只是学习了一些基础课，并没有在某个领域做出什么成绩。如果出国，我也没有什么明确的目标，没有什么方向。为了出国而出国，我觉得有点奇怪。还有一个原因是我这人比较懒，比较循规蹈矩，没有什么特别强的动力驱使我出国。我现在也不后悔当时没有出国。

我为什么去美国读书——

朱文武的理由：

我是1991年1月17日出国的。当时我是中科院的博士生，我一到那里就开始考虑出国。我的导师也是在国外留学回来的，很支持我的想法，这也加快了我出国的步伐。读博士读到第二年，我就去了美国。导师为我申请了全额奖学金。我那时的想法很简单，就是想去外面看一看。当然还有一个大环境的影响，看看周围，有点本事的人都走了，我就有点坐不住。另外还有一个理由，就是我在读博士的那一年，读了很多论文，结果发现国外的论文水平要高很多。在那些高水平的国际杂志或者国际会议上，几乎没有中国人的文章，要么几年才出来一篇。我就担心，要是在国内做下去，这种情况也会发生在我身上。我觉得我当初的想法是对的。现在我每年在一流的国际会议和国际刊物上发表几十篇论文，当初我要是不出国，怎么也做不出这个水平。

李世鹏的理由：

我是1992年去的美国，是过去探亲的。在美国我考了托福和GRE，然后就留下来读博士。其实从我个人的角度来说，出不出国无所谓。托福什么的，我都懒得考，觉得把那么多时间花在准备考试上，还不如去做些更有意思的事。我出国的理由没有那么复杂，只是因为我太太出去了，所以我也就出去了。

中国学生和美国学生的区别

中国的教育体制需要有一种机制，来培养最优秀的人，不要扼杀了他们的潜力。

——李开复

“中国的学生和美国的学生有很大差别。”李开复说。他 11 岁就到了美国，已经不仅是一个美籍华人，本身也美国化了，又在中国主持微软研究院两年，与几万中国学生接触，所以自认为对美国学生和中国学生都了解。“我不认为中国人比美国人强，也不认为美国人比中国人强。”他说，“这些思维方式是教育体系的问题。”

李开复曾列出一个表，说明中美人才的特点，还曾说了一段话来详细解释：

中国和美国的人才有三点非常相近：敢冒风险，雄心壮志，善于学习。日本人就不是这样，日本人相对较为保守，这是他们的民族文化的特性，目前日本在网络经济领域不是太成功，和风险意识有很大的关系。

但是下面几个就不一样了。美国人有创新的精神，有难以抑制的创新意识，总是要做一些与众不同的事情。中国人在这方面就弱一些，比较实事求是，求稳。

美国人才很有热情，很主动，如果你给他一个爱做的工作，他会很来劲地一天做18个小时，拼了命做出来，如果对一个东西没有兴趣，他们的态度是，“我很自豪，我碰都不碰”。中国人才比较有毅力，不管多艰难的问题，总能慢慢做出来。美国人没有这种毅力，他们更欣赏英雄主义。

美国人才独立从事研究的能力很强，中国人才就显得不足。因为美国人的教育方法就是要使学生成为一个独立的人，积极思考问题。

美国人直截了当地沟通。我前一阵在英国，和英国一个院长谈的时候，他举了一个例子。英国人不可以说“不”，即便不同意的事情，也要说“让我慢慢考虑吧”，而美国人会说“对不起，这个我没兴趣”。中国人有点像英国人。有一次，一个教授给我们一个项目，希望得到研究院的支持。我和一个国内的研究员谈了这个问题，我认为这个项目不应该支持。当我要把这个决定告诉教授的时候，这个同事提醒我说：这样不好。他说：“我们不要回答他，如果他问起，就说我们正在考虑，过一阵他就知道我们不支持他了。”

中国学生和美国学生的区别

中国学生	美国学生
求稳务实	有创新精神
有毅力	有热情
讲纪律、服从	有主动性
扎实的理论基础	擅长独立工作，想得深远
含蓄，心里有想法不直说	直截了当地沟通、争论
谦虚	自信
不同意也不说“不”	不同意就说“不”

第七章
情商时代

黄学东是微软研究院的高级研究员，也是美国电气电子工程师学会院士。他出生在湖南岳麓山脚下，1982 年从湖南大学毕业，然后到英国爱丁堡大学，在那里留下两个纪录：只用一年半就完成博士学业，博士论文获得最佳论文奖。这些事实都能证明此人聪明绝顶，但是他在回忆过去的时候，坚决认为："智商达到 120 以上的人，都是一样的，差别主要在情商。"

话题已经进入 E 学生的最核心的特征，也即我们说的"第二种智慧"。从教育的角度来说，我们倾向于把今天的时代称为"情商时代"。这是因为，有证据表明，情商在绝大多数情况下的确比智商更重要。我们还发现，把 E 学生和其他各个层次上的学生区别开的种种因素，几乎都是属于情商，而非智商。

这正是 E 学生的第七个秘密。

情商的重要性是智商的两倍

在任何工作领域，情商的重要性都是智商的两倍。在更高职位上的人，例如管理层，情商的重要性比智商高九倍。

——李开复

2000年李开复回到美国之后，有个美国记者问他："这一生最自豪的是什么事？"

李开复说："在中国工作两年的经验最自豪。"

记者问："这两年，你做了什么产品最自豪？"

李开复回答："倒不是做了什么产品，而是对中国的学生有一些正面的影响，这是自己可以感觉到的有影响力的事情。"

后来他回到中国，对100多位中国大学的教授发表演讲，提到这一段对话，又说他"今天特别兴奋"，因为他"有这个机会，经过100位院长，可以影响到百万千万中国学子"。

大学教授们都看着他，想知道他要在什么事情上影响中国学子，就听他继续说：

> 美国有一篇很有名的文章，用数学方法分析那些最成功的人，结果发现在任何工作领域，情商的重要性都是智商的两倍。在更高职位上的人，例如管理层，情商的重要性比智商高九倍。光凭这句话，我们就知道情商是很重要的。比如A和B两个人在一起工作，智商一样，情商高的人一定会优秀很多。

一年以后，李开复和一个记者再次谈到同一个话题：

情商是什么呢？就是有自信，有自知之明，有自律，和人的关系可以处得很好。做事情有热情，很投入，就像对待自己的孩子一样。对人有同情心，会倾听别人讲话，这些方面叫情商，跟一个人的聪明才智、技术知识没有直接关系。美国的研究证明，情商比智商更重要。我们虽然不能在大学开一堂课教情商，但是可以有很多方式去发展学生的情商。比如我爱唱歌就唱歌，爱打球就打球，可能因此结交了很多朋友，人缘很好，这也是长处，而不是说我一定要读清华大学电子系。正确的方向无论如何都应当是人的自由发展。不能明明是方的，非要塑造成圆的，把一个人的性格压抑了，创意没有了，进了好大学也叫得不偿失。

黄学东是微软研究院的高级研究员，也是美国电气电子工程师学会院士。他出生在湖南岳麓山脚下，1982 年从湖南大学毕业，然后到英国爱丁堡大学，在那里留下两个纪录：只用一年半就完成博士学业，博士论文获得最佳论文奖。这些事实都能证明此人聪明绝顶，但是他在回忆过去的时候，坚决认为："智商达到 120 以上的人，都是一样的，差别主要在情商。"你如果继续追问，他会提到岳麓书院的那副对联"惟楚有材，于斯为盛"；提到他在湖南大学读书时每天从宿舍走到教室，都是从这副对联下经过；提到湖南大学给予他的影响，"那就是不信邪、坚韧不拔。有了这种精神，做什么都能成功"；然后又说到自己现在的研究："我已经在计算机语音识别这个领域做了 20 年。我们不断地取得进展。语音识别的错误率，每过 7 年就降低 50%，2002 年已经降到了 8%。我打算再做 20 年。坚韧就是成功。我相信，到那时候语音识别技术一定会有突破。"

这话题已经进入 E 学生的最核心的特征，也即我们说的第二种智慧。从教育的角度来说，我们倾向于把今天的时代称为"情商时代"。这是因为，有证据表明，情商在绝大多数情况下的确比智商更重要。我们还发现，把 E 学生和其他各个层次上的学生区别开的种种因素，几乎都属于情商，而非智商。

这正是 E 学生的第七个秘密。

从D学生到E学生

一个好习惯比那种特别强烈的“期望值”更重要，比“名次”也重要。

——张黔

“我好几个月没有回来，有没有新的啊？”张黔一边说，一边在那些石头块里面寻找。这是微软公司颁发给员工的专利碑，一个小小的正方体，用墨色大理石制成，通体晶莹，闪闪发光，每一个都代表着一项国际专利，还雕刻着“微软”的字样。

我们已经介绍了“微软四少”中的三位——童欣、高剑峰和吴枫，而张黔是我们要叙述的第四位，也是最杰出的。这位研究员三个月前开始休产假，然后有了一个儿子。今天，她回到自己的办公室，把停止了的研究恢复。就像那些男性研究员一样，她也把自己的研究成果当作儿子看待，现在，她面前的“儿子”——专利碑，有12个。

很快，她找到了期待着的那块碑，“啊，这个是新的。这个也没有看到过。哈，来了三个，来了三个。”她开心地笑起来。

假如真像“微软小子”们说的，“我”的研究项目就是“我儿子”，那么张黔的“儿子”可就不止12个了。事实上，过去4年里，她在国际会议和国际学术刊物上发表了80多篇论文，其中至少有20篇具有世界一流水平。

“这个人十分优秀。”张亚勤说到她的时候，满脸放光，“那种世界一流的文章，很多人一辈子都不一定能发表一篇，她才毕业5年，就发表了至少20篇。这种水平在计算机领域绝对是出类拔萃。”

“她真是了不起。”朱文武有一次这样评论张黔，还嫌不够，又补充道，“她是最棒的。”

这个女孩子有一副非常朴素的外表和一对非常敏锐的眼睛，喜欢沉默，也喜欢开怀大笑，对深刻的思想和轻灵的幽默都有极快的反应。你看着她的时候，不免想道：如果不是拥有非常的想象力，怎么可能在4年里面冒出80个想法？如果不是拥有非常老实的工作习惯，怎么可能在4年里把80个想法一一实现？

“想象力和老实巴交，好像很少能统一在一个人身上。”有人问她，“能不能告诉我，你是怎么做到的？”

她听了就咯咯笑，然后忽然沉默，沉默之后谈到自己迄今为止的经历。她说，她始终觉得自己是在学习。在中国的学校里学习了21年，来到微软亚洲研究院做的事情偏偏不是自己原来学习的东西，于是接着学了4年。她回忆过去这些年，得到一个结论：学习是一种习惯。

我们发现，从上小学直到上大学，张黔始终少有我们期待着的E学生的种种素质。她是那种典型的第四级学生，也即D学生。

是什么力量、在什么时候让她成了E学生呢？

我是那种让父母包办一切的女孩子，小时候什么都是现成的，不用我想，妈妈到现在还说我有骄娇二气。那时候爸爸妈妈不愿意我做社会活动，就是让我当学习委员。小学考中学，我是学校第一，然后上了省重点。其实我并不是那种特别认真的学生，在初中也就是班里的第十名。高中也是第十名，老师开家长会，总是对我爸爸妈妈说：“这孩子还有潜力。”他们不知道我的潜力在哪里，我自己也不知道。

我的成绩考清华大学大概够不上，所以就上了武汉大学，这是一所综合一点的学校，气氛活跃，所以我喜欢这学校。虽然我是个乖孩子，但性格里还是有那种野一点的东西。

我不是那种“电脑神童”，不是伴随奥林匹克竞赛成长的那种孩子。我家里没有计算机，我考大学的时候，是爸爸给我挑了计算机系。大学一年级的时候，我的功课一般，玩心很重。我是排球队的主力，二传、主攻都打过。还喜欢田径，400米栏在全省大学生运动会上得过第六名。母亲的体育很好，所以我的运动细胞可能是天生的。但是我不愿意吃苦，训练的时候，我能逃就逃，所以体育老师也不太喜欢我。有些人好像一定要拿个第一名才舒服，我自己就没有这么一个强烈的愿望。

可是很奇怪，从二年级开始，我对计算机忽然有了兴趣，成绩也好起来。到了大学四年级，我又成了好学生，结果就保送我在本校继续读研究生。我也没有像别人那样，酝酿着要不要读博士，只不过是因为当时做了一个很长期的项目，硕士做不完，就转成博士。我就是这样，一直按部就班，很自然地过来了，成绩算不上最好，是中上游。

我们的教育体系中建立起来的好学生的标准，之所以变得简单而且有误导作用，有个原因是“名次”的概念。

其实，好学生有两类：

1. 心里被学习塞满了，总是名列前茅，却没有一点空间想别的。

2. 不是很用功，也不是第一名，更多的时候是中上游，但心里有一些空间，可以想别的东西。

张黔说：“我可能更像第二种学生。我比较乐意在中上游。”

这两类学生的思维特征是不一样的，一种是集中，一种是发散；一种是深度，一种是广度。这是两种看上去完全不同的能力，有没有一个人能集两者于一身呢？

“如果有，那可真是超人了。”张黔一边说一边笑，忽然又严肃起来，“我能做到把百分之百的精力都投入学习中去，但是一个科目里面有很多很多点，我不能在所有的点上都投入百分之百的精力。”

张黔小时候虽然贪玩，可是一旦学习，精力就很集中。开始是在父母的强迫下做到的。她不做完作业爸爸妈妈就不允许她看电视，为了早一点看电视，她只好集中精力把作业做完。慢慢地就不是强迫了，变成了一种习惯。是的，学习在很大程度上是一种习惯，需要培养。比如有些家长可能会对孩子说：“你必须给我做三小时的作业，不能干别的。”这样，孩子就会拖，看起来三个小时坐在那里，其实谁也不知道他在干什么。这种习惯的害处比我们能够想象的还要大。

爸爸妈妈对女儿的期望值一直都不高，至少他们没有让她感觉到。他们不是说你一定要有怎样的成绩，“今天第十，明天就要第一”之类的要求，他们从来没有过，也没有要她一定要读研究生或者博士生，她说要读研究生，他们就说“那你去读吧”。她说要到北京去工作，他们就说“那你就去吧”。就是这样。没有人强迫她，她喜欢到哪里就到哪里，喜欢学到什么程度就是什么程度。“他们只是非常严格地培养我的学习习惯，而且是在潜移默化中影响我。我的好习惯都是在我懂事之前养成的，懂事之后，一切都很自然，就没有和父母发生冲突。”她这样说。

> 现在回想起来，我相信，一个好习惯比那种特别强烈的“期望值”更重要，比“名次”也重要。在我身上，好习惯的作用非常明显。所以我虽然小时候没有得过很高的名次，但是大学二年级的时候一开窍，很容易就上去了。
>
> 好的习惯能让你更聪明，或者是帮助你更好地使用聪明。我觉得90%的人开始都是一样聪明的，只是不会使用。一旦你学会使用了，在别人看起来就是你更聪明了。比如工作很多年以后，你和大学同学聚会在一起，会发现毕业的时候大家都差不多，后来差别越来越大。不能说有些人更聪明了，只能说他们更好地使用了聪明。

张黔的确是更好地使用了聪明，不然她就不可能变得如此杰出。从她的这些经历中，我们发现，她在形式上虽然处处属于D学生，但在她的内心世界里有着E学生最重要的因素。转折点并不清晰，大致发生在大学二年级到博士生的一段时间里，她能感觉到自己“越来越刻苦了”。她说她也不知道是什么原因促成了自己的转变，其实你从她的叙述中还是可以很清晰地感觉到那种动力：

> 写博士论文的时候，我看了很多论文，结果发现国内的博士和国外的博士差距很大。国外的很多人，一辈子做得最好的工作就是他的博士论文，这是他的最辉煌的顶点，后来的工作都是从这里延伸出去的，有很多人后来当了教授，一辈子快过去了，还是从他最初的博士论文向外扩展的。但是国内的学生就没有这种感觉，因为我们的学校里没有世界前沿，没有独创，我们只是在做改进的工作，看到人家的研究还有一些不足，就去改进一些。至于那种攀登世界最高峰的感觉，那种在这个领域里留下一笔的感觉，一点都没有。

说着说着，她的率真活泼的劲头没有了，变得深沉。她提到李开复每天用16个小时来写博士论文，既佩服又羡慕，因为中国的博士几乎没有可能拥有李开复那样的环境。中国的学生不可能愿意做什么就做什么，中国的导师不可能给学生足够的钱。从制度上说，导师没有钱就不能带博士生，没有项目也就没有钱，所以学生要花很多时间去为导师做杂事。张黔当年读博士的时候就是这样，真正用在博士论文上的时间，连一半都不到。导师忙着找项目，没有时间给她具体的指导，所以她的博士论文从选题到最后完成都要自力更生。这是她第一次自主地做出选择，独立完成一件事情。她做得很认真，而且觉得自己"在研究能力上有了很大锻炼"。尽管论文的题目和她后来在微软从事的研究领域全不相干，让她不得不从头再来，但是她经此一役而练就的一种能力，让她在后来的日子里受益无穷。

她完成了自己的博士论文，还在不知不觉中完成了一次重要的转变。她本来就具有D学生的全部特征——自信、主动、积极，把必须做的事情做到最好，持续性地保持一流的成绩；现在又有了E学生的全部特征——坚定、自由、扎实、快乐，富有激情和想象力，不以分数来衡量成败，不一定是第一名，但一定有一个执着追求的目标。

你可以想象，这样一个人，你不让她成功都很难。

但是张黔本人在回忆这一切的时候，明显地表现出对早期学生生活的留恋："我觉得最重要的阶段还是从中学到大学，它培养了我最基本的习惯和素质。硕士和博士阶段对我的影响，还是没有高中和大学那么大。你要是问我如果在西方读博士会不会更好，我没有经历过，不能肯定，但我的确觉得研究生和博士生这几年有点浪费。"

信念在前边引导着他

妈妈终于松开我的手，轻轻一推，说一声："去吧，走出小岛。不管发生了什么，一定要走出去。"

——张波

2000年4月4日，全中国有100多列火车开进北京，但是只有一列火车是微软亚洲研究院里的科学家们关心的。他们已经决定要把本年度"微软学者"奖学金授给一个学生，正在期待他的到来，而他就在那列火车上。他是中国科大一个还没有毕业的博士生，名叫张波，个头不高，浓眉，椭圆形的脸盘上满是稚气。

就在张波向微软走近的时候，有关微软的坏消息接踵而至。这一年春天的确是微软公司成立25年以来最坏的一个春天：消费者怨声不绝，竞争者虎视眈眈，美国司法部联合19个州的政府发起诉讼，公司股票大跌。火车开进北京城的那一刻，张波听到了最新消息：微软股票一天暴跌15%。他透过车窗向外看去，只见狂风漫卷沙尘，周天都是黄色，使太阳变成惨白的颜色。他不禁惊叫："北京真是可怕，没有一点阳春三月的江南气象。"

张波出生在浙江舟山群岛中一个小岛上。离开那个小岛的时候，他只有12岁。那一天，他到县城里去读初中，拉着妈妈的手登上一艘船，航行两个小时，上了岸，徒步行走半小时，又爬了半座山，才看到他的新世界。

学校坐落在山腰上，20多个人住在一个大房间里，都是像他一样大的孩子，从四面八方的小岛上来的，叽叽喳喳，很热闹，但是很快就静下来，开始想家。傍晚时分，孩子们跑到码头上，眺望着大海远处，在心里想象着家的方向，可是不能回去，因为家太远，又都是贫苦的渔家子弟，没有那么多钱买船票。

从这一天开始，直到今天，14年来，张波兢兢业业，从中学生读到博士生，由小岛走到大岛，从渔村走到城镇，从小城市走到大城市。当他终于走进北京城的时候，14 年前和妈妈分手的情形还历历在目。那一天，妈妈为他铺好床单，告诉他，以后自己整理被褥，自己洗衣服，自己安排自己的生活，然后抓出一把饭票塞在他的口袋里，终于松开他的手，轻轻一推，说一声："去吧，走出小岛。不管发生了什么，一定要走出去。"

我们在研究了"微软小子"们的全部经历之后，发现大多数人都有一个地方特别相似：他们中极少有人生长在大都市，其中很多人出生在小城市，另外一些人则出生在穷乡僻壤，他们的起点在小地方，然后一步步走到大都市里面来。他们的脚步一次又一次地向我们证明，成长是一个由低到高、由小到大的过程。

现在我们来看几个经典的"学习路线图"：

张亚勤：运城—太原—合肥—美国—北京
张宏江：武汉—叶县—郑州—石家庄—丹麦—新加坡—美国—北京
沈向洋：村庄—公社—溧水县—南京—香港—美国—北京
郭百宁：遂宁县—北京—美国—北京
吴　枫：岳口镇—天门县（现为天门市）—西安—哈尔滨—北京
沈国斌：公社—扬州—哈尔滨—南京—香港—北京
刘新国：九江县—九江—杭州—香港—北京
李世鹏：威海—合肥—美国—北京
朱文武：齐齐哈尔—长沙—北京—美国—北京
童　欣：张家口—杭州—北京
张　波：鱼山岛—舟山—合肥—北京

"微软小子"中生长在大都市的人不超过 20%，这看上去有些奇怪，其实有着很深刻的道理。城里孩子聪明有余而坚毅不足，他们的生活过于安逸，因而性格中缺少一种顽强的、百折不挠的信念。信念是你对自己的今天和明天的一种看法，是你对待周围世界的一种方式，它将决定你选择什么学习方式和生活方式。就像王益进说的："那些真正想要改变自己命运的人，内心深处一定会有一种强大的动力。"

我们回头来看张波的"路线图"。

这张路线图的起点，是东海万顷碧波之中的那个小岛。岛的形状像一条鱼，所以叫作鱼山岛。1974 年张波出生的时候，岛上居民只有千余人，以打鱼晒盐为生。没有汽车，没有电话，没有计算机，没有电视，没有任何家用电器，甚至没有电，一到晚上，只能点一盏油灯，或者借用天空的星光。

爸爸是公社的一个小干部，妈妈是村里小学校的民办老师。学校坐落在岛的正中心，因为学生太少，老师更少，所以好几个年级的学生在一起上课。一个老师不但要教几个年级的学生，还要教好几门课。

还在学龄前的时候，张波就喜欢往学校跑，因为好奇，还因为妈妈在那里。他常常坐在教室的后排听课，觉得妈妈讲的那些东西是那么神奇。

妈妈是岛上最有文化的人了，她出身农民，本人也是个农民，为了改变自己的农民身份，直到 35 岁还要去城里的师范学校进修。她后来果然实现了“农转非”的梦想，而且还当了这所小学的校长。在这个女人的心目中，一个农民的孩子要想改变自己的命运，除了用心读书之外，别无他途。所以她对张波兄妹二人的要求极严，这有点像沈向洋的母亲对待自己儿子的态度。

但是张波那时候还不懂这些，他生活在小岛上，就像生活在天堂一样快乐。小岛人少，大家都认识，亲密无间。一群孩子整天玩在一起，既开心又热闹，没有成绩单，没有周末辅导班，没有竞赛，也没有什么重点学校之类的复杂念头，这让张波觉得自己的童年特别开心。

母亲从不干涉儿子的游戏，也从不给儿子增加作业，但她要求他在规定的时间回家，一旦坐下来学习就不能三心二意，无论作业多少，都必须完成之后才能起身。她说：“一个好的学习习惯比学习本身还重要。”如果做完作业却养成一身不好的习惯，那还不如不做作业。

在这样一种环境中，张波从来不会担心自己的能力，也不会为了考试成绩感到压力，但他总是特别注意自己的品格和习惯。自从有一次撒谎被妈妈痛打一顿，他就知道，妈妈最在乎的是他的品格。

张波 12 岁那年小学毕业，该读初中了。鱼山岛上有一所中学，但妈妈知道从那里根本无法找到通向大学的道路。这不是成见，在张波之前，这所中学里出来的学生还没有一个人能够走进大学。所以妈妈权衡再三，终于决定让儿子离开她，也离开快乐童年，到县城去读初中。

县城也在一个岛屿上，比鱼山岛只大一点，在小张波的眼睛里已是一个繁华世界。他在这里待了两年，直到初三。现在，他不再是那个 12 岁的孩子了，不会再往家乡的方向张望。他明白这世界不仅是大海中的小岛，不仅只是这座小城，还有大岛，还有大陆，还有更大更繁华的城市，他打算一步一步向那里走去。

初中毕业的考试他是全区第一名，进入了舟山群岛最好的高中。他走进了舟山市。这是张波迄今为止见过的最大的一片陆地和最大的一群人。夜晚华灯齐放，就成了他见过的最大的一片灯光。儿子现在再次想到妈妈的话：

“去吧，走出小岛。不管发生了什么，一定要走出去。”

他已经知道，这座城市也只是他人生道路上一个临时的落脚点，就像漫漫征途上的一个驿站。他还要向前走的，越走越远。这信念在前面引导着他。

此后三年，他没有为考试忧虑过。他从来不存侥幸心理，平时兢兢业业，考试时一丝不苟。但是在高考前夕，他生病了，别人都在做最后的冲刺，他似乎冲不动了。老师为他着急，可他反而一点不急。他有 11 年的积累，了解自己，觉得根本用不着冲刺。

“我觉得高考不是用难度来衡量你的水平，它其实是在考你的心态，至少有 80% 取决于你的心态。有些题做错了，或者没做出来，并不是因为你不会，可能因为心态不对，太紧张了。要说我好，就好在心态上，我觉得自己一点也不紧张。”

尽管如此，最后的结果还是让所有人意外。张波大大超越了自己平时的水平，而且超越了学校，超越了舟山。他去学校领成绩单的时候，一位老师冲着他喊：“你是第二。”

“什么第二？全校？”他兴奋地问。

“不……不……”老师更兴奋，一时竟说不全一句话。

“全市第二？”他在心里想，嘴上却又不敢问。

“是……是全省第二。”

他大感意外，但成绩单上的确有他的总分数——643 分，还印着“第二名”三个字，不由得他不信。他跑出来寻找电话，第一个念头是告诉妈妈，他没有忘记妈妈的话：

“去吧，走出小岛。不管发生了什么，一定要走出去。”

爸爸希望他去读浙江大学。他知道那是一所好学校，但他觉得那离家太近，他想走得再远些。

他想去清华大学，可是人家根本就不到这个岛上来招生。有一天，他听说清华大学的老师到了宁波，还开辟了一个招生点，就往那里赶去。坐了几个小时的船，然后登上大陆，再坐几十分钟的车，好不容易赶到，但人家早就不在那里了。他很失望，又很迷茫，觉得眼前的世界越来越大，一时间竟不知道自己的路在哪里。恰在这时，他遇到了中国科学技术大学的老师。那位老师听了他的小岛故事和他的迷茫，惊讶不已，于是向他介绍中国科大，还说欢迎他去。老师的态度和蔼可亲，让他当场有了好感。于是问老师中国科大在什么地方，老师说在合肥。他眨眨眼，对这城市一无所知，只听说它离舟山很远，就笑了。

他到合肥去读中国科大，本科4年，硕士3年，连续7年没有离开这个城市。直到1998年10月1日，他已25岁，开始读博士，终于决心去看看北京。

走进北京的第一个感觉是"特别大"，接着就开始后悔在合肥待了那么多年："那时候，我真的不知道合肥啊北京啊有什么差距，如果知道合肥比北京差这么远，可能就会选择清华大学了。"两周以后他第二次走进北京，这次看到了还没成立的微软亚洲研究院，看到希格玛大厦第五层正在装修，一片狼藉。又过了两周，他第三次来到北京，在国贸大厦看了全国软件博览会。这一天，他又想起了妈妈的话：

"儿子，不管发生了什么，一定要走出去。"

他觉得北京已经属于他了。"早晚有一天，"他想，"我会回到这里来的。"

他学的专业是人工智能，自以为这正是微软需要的，于是加紧努力，直接的成果是制作出机器人足球赛的完整程序。微软公司对人工智能不感兴趣，但对张波感兴趣，他获得了"微软学者"奖学金。有了这笔钱，他走得更远了，带着他的机器人到澳大利亚去参加全世界机器人足球大赛，虽然没有得到名次，但是又一次大开眼界。

2001年夏天，他终于完成了20年的学业，获得博士学位。他再次走进北京，这一次他留了下来，成为微软亚洲研究院的一名副研究员。

幸福是相对的

童年时代的重要性不仅体现在学习知识上，也体现在养成一种健全的人格和性格上。

——沈向洋

“我这一辈子最自豪的一件事，就是18岁以后再没有拿过家里一分钱，还不断地给家里钱。”沈向洋说这话的时候，脸上的笑容特别灿烂，“比如现在我的父母需要买一套房子，我会付钱帮他们买。父亲上次来北京，我看他对摄像特别有兴趣，马上就去买来一台摄像机给他。我觉得他们这一辈子都是那么艰辛，晚年应当过得好一些。”

提到父母的艰辛，沈向洋眼圈发红，“我在很小的时候就对家里的经济状况很清楚，对生活的艰辛领会得非常深刻”。读者已经知道，他的家原来是在农村的。后来母亲到镇里一家小工厂做车工，第一年每月工资才15元钱，然后是18元钱，到第三年，一个月可以拿到21元钱。父亲那时候的工资是46元5角。“我对这些都记得非常清楚。我还记得，父亲每个月都要寄7元5角给我奶奶，还要给外公外婆一点钱，剩下来的要养活全家。我现在对我儿子的教育感到非常无奈，他们完全不能体会物力艰辛，好像钱来得都很容易，可是我小的时候，是很省吃俭用的。”

沈向洋是家中几个孩子的老大，但他从来不是一个中心。母亲要关心家里所有的人，对他没有丝毫的纵容和娇惯，所以他说：“我很能吃苦，而且觉得吃这些苦不算什么。我到今天都难以想象母亲娇惯孩子是一个什么概念。”

就像我们在前面说过的，母亲对他很严厉，但他从来没有对这种严厉产生反感，也许是因为他11岁就离开家了，在那之前，反叛的意识还没长成呢。等到进入叛逆的年纪，他已经在大学里了，离父母很远。“孩子与父母有了一定距离以后，反而觉得父母更亲，”他这样说，“因为你更容易想到父母对你的好，你做了不好的事情，父母又不知道，不会再那么严厉地训斥你，所以我和父母的关系一直很好。”

那么小的年纪，独自一人在学校生活，30多个同学住一间屋子，挺凄凉。那时候乡下人都很穷，他自己背着大米到城里，然后换成饭票，再换米饭来吃。能吃饱，就是没有油水。一个炒菜九分钱，好一点的一毛三，可以吃个肉丸子，再有几根菜之类的，可这些他都吃不上。他每月回家一次，母亲问得最多的一句话就是“吃得好不好”。他总是说：“很好了，我能吃到一份青菜汤。”

> 那可真的是青菜汤，三分钱一碗。我的两个同学合吃一碗，再买一份饭，四两。现在跟别人说，谁能相信啊！什么叫“清汤寡水”啊？我可以告诉你，就是一个大木桶，做饭师傅拎上来，往上面浇几滴油，把勺子伸到里面，半天才能捞上来两片青菜叶。真的就是两片青菜叶！母亲让我隔一天吃个炒菜，我老提醒自己，这炒菜可是要一毛三。一毛三啊！你想啊，如果你隔一天就吃一个炒菜的话，你30天就要吃掉两块钱了。那时候，大概是1978年到1979年，这是很多钱啊！母亲一个月给我八块钱，所有的吃用都在里面，怎么肯花那么多钱吃炒菜啊！就算这样，我在同学里也算是非常有钱的了，还有那么多孩子连青菜汤都喝不上。你每天有汤喝，人家都羡慕你。你要是每天吃炒菜，别人看着都会觉得很奇怪。

生活虽然苦，但向洋还是很有满足感，因为星期天回到家里，还有根油条吃。他在早晨向母亲要一毛钱，和弟弟一起去买三根油条，三分钱一根，剩下一分钱还给母亲。他和弟弟一个人一根油条，母亲和父亲两个人一根，一家人吃得津津有味，觉得那是天堂一般的生活。今天你爱吃多少油条就吃多少，可你就是吃不出那个味道来了。所以他总是说：“幸福是相对的。这种思维是一定要有的，否则自己总会很难过。”又说：

> 童年时代的重要性不仅体现在学习知识上，也体现在养成一种健全的人格和性格上。我一直觉得自己比较幸福，很乐观，很想得开，看着什么都好，可能也和我生长的环境有一定关系。除了我母亲逼着我念书的时

候，我的整个童年时代都非常快乐。现在的乡下好像跟过去不一样了。那时候很有点田园风光的味道，夏天到处是一片蛙鸣，带给我很多乐趣。

"出国梦"

尽管获奖无数，但我始终最珍惜那个"品学兼优奖"。

——马维英

"你看，那是马维英！"一个孩子走上这条大街，惊讶地望着蹲在路边的另外一个孩子，叫起来。

没错，正是马维英，那时候他还只是小学四年级学生，蹲在路边帮助妈妈洗碗。妈妈在家门口开了一家小杂货店，实在忙不过来，儿子每天放学后一溜烟地跑回来帮忙。现在，他正把小手伸进面前那个很大的水盆里。

他的同学被这场面感动了，回去报告老师，他为此获得了"品学兼优奖"。在台湾的小学中，得到这个奖的孩子不一定是学习成绩第一名，但一定要品行好，得到大家的认可。所以，尽管马维英在那之前和之后获奖无数，但他始终最珍惜这个"品学兼优奖"。

就像我们在前面说过的，维英的父亲 18 岁离开大陆去台湾。那一年大陆政权更迭，有 200 多万人跑到台湾去。小岛一时间男多女少，好多男人娶不到老婆，大陆人和台湾人通婚也渐成潮流。维英的父亲是军队里面的一个下级军官，秉性耿直，脾气暴躁，不会讨上司欢心，所以总也不能得到升迁，薪俸微薄，直到 35 岁才结婚。母亲是个台湾女子，家境贫寒，一家人住在台北一个中下阶层的居住区中。20 世纪 50 年代和 60 年代，经济不景气，整个台湾都在卧薪尝胆。这家人也一样，节衣缩食，艰难度日，等到儿子出生，已是 1968 年，从此父亲的心里有了生活的希望。

维英童年时代最深刻的记忆，是家里很穷。父母的言谈话语总是隐隐约约带给他一种经济上的压力，那时候他总是想："我怎么才能给爸爸妈妈赚一点钱呢？"

"读书，把你的书读好，"爸爸总是对儿子说，"不然你就没有什么机会。"

维英上小学了，学习优秀，老师总是在夸他，这让全家感到欣慰。可是他心里总有一个梦，若隐若现。站在海边的时候，就听见大海用不同的声音在对他说话，潮落潮涨，卷起千堆雪。他的梦逐渐清晰，从遥远的太平洋彼岸飘过来。

"我想到美国读书。"他对父亲说。

父亲眼睁睁地看着儿子，好一会儿什么也不说，转身走开的时候喃喃自语："是啊，是啊，去美国，去美国。"

维英一辈子都忘不了那一天父亲的脚步，既彷徨又坚定，渐行渐远。

那是20世纪70年代末，台湾人已经兴起留学热，李开复在美国读书好多年了，张益肇也已经到了美国。但是那时候能够送孩子留学的大都是有钱人家，像维英这样的家庭，是从来不做什么留学梦的。

但家里还是出现了一些变化。母亲跑到集市上去租了一个小摊，做起小生意，卖日用品，还卖水果。父亲回家的日子也明显多起来。他总是偷偷离开军营，跑回家，脱去军装，换上便衣，然后帮助妈妈守着水果摊。这种一心二用偷偷摸摸的日子维持了两年，后来父亲索性退出军队，一心一意做起小买卖。维英心里明白，父亲已经在为他去美国读书做准备。

父亲精力旺盛，一点也不像一个领退休金的人。一家人充满朝气，省吃俭用，既勤勉又豁达，既紧张又快乐。就这样过了12年，维英渐渐长大，小学毕业了，中学也毕业了，现在大学又快毕业了，家里也有了一些积蓄。父亲算来算去，发现儿子留学的钱还是不够，依靠小买卖日积月累，实在太慢，赶不上儿子的成长。

父亲决定投资，把所有的积蓄都投出去，期望在短时间里获得更多回报。那是在1989年，也是他平生最大胆的行动。他一生谨慎，过去从来没有这样做过，以后也没有，不是为了儿子，现在也不会去冒这样的风险。

风险果然来了。接下来的一年里，台湾刮起金融风暴，所有的投资者都是一败涂地，父亲也血本无归。

那是全家人12年的积蓄，里面有儿子的梦想，可以想象对这个家庭来说是怎样的打击。维英已经绝望："完了，我永远留不了学了。"

但是父亲没有绝望，他对儿子说："不要灰心，照你的计划去做。钱的问题，总有办法解决的。"

接下来的两年里，马维英去当兵，全家人重新开始为他筹措出国的学资。依照有关规定，台湾男子成年之后必须完成两年兵役，也叫"役男"，可是这个役男每天仍旧做着他的留学梦。

父亲虽然自己没有读过多少书，但他眼光远大，了解儿子，知道留学对儿子的未来意味着什么。他加紧从事各种各样的小生意，不仅卖日用杂货，还卖水果、酒酿汤圆、臭豆腐，什么能挣钱就卖什么。对父亲来说，做这些事情简直是受罪，他的性格脾气特别不适合与人打交道，一言不合就会和顾客吵起来，然后一个人生闷气，但是为了儿子的梦想，他什么都能忍。

那时候，维英是军队里面的一个排长，却总是牵挂着父亲的生意。每逢放假，他就跑回家去，脱下军装换上便装，也去守候父亲的水果摊，那情景就像当年他父亲做的一样。

就这样过了两年，维英退役了，这个家庭又赚了小小的一笔钱，可惜还是不够。父亲不希望儿子再等下去，东借西凑，把家里的房子也抵押出去，凑足3万美元交到儿子手里，刚好够维英在美国使用一年。儿子知道，这是全家人14年的心血。

可以想象，有这样一个家庭和这样一番经历的孩子，内心里拥有怎样的力量。在美国学习的第一年，维英格外努力，他到现在都认为那是他迄今为止最用功的一年。他从来没有如此珍惜学习的时间，没有周末，没有娱乐，还常常后悔自己在台湾读大学的时候没有更用功些。因为他知道自己身上的钱只够用一年，"那是一种破釜沉舟的感觉。我必须在这段时间里完成硕士学位，并且考上博士，才能获得奖学金，否则就只有打道回府"。

一年后他如愿以偿："所有想达到的目的都达到了，取得了硕士学位，通过了博士的资格考试，一位教授愿意给我经济资助。"

那一天他很兴奋，因为他知道自己从此不用再依靠家庭。他做的第一件事情是打电话向父亲报告喜讯。父亲没有说什么，但儿子能清晰地感觉到电话那边父亲的喘息。"他非常高兴。我能感觉到。"维英回忆道。

几天后，儿子收到父亲的来信。

"我知道你很不容易，"父亲写道，"过去的日子里你很不容易，今后还会很不容易……”

儿子的眼睛一下子就湿了。自从他来到美国以后，父亲几乎没有来过信。现在他用这种方式告诉儿子：他为儿子感到自豪。

为什么大家都不喜欢第一名

我上学的时候，就觉得台湾的教育比较畸形，总说“升学主义”，培养出的很多学生非常自私。

——马维英

多年以后，马维英在美国完成博士学业，成为微软亚洲研究院的研究员，举家搬到北京，住在东郊一所豪华的公寓里。父亲到北京来看过他一次，而他却不能回台湾去看望家人。2003 年春天的一个周末，他坐在浅驼色的沙发上，和一个熟人谈起当年全家人一心一意帮他实现梦想的那些岁月，两眼热泪盈眶。“我一直非常感激我的家庭。那时候，在我的周围根本没有哪一个家庭对子女有过这样的支持，这是一种完全没有保留的支持。父亲让我懂得了，不管做什么事情都要为别人着想。”他用这样一句话结束了他的故事，却又引发了一个讨论。

问：有这么一个说法，就是心理最健康最健全的学生，往往不是考试成绩第一第二第三，而是名次稍微靠后面一点的，比如第五名到第十名。你同意吗？

答：我没有调查过，但我非常同意这个说法。我上学的时候，就觉得台湾的教育比较畸形，总说“升学主义”，培养出的很多学生非常自私。

问：非常自私？

答：你觉得我说厉害了，是吧？我观察，在台湾学校里，大家都不很喜欢第一名的学生。你知道为什么吗？因为学校培养出来的第一名，大都属于比较自私的那一种人。比如遇到一个问题，他明明懂，可是别的同学问他，他说他不知道，他会想“我教会你以后就对我有威胁”。他们认为得到第一名是最重要的，对生活中的其他东西就不太注意，在班里不是很受欢迎，以后做人也不会太成功。

问：也许这和教育有关？这一代人的教育方式就是不需要他对别人负责任。

答：这也是中国教育失败的地方。周围所有人都替他着想，而不用他为别人着想。不仅是父母，父母的父母也为他操心，给他灌输的是“你只要把学习搞好了，别的什么也不用管”。大陆是那么一个环境，台湾也是。每个学生都要升学，升高中要联考，升大学也要联考，人人都是为自己，考试已经成为他的第一人生目标，只要自己考试考得厉害，其他什么都不重要。在学校里面，甚至学生的座位都是按照成绩来排的。大陆也是这样的吗？

问：海峡两岸都是中国人，差不多吧。这对学生会有很大的负面影响吗？

答：我听说大陆有种说法，把“孝子贤孙”倒过来了：孝顺儿子贤惠孙子，不知道是不是这样？如果是真的，那就非常糟糕，对孩子也没好处。大人们把所有的关怀都集中在孩子身上，却不让孩子分担一点家里的困难，这样的孩子也许智商很高，但情商一定很差。

问：情商很差是什么意思？

答：没有责任感，没有韧性，不懂得怎么去关心别人，也不懂得怎么和别人合作，怎么和别人分享，甚至还会嫉妒别人的成功。他们只知道孤军奋斗，超过别人，自己成功。他们也许会有一次两次成功，但从长远来说，他们永远到不了很高的境界。

问：所以，你很珍惜你小时候得到的那个品学兼优奖？

答：我还记得，小时候父亲常常对我说一句话：“人不能只顾自己的需要，还要想一想别人的需要。你总是可以说别人这里不好那里不好，可是如果设身处地为别人想一想，你会发现你的看法不一样了，你可能不再对别人那么苛刻了，还可能愿意更多地帮助别人。”这是我的家庭给予我的最好的东西。它是我在任何学校、任何课本里面都学不到的。

友谊的力量

我当时心里一下就安静下来，很清楚地感觉到内心里升起一种力量，觉得自己不再孤单，就好像有人陪我上战场一样。

——童欣

在世界计算机图形学领域大获成功之后，童欣每次谈到自己中学时代的一个同学，还要眼睛发红。

那是高考的第一天，童欣走进考场就有些紧张，试卷还没有发下来，手心已经在冒汗。这时候一个同学走进考场。他叫任晓旭，是童欣的好友，现在则是同场竞技的对手。若论平时的学习成绩，晓旭大都不如童欣，但他是那种有独立思想的人，喜欢看书，兴趣广泛，而且做事认真，所以童欣视他如手足。现在，晓旭一眼看出童欣脸色不对，于是特意绕到他的身边，轻轻说一声：

“没事，你能行。”

“我当时心里一下就安静下来，很清楚地感觉到内心里升起一种力量，”童欣在多年以后回忆道，“觉得自己不再孤单，就好像有人陪我上战场一样。所以，朋友真是很重要啊！老师说你，父母说你，都赶不上一个朋友说你。”

每个人的一生都像是在走一条路。如果是一大群人并肩携手，有说有笑，碰到沟沟坎坎互相搀扶一把，那你一定会很轻松很开心，不知不觉已经走了很远。当然你也可以闷着头独自走，对周围的一切不闻不问，遇到沟坎自己过，遇到麻烦自己咽到肚子里，那样你也能走很远，但一定会觉得很累，忧愁比别人多，快乐比别人少。 而且，有些沟坎，只靠一个人的力量是过不去的。

可惜“微软小子”们的学生时代大都充满了孤军奋战的故事，当然他们身后都有父母的呵护和老师的指点，但他们大都有一种强烈的孤独感，往往在内心里独自营造着学习的动力，独自承担着学习的压力。他们很少提到同学之间的沟通、理解和互相帮助，尽管和同学们朝夕相处，但是不能感受到团队的快乐和激励。所以，当我们听到这一类“友谊的故事”时，总觉得分外珍贵。

现在让我们来说第二个故事。

高中同学的来信

后来发生的这一切，都是从曹于彦的那封信开始的。

——刘新国

刘新国从小到大，经历过无数事情，最难忘的是 1995 年夏季的那个夜晚，高中同学曹于彦的一封来信改变了他的命运。

刘新国是在 16 岁那年认识曹于彦的。那时候他们都是九江市第一中学高中一年级的学生。这是江西省的一所重点中学，不是非常优秀的学生是进不来的。刘新国家在农村，学习优秀，但孤陋寡闻，直到那时还没有去过比九江更远的地方，也不知道高中毕业之后还有考大学一说，他打算读完高中就回家去。当同学们津津有味地谈论那些名牌大学的时候，刘新国如堕五里雾中，他甚至还不知道有一所大学叫清华，有一所大学叫北大。

他想向那些城里同学请教，又不敢，觉得那会遭到嘲笑。家乡的同伴都在羡慕他能到城里去读书，其实他却陷在一种莫名的烦恼中，感觉孤苦无助，被人漠视。他开始想家，每逢星期六下午就逃课，坐着公共汽车回到乡下的父母身边。星期一早上回来上课，老师罚他给全班拖地板，他就拖。可是等到下一个周末，他还是逃课回家。那时候教室的卫生总是由他来打扫，而且都是惩罚性的。他倒不在乎这个，他只是讨厌城市，觉得自己不属于这座城市，想回家。

曹于彦就是在这时候走到他面前来的。曹也是个农家孩子，只不过有个叔叔在城里的学校当老师。这孩子耳濡目染，见多识广，最重要的是，他一点也不歧视刘新国，还能理解刘新国的那些心理感受。他们开始在一起谈论城里的事情，谈论学校的事情，谈论未来的事情。就是在两人相处的时光中，刘新国知道了清华和北大，知道了浙大和南大，知道了大专和大本的区别，知道了硕士和博士，还知道了什么叫文科、什么叫理工科。

那真是一个崭新的世界。刘新国终于发现，未来的道路是在他的前边，而不是在他的身后。对于一个孩子来说，没有什么比这个更具有激励的作用。他开始在脑子里面想象那些大学校园的模样，拼命学习。他并不缺少聪明，他缺少的是眼界，是对这个世界的了解。而现在，他有了一个了解世界的窗口，那就是曹。两个人的宿舍只隔一道墙，一推门就见面了，于是能够在一起学习，分享曹从他的叔叔那里带来的各种各样的参考书。所以刘新国特别快乐，每天很辛苦地学习，却一点也不觉得苦。

成绩是一点点地提高的，每次考试都会前进一名，等到高三的时候，他已经是全校的第一名。刚刚走进这座城市时的那种自卑感，已经烟消云散了。

他证明自己是有能力不断向前的，不仅眼光越来越远，胃口也越来越大。

高中毕业后，刘新国考上浙江大学数学系，去了杭州，曹则去了武汉大学的数学系。两人天各一方，好几年都没有见面。刘新国很珍惜少年时代的这份友谊，在心里感谢曹把他引向一个更广大的世界，但他明白，好朋友用不着整天待在一起。彼此知道对方在那里，好好的，就觉得安心——好朋友就是这种感觉。

四年后从浙江大学本科毕业，刘新国觉得学业已成，就一心想要工作。那是一家农民办的乡镇企业，虽然不大，但给了他一份很好的工资，而且就在杭州附近。他满心欢喜，打点行装，准备回江西去看望父母，然后就回来工作。

可是他怎么也没有想到，这个晚上，曹于彦从武汉写来一封信，让他再次改变主意。

曹在信上说，他已经被保送到中国科学院去读研究生了，还劝说刘新国不要着急找工作。

“他读研究生，我呢？”在那个晚上，刘满脑子都是这个问题。

第二天早上醒来，刘新国意识到前面还有一个更大的世界，而且充满了新的机会。他把已经收拾好的行李又放下了。

有机会去探寻一个新的世界，对任何人来说都是最有意义的事情。它刺激人的成长，帮助他们进入一个崭新的人生。为了美好的明天，改变眼前的决定。

他去询问报考研究生的程序。正好考试刚刚开始，他二话不说，就去参加考试。

这成了他生命中的一个转折点。考试结束了，他也留下来，把读书的时间又延长六年，读完硕士又读博士，读完数学系又读计算机专业。因为导师的专业是计算机图形学，还因为学校有一个国家重点实验室，所以他开始研究图形学。他去了香港，有机会完成一些出色的研究，又由于专业领域的相关，他认识了沈向洋。在跟随沈向洋工作七个月后，他获得“微软学者”的奖学金，这成为他后来进入微软亚洲研究院最重要的根据。

“后来发生的这一切，都是从曹于彦的那封信开始的。”刘新国说，“我就是从那一刻开始，走到今天的。”

建立目标的过程

人应该看得远一些，为了更远的目标，可能要舍弃眼前的一些东西。

——沈国斌

沈国斌低着脑袋走出学校大门，没有像往常那样径直回家，而是拐上一条方向相反的小路，躲开来来往往的同学和父母的眼光，一屁股跌坐在村口的草坡上。这是他在童年时代无忧无虑地奔跑嬉戏的地方，但现在，他满腹都是心事，仰面望着天空。不远的地方就是邻家稻田，稻菽千重，随风荡漾，还有一头水牛在湖畔徜徉。

几个星期以来，他一直有一种无所适从的感觉，这是他长到 15 岁以来的第一次。他就要初中毕业了，已经完成了九年义务教育。学校发下来一份志愿表，要他回答：是否继续上学？想上什么样的学校？

父母对他的期望相当明确，只希望他能再读两年中专师范，回来当个老师。父亲认定教师是天下第一好的职业：可以把农村户口转为城镇户口，受人尊敬，有固定工资，有寒假暑假，可能工作也不累，至少不用再撅起屁股下田插秧。

爷爷奶奶一辈子都是农民，母亲也是个农民，父亲就是因为读了中专才改变农民的身份，成为粮食管理所的干部。在20世纪最后的几十年里——从50年代到90年代，我们国家城市和乡村的界限比现在要清楚得多。一个城里人要是被强迫到农村去安家，那是除了坐牢杀头之外最严厉的惩罚；一个农民的孩子要是能依靠自己的力量不再做农民，那是让全家人感到无比自豪的一件事。大多数农家孩子完成九年义务教育已属难得，初中毕业之后还能继续读书的少之又少。至于读高中读大学，那似乎是一个永远不能实现的梦。

和别的同学比起来，沈国斌是幸运的。他在学校表现杰出，老师们都觉得他是班里最聪明的孩子，还拥有更大的潜力。

"去考高中。"语文老师对他说，"上中专就可惜了。"

大多数乡下孩子都明白，这两个目标的含义是不同的：前者意味着还要用更多的时间读大学；后者则意味着眼前的利益，你只要一被录取，马上就有了城市户口，还可以尽快找到工作养家糊口。看来，沈国斌已经把乡下孩子最崇高的目标拿在手里了，无论他做什么，今生都可以不再做农民。他的同学对他刮目相看，既羡慕又忌妒。

可现在，他躺在草坡上，双手抱着头，内心煎熬着，拿不定主意。进入初中的时候，他和父亲的想法是一样的，但现在不同了。他一直在想，他是不能当老师的。他的个子特别矮，总觉得会因此被学生耻笑。一想到将来要走上讲台，面对那么多学生，他就心情沮丧，信心不足。他觉得，他不可能实现父亲的愿望，也没有勇气面对父亲那双期待的眼睛。他只想有个人能注意到他的苦恼，帮助他擦亮眼睛，看清楚前面的路。

真的有人注意到了，那是他的数学老师。

老师把学生叫到自己的办公室，讲了一个故事："我以前有几个学生，成绩差不多，其中有一个并不是最好的，去读了高中和大学，另外几人考了中专。后来大家聚在一起，读大学的那个很开心，读中专的几人全都很后悔。"

"上高中吧，你不会后悔的。"老师最后说。

沈国斌终于放弃了自己的第一个目标，在志愿表的第一栏填了"扬州中学"，那是一所省重点高中，也是江苏省四所最棒的高中之一。那一刻，他激动万分，内心里洋溢着一种巨大的力量，那种感觉一辈子都不会忘记。

1987年，沈国斌离开家乡去读高中。先坐一个小时的公共汽车，再坐一个小时的船，渡过宽阔的湖面，到达湖东，然后再坐汽车，到了扬州。小时候跟着爸爸到这座城市来过一次，早就没有什么印象了。现在一眼望出去，觉得这里真是天下最好的地方。漂亮，繁华，人来人往，全都是城里人的打扮。他住在学校里面，尽管周围大都是和他一样的农村孩子，但他感觉到自己的生活方式改变了，城市的气息包围着他。

接下来的三年里，与其说他是在学习知识，不如说他是在寻找新的生活目标。当他高中毕业的时候，他觉得找到了自己一生中最渴望的东西，那就是眼前这座城市。

他在这个城市中相当出色。毫无疑问，他比别人更努力，因为他知道如果他失败了，就只有“从哪里来还回到哪里去”。他似乎没有退路，只有往前走，所以学习的时候精力集中，周末也不回家。

“按照我的成绩，考清华、北大都没有问题的。”他多年以后回忆这件事，不住念叨，“我应该可以上清华、北大的。”

他这样说，是因为他后来没有选择自己心目中的学校，当时的理由在今天看来已经不可思议：清华、北大不能保证他毕业之后回到这座城市。

“那时候，我真是鼠目寸光，就是想着大学毕业后能回家。”

恰在这时，哈尔滨船舶工程学院（现名“哈尔滨工程大学”）来招生，招生老师一看他平时的成绩，就说他可以免试入学。他说，他希望毕业之后回到扬州。老师就说，扬州有个船舶研究所，叫“723研究所”，正好需要他这样的学生。他回去打听，知道那个“723”是扬州最好的单位，轻松、体面，工资又高，一切都是他想象中的样子。

他去了哈尔滨，离开扬州之前还专程去拜访了“723”的研究人员，让人家帮助挑选一个最对口的专业。“你们需要什么，我就学什么。”他对人家说。

人家给他选了电子工程系，专业是图像传输数字处理。他根本不知道这是个什么东西，当然也无法预测，它竟把他引向更加遥远的地方。

走进大学的第一个感觉是失望。他发现自己不喜欢这门学问，以前从来没有见过计算机，现在也不像别的同学那样喜欢玩游戏。但他是个农村孩子，这种孩子的好处就是任劳任怨，兢兢业业，把全部的心血都花在自己觉得应当做好的事情上。

到了毕业的时候，他又有了一大堆好成绩。老师希望他留下来考研究生，他还记得自己的目标——那座美丽的城市和那个“723”。当初为了这个目标，他连北大都放弃了，可是这些年，他看见了更大的城市、更大的学校、更多的人群、更优秀的老师，内心已经发生变化。他已经知道扬州太小，不想回到那座城市里去，对他曾经向往的“723”也没有兴趣了。他觉得自己属于更大的世界。他报考了研究生，但不是这所船舶工程学院，是东南大学。他仍然恋家，还觉得对农村的父母有着一份责任，所以希望他的大城市能够尽量挨着父母的小农村。也许将来能在南京工作，那么只要两三个小时的路程就可以见到父母了。

硕士研究生的两年一晃就过去了。他从来没有想到今生还要去读博士，更没有想到还要走到更远的地方。

有一天，一位香港教授到学校来，碰巧让他遇到。他和教授聊了一整天，感觉到一种从来没有过的开阔清新。回到宿舍就去查资料，结果发现这位教授是个非常了不起的人，在信号处理领域里拥有巨大成就，得到全世界同行的尊重，这让他佩服得不得了。当天晚上，他失眠了。

“为什么我不去报考他的博士生？为什么我不去香港看一看呢？”他这样想。

第二天，他把自己的材料寄到香港。几个月后，他踏上了去香港的路程。那是1997年，正好是香港回归的那一年。

三年后他取得博士学位，回到内地，回到南京，感觉这城市也是一座小庙。他整整读了20年书，从水乡走到城市，从扬州走到哈尔滨，然后是南京，然后是香港，一步一步走到今天。他已经不是那个坐在家乡草坡上左顾右盼的孩子了，不是那个看了一个扬州就不想离开的中学生了，不是那个满怀思乡之情的大学生了。他的专业是信号处理，也许只有北京才能让他有用武之地。

我觉得小时候说什么想当科学家都是扯淡，但我相信我的转折就是初中毕业时的选择。那个年龄的孩子是没有什么判断力的。我要是那年考了中专，就是完全不同的一条路了。所以人应该看得远一些，为了更远的目标，可能要舍弃眼前的一些东西。

2000年夏天，沈国斌走进中关村，成为微软亚洲研究院的副研究员。

少年班

它过去在我心目中是很了不起的，感觉上是个“神童集中营”。等到我真的进去以后，才发现他们也都是普通人，不是“神童”。

——谢幸

也许我们可以和那些渴望成为神童的孩子分享我们的一些想法。你们极为聪明，事实上，这个国家未来的希望和你的美好生活都掌握在你自己手里。但是你应该明白，你一定不是这个世界上最聪明的人，比你厉害的人肯定有很多，如果你身边没有，那就是你的眼光太狭窄，把眼光放远一点。

那么，谁是世界上最聪明的人呢？没有，从来就没有这样一个人。

2001 年夏天完成博士学业的时候，谢幸 24 岁。在这以前的 10 年里，他一直在中国科学技术大学学习。他在那里一口气从少年班读到博士，然后成了微软亚洲研究院的一名副研究员，开始做一些很有趣的事情，比如把一些传输技术作为一种服务系统放在网络上，还考虑在移动设备或者不同的带宽下接收视频信号，还有网络上面点对点的传输。他开始应用图像识别和信息检索的技术，也就是根据不同的带宽和屏幕对图像自动筛选，或者进行另外一些处理。这项目叫作“智能的识别”。他觉得非常有趣，还能从中悟出另外一些道理，比如“智能”和“智能的识别”根本就不是一回事，无法识别的智能其实等于零。电脑是这样，人脑也是这样。

对谢幸来说，智能的识别就像是情商课的成绩单。回顾整个受教育的过程，想起成功者与失败者，以及介于这两者之间的大多数人，他得到了一个深刻而又惊人的结论：“人的差别在很大程度上不在于智能本身，而在于‘智能的识别’。”你如果能明白这个差别，并且让自己超越这种差别，你就能让自己聪明起来，完成那些看似根本不可能完成的事情，一直走向那个最聪明的人组成的群体。

谢幸出生在南昌，父亲是个初中生，而母亲是中专毕业生。他和微软研究院里的大多数人一样，来自小地方的小家庭。他们这样的家庭里总是有一种很强的冲动。父母甚至在他上学之前就开始教给他语文和数学，所以他上学以后总能遥遥领先。小学四年级的时候，他已完成了六年级的课程，进了一所中学的“大学少年班预备班”，那是 1988 年。

中国大学里的少年班，从张亚勤他们那一代人开始，到这时候已经流行了整整十年，全国有很多。所以中学也开始赶这个潮流，办起了“预备班”。进了这个班的孩子们，从第一天起就经受着一种强烈的心理暗示：“用不了多久，我就要去大学少年班。”谢幸和他的同学一走进学校，老师就会对他们说：“你们是全中国最聪明的学生。”他们一走出学校，人们就会对他们格外留意，用一种羡慕的眼光看着他们，说他们是神童。可是，他从来没觉得自己有过人的聪明，“至少有很多人不比我差，还有很多人比我更厉害。我们和别人不同，是因为我们这个‘预备班’本来就是为了让我们与众不同才办起来的”。

他们什么都有，包括一套特殊的学制、特殊的教材，还有一大群最棒的老师从早到晚围在他们身边。

接下来的四年中，他亲身经历了一个孩子受到激励的全部过程。他们要在四年里面完成六年的课程，所以进度很快。起初他常常感到吃力，不仅没有人家说的那种神童的自豪，还有力不从心的感觉。后来，他渐渐适应了这种节奏，明白所谓神童其实就是跳过一些课程不去学它，对于那些必须学会的东西，也不去没完没了地重复。事实上是老师带领他们挑挑拣拣的，他们知道四年以后这些孩子报考少年班的时候最需要什么。

四年以后，谢幸中学毕业，实际上有很多课都没有学完，但他发现这些漏洞对他参加高考没有多大影响。还有一些内容，大多数学生要用几个星期甚至几个月的时间来学习，把习题重复 10 遍，老师才相信他们学会了。可是他发现它们并非考试的重点，他只要在考试之前浏览一下就足够了。“如果把用在我们身上的这种方法用在大多数人身上，我不敢说人人应验，但 10 个里面至少有 8 个可能成为像我们一样的‘神童’。”

他如愿以偿地考入中国科大少年班。少年班有 35 个孩子，都成了了不起的学生。同学们个个羡慕，父亲和母亲无比自豪，但是如果他们真正了解实情，也许会像谢幸一样感到不以为然。尽管他们参加了全国统一考试，和全中国的考生使用一样的考卷，但实际上少年班的标准明显低于全国统考的标准。他们有一个专门的录取分数线，比如你要招35个孩子，那么就把考生按照分数排队，选出前35名，分数底线是按照考试的实际结果来确定的，和全国的不一样。只要你的分数能排到学校招生名额之内，而且不超过15岁，就足够了。那一年，谢幸刚好是15岁。

他以前根本不知道中国科大在哪里，还以为是在北京呢，等到考上以后才知道是在合肥。学校把所有系都排了顺序，有一系、二系什么的。少年班是个例外，所以也叫“00班”。听上去很牛，是不是？它是全国第一个少年班，比谢幸大20岁的人全都知道它，过去十几年里中国人中流行起来的神童的说法，就是从这里兴起来的。

等到谢幸真的进去以后，才发现他们也都是普通人，没有那么神奇，也不是神童。当然有一些孩子很聪明，比较贪玩，学习的时间比别人少一些，却很出色。但大多数孩子都非常勤奋，每天学习到夜里一两点钟，早上起得也很早，对每门课都非常认真，读的书也很多，和那些普通班级里面用功读书的孩子没有什么两样。

举个例子你就明白了。少年班的35个孩子是住在一起的，但是大家的生活能力都很差，自己把自己弄得一塌糊涂，所以学校就从别的系挑选了好多大学生来，大概有25个，和他们住在一起，上课也在一起。他们都很优秀，成了少年大学生的榜样，就像大哥哥一样照顾着“神童”。谢幸和他们一起上课，渐渐发现他们也很聪明，很多人比他还要棒，其实他们只比他大三岁。

谢幸的回忆到了这里，忽然声音高了起来：

你还说我们是神童吗？我们只不过比他们多了一点幸运，遇到了一个环境。这里的气氛不一样，每一个人都对我们说：“你是最聪明的。”于是我们就觉得自己真的很聪明，至少不能不聪明。大家都好好学习，都有自己的目标，都想证明自己的能力。所以，是这个环境让我们识别了自己的智能，不像很多孩子，一辈子只是羡慕人家，却没有意识到自己其实也很了不起。

情商的力量

好多人都觉得进了大学就是革命到头，其实那是人生的十字路口。

——李世鹏

2002 年的某一天，李世鹏接到一封电子邮件。那是一个大学一年级学生从西安写来的，说他上了大学以后，对自己越来越没信心，整天陷在一种莫名其妙的苦闷中，不知道该往哪里走，所以想来请教。

他拿这个问题来找李世鹏，可真算是找对了人。那时李世鹏已经是微软亚洲研究院一个研究小组的负责人，很忙，但他仍然坐下来，平心静气回忆往事，想把自己的一些感受送给那个大学生。

多年以前，在中国科学技术大学的校园里，有个一年级学生，只有 15 岁。我们已经知道他是李世鹏，聪明过人，付出的汗水也比别人多，还知道怎样掌握学习的方法，所以他在迄今为止的道路上总是被成功的光环笼罩着。他在那一年的新光环，是山东省高考理科第二名。当他决定去读中国科学技术大学的时候，不是他向负责招生的老师介绍自己，而是老师拼命向他推荐自己的学校，他甚至可以任意挑选自己喜欢的专业。

但是自从走进大学大门，他就发现自己遇到了麻烦。第一学期的考试成绩很糟糕，成为班上的后十名，第二学期也差不多。他无法接受这个事实，因为他读了这么多年书，总是前三名的，他已经习惯于看到别人都在自己身后，从来没有体会过让别人走在自己前边的那种感觉。那一年，他的脑袋里总有一个声音：

“就凭这样的成绩，怎么回家见江东父老啊！”

我们见到的这些“微软小子”，大都是一些幸运儿，很少坎坷，很少失败，但是他们前进的道路上并非总是一帆风顺的。李世鹏从小到大，总是有人对他说诸如此类的话，但是他还从未有过这种体验。现在，他遇到的问题是不是可以作为一次失败的例子呢？

没有人来给他做思想工作，他只有自己慢慢地领受那种落后的感觉。有一天，他忽然想道：“既然我已经落在最后，那我还有什么可担心的呢？我就尽我最大的努力去追赶好了。”

说来真是奇怪，内心少了那种患得患失的忧虑，不再在意自己排在多少名，压力也就一扫而空，他感觉到浑身都轻松了。原来名次这东西既是荣誉，也是个包袱。

到了大学二年级期末的时候，老师有一天忽然对他说：“你的综合评分是班上第二名。”

“真的？”他不敢相信，但那的确是真的。

“决定高下的不是智商，是情商。”他就是在这时候开始有这个体会的，“太在意自己的名次反而可能做不好。要学会甩掉包袱，在失败的时候也不要气馁，尽自己最大的可能去做事情。”

他重新拾起了自己的信心。他能感觉到，经历过起伏跌宕之后的自信，和那种一帆风顺中的自信是不一样的。

“好多人都觉得进了大学就是革命到头，其实那是人生的十字路口。”李世鹏在给大学生的回信中写道，“每个人都会遇到挫折，在这一点上你和别人没有什么差别。我也是一样。问题是你怎么去对待挫折。想办法解决你的问题，永远不要失去信心。”

"电梯演讲"

你只有15秒钟。你要在这段时间里把你的想法说清楚，还要让人家接受。这是一门课程。
——张亚勤

有一天你走在公司的大楼里，走进电梯间，忽然看到一个人站在你身边。你认出他来，知道他对你非常重要，因为他很了不起，既有见识又有权力，能够帮助你实现你的一个想法，于是你决定向他推销你自己。可是电梯已经启动，你看到他将在8楼下去，所以你只有15秒钟。你要在这段时间里把你的想法说清楚，还要让他欣然接受。

这是张亚勤描述过的一个场面。"你知道吗？这是一种专门的训练。"他继续说，"在美国的学校里和公司里都有一个概念，叫'电梯演讲'，这是一门课程。"事实上，演讲是美国学生的必修课，从小学到大学都有。课堂设置具体而微，不仅教给学生说话的艺术，而且还教学生使用各种各样的肢体语言和表情语言。老师甚至用摄像机把学生演讲的过程拍摄下来，详细分析学生的手势、表情、目光的方向、眼睛移动和停留的规律以及脚步的频率，让听众来评价演讲者的表现好不好。

李开复没有谈到过电梯演讲，但是他曾给中国的学生们讲过一课，专门论述"演讲的22种技巧"。不过，这都是后来的事。他在学生时代并不是那种"主动的人"，非常不善于表达自己，甚至不爱说话，也没有什么朋友。有一段时间，他在卡耐基梅隆大学做助教，被学生评为"最糟"。有个学生说："李开复的课简直就是一个人的剧场，上面他一个人演戏，下面大家都在睡觉。"这话让他受到很大打击，从此下决心培养演讲和沟通的能力。上课的时候，他拼命想自己要提什么问题，要说什么话，然后拼命地训练自己。

若干年后，他已功成名就。有一次，他批评中国学生"大多比较含蓄、害羞，不太习惯做自我推销”，还说，“要想把握住转瞬即逝的机会，就必须学会说服他人，向别人推销自己或自己的观点。在说服他人之前，要先说服自己。你的激情加上才智往往折射出你的潜力，这就是人们常说的化学反应。一般来说，一个好的自我推销策略可以让事情的发展锦上添花”。在说这些话的时候，他一定有着切身的感受。

你为什么不说话

总有些来自中国的工程师问我：“我很努力，怎么就升不上去啊？”我只问他们一句：“你开会的时候说话吗？”

——周克

凌小宁有足够的证据证明，“交流是人的本能。你如果不去开发，它就被压抑；你去开发，它就绽放开来”。

他的小儿子山山出生在美国，3 岁那年，该去幼儿园了。像中国的大多数孩子一样，这孩子有些恋家，早上出门的时候总是不高兴。可是每到星期一早晨情形就不同了，他特别开心，总是大叫“爸爸，快走快走”“爸爸，我们要晚啦”，这让小宁很奇怪。有个星期一，他把儿子送到幼儿园后，站在一旁观察。结果发现，十几个小朋友坐成一圈，山山拿着一件玩具，绘声绘色地给大家讲故事。原来幼儿园有个规定，每天早上一个小朋友给大家讲“玩具的故事”，就是讲“我为什么喜欢这个玩具”“爸爸妈妈怎么和我玩这个玩具”之类的事。孩子们轮流讲，每天一个人，而星期一早上轮到山山。

“这是一个很小的故事，”小宁说，“但是你能看到不少东西。第一，孩子的天性是愿意与别人沟通、愿意表达自己的；第二，美国的学校从孩子很小的时候就开始培养他们的沟通能力。”

下面这个“讨论规则”，贴在雷德蒙市史迪文森小学的教室里。在这个教室读书的孩子，不超过10岁。

1.我的批评是针对人的想法，而不是针对人。

2.我的目的是得到最好的和最有可能实现的结果，而不是赢得讨论。

3.我鼓励每个同学参与讨论，并通过参与来学习。

4.我认真倾听每个人的想法，即使是我不同意的想法。

5.如果有人还未清晰地表达自己的想法，我会请他重新叙述，并且努力理解他。

6.我在做出判断之前，会听取每一种观点。

7.如果有证据证明我应改变自己的想法，那么我将改变。

看来事情真的像周克所说："美国的孩子从小就学习争吵，学习如何表达自己的想法，也学习如何理解别人的想法。他们长大以后，当总统要辩论，当议员也是辩论，在公司里做一个职员也要表达自己的想法，所以这是每一个学生应当学习的才能。"

那些在美国有过留学经历又来到微软工作的中国学生，有个共同的体验：中国学生最大的弱点之一，是不会表达自己和理解别人。他们来到异国他乡，开始的时候，大都以为自己不擅与人交流是因为受制于语言。可是等到语言已经纯熟，还是不能很好地与人交流，于是反过来思考自己的全部读书经历，发现在那条漫长的道路上，的确是缺少了一样东西，那就是学习沟通。

下面是几个在美国微软公司总部工作的中国人的感受：

"你要说交流的能力从哪里来，我认为第一是思维能力和思维习惯，这跟语言没有关系。"韩这样说，"第二才是语言能力。"几年前，韩曾在几十个应聘者中脱颖而出，进入麦肯锡公司，后来又在几十个应聘者中脱颖而出，进入微软公司。他把这些全都归功于他表达自己的能力。

"在美国，一个工程师和一个经理的区别有两个，一个是沟通能力，一个是领导才能。"潘正磊说，"中国人都很勤奋，但是他们整天不说话，就是完成老板交给的事情，很少想到除此之外还能做什么。"她列举微软公司雇员中的1000多个中国人，从普通工程师升迁到经理位置的人极少，最主要的原因，是"中国人太含蓄，不善与人交流"。

"我们总是教育孩子要听话，不要抢着说话，要让大人先说。"周克说，"如果是在单位，那就要让资格老的人先说。老张还没说话呢，有你说话的份吗？这样一来，把中国的孩子弄得个个毕恭毕敬，其实这是害了孩子。"

周克现在是微软公司视窗检测技术小组的总监。过去这些年里，他之所以能不断升迁，除了技术，就是学会了与人沟通。刚来微软的时候，他和大多数中国学生一样，开会时一声不吭。有一天老板问他："你是不是蠢？"

周克说："不蠢啊！"

老板说："为什么你开会不说话？"

周克说："我刚来，觉得自己应该谦虚。"

老板说："我不需要你的谦虚，我需要你的想法。"

从那以后，周克花了很大力气来改正这一点。"这个老板给我上了启蒙的一课。"他这样说。

现在，总是有些来自中国的工程师问他："我很努力，怎么就升不上去啊？"

他只问他们一句："你开会的时候说话吗？"

优秀的代价

他们也许是在用情商换智商，得到了高分，但也养成了很多毛病。这种代价是很可怕的。

——凌小宁

雷德蒙郊外的那块大草坪上，欢声笑语响成一片。16个足球场整整齐齐地排列在这里，规模浩大。每天傍晚，球场就成了孩子们的天堂。

凌小宁带着孩子也来到这里。两个儿子川川和山山，都在美国读书，一个11岁，一个7岁，都喜欢足球，所以每周至少4天到这里来训练，星期天还要来参加比赛。

现在，球场上的比赛正在进行。斜阳下，孩子们身披万道金光，奔跑跳跃。

有个孩子突然倒在地上，似乎受伤了。教练一声惊呼，场上所有的孩子停止奔跑，就地蹲下，等待裁判为受伤的孩子检查。一会儿，那个孩子站起来，走出场外，脚下一瘸一拐。场内场外的孩子们全都鼓起掌来，为那下场的孩子祝福。

这小小的插曲并非偶然，它是美国小学教育的一部分。这可以从我们和凌小宁的对话中看出来：

问：川川和山山在美国的学校里学了什么？

答：山山上小学的第一天回来，我问他学了什么。他说老师教给他们一句话："不要伤害别人，不要伤害一个人的身体，也不要伤害一个人的内心。"他上学第一天，就是学了这么一句话。

问：中国孩子上学的第一天，老师最可能对他们说："你一定要好好学习，争取一个好成绩。"

答：我真希望你有机会去看看美国的小学。他们的教室里非常自然，墙上贴了各种东西，五颜六色的，不是什么科学家，也不是什么爱国主义，都是告诉你怎么做人、人要正直，实际上讲的就是情商。有一次我去山山的学校开家长会，坐在那个教室里，看着墙上的那些东西，特别有感触。你看了以后也会有感触，他们的教育是"以人为本"的。

几天后，在李开复的女儿德亭的学校——库格小学，我们看到墙上贴着一些格言，字很大，颜色鲜艳，所以异常醒目：大方、友善、诚实、自重、合作、自控、责任、同情心、坚韧。我们后来把这件事告诉朱丽叶的儿子沃伦，他说："我的学校没有把这些话贴在墙上，但是我们也是这样的宗旨。"库格小学是一所私立学校，和沃伦的中学不在一个社区，但是两所学校的教育宗旨竟是如出一辙。看来事情真像凌小宁说的，学校是把目光集中在教育学生"如何做人"上。

库格小学每天早上 9 点钟上课，一个班只有十几个学生。教室的中央有张圆桌，学生们围坐桌前，老师也坐在学生中间。尽管墙上挂着一块巨大的黑板，但老师并不使用，也不站起来照本宣科。她只在自己手里拿一块小白板，就像孩子手中的画板一样，一边说，一边在上面写，然后竖起来给孩子看。整个教室洋溢着一种既亲密又轻松的气氛。

一个二年级的女孩子迟到了，老师问："为什么迟到啊？"

"对不起，老师，我睡觉了。"

"啊，你一定睡得很舒服，"老师一边说一边笑，"坐下吧，宝贝。"

那女孩子也笑了。

我们目睹这个细节，很长时间都萦绕在脑子里，有一天，忽然明白是什么让我们不能忘怀，是孩子的诚实和老师的友善。当初我们问小宁："学校怎么教给孩子做人呢？"他说："不是讲大道理，也不是像中国的学校那样开一门德育课，而是在实际生活中一点一滴做起来的。"现在，答案有了，就在足球场上、在史迪文森小学的毕业典礼上、在一个美国中学生的话里、在库格小学的教室里、在那8岁女孩和老师的一问一答中。这同中国的教育的确有些不同。

于是，我们和凌小宁有了如下一段对话：

问：我看过中国一家电视台上的一个儿童节目，就是教儿童不要相信陌生人，否则就有可能上坏人的当。有一回主持人还请来几个武术教练，教给几个五六岁的孩子防身术，告诉孩子们人身体最薄弱的地方是哪里，怎样用两根手指去戳别人的眼睛，怎样用膝盖去攻击别人的下部，还有现场演练。主持人很得意，要电视机前的小朋友一起来学。

答：我不知道应该怎么来看这种事情，也许他们这样做有他们的道理。可是看到美国在教育孩子不要伤害别人，中国在教育孩子怎样防范别人，我心里觉得不是滋味。

问：你认为这有很大区别吗？

答：区别很大。学习做人是小孩子的第一课。这不是从书本上学来的，是从生活中学来的，是潜移默化的。我现在一下子也无法证明这里面的区别，但是我知道中国人看社会看别人总是很负面的，爱往坏处去想；而美国的孩子总的来说看事情都很正面，不往坏处想。

问：我们总说美国人头脑简单，照你的意思，应该说他们的心理比较健康，很阳光，而不是那种很阴暗的感觉？

答：不知道我想的对不对，我觉得两个国家的教育是不同的。首先是教育的宗旨不一样。美国的教育更从人的角度去讲，教给你怎么做人，怎么对待别人，教给每一个公民行使民主权利的能力，这是它最基本的宗旨。而中国的教育是从科学技术出发的，是为了培养科学家，培养人才。

在这种教育制度下，孩子们付出了很大的代价，我把它叫作“优秀的代价”，结果是导致了他们的很多不优秀。

问：你是在说“高智商、低情商”？

答：他们也许是在用情商换智商，得到了高分，但也养成了很多毛病，所以这种“优秀的代价”很可怕的。不是一个人两个人的毛病，是一代人两代人的毛病。他们很聪明，很会考试，脑子里面有很多知识、很多概念，手上有一大堆成绩单，但是他们没有激情，对什么都没有兴趣，没有想象力，没有韧性，不能吃苦，不会交流和沟通，不会和别人讨论问题，不善于表达自己，也不能理解和关心别人，不会和别人合作。经常发生的事情就是，他们总是用负面的眼光看人看事，出了一点问题就喜欢抱怨别人。还有就是我们刚才说的主动性，中国的学生特别缺乏。

问：他们就是从小到大，几乎没有主动地去做过一件事情。老师让他们读什么就读什么。他们已经养成了按照别人的要求做事情的习惯。

答：所以说，中国的学生缺少一种内在的动力，如果我让他做一件事情，他可以完成得很好，但这就跟他上学读书一样，老师让他做这个，他就做，让他怎么做，他就怎么做，而且做得很好。但是他从来没有主动地创造性地去做事情，从来没有一种激情从内心往外涌出来。英文叫作drive，我不知道怎么翻译，可能叫“主动性”，或者叫“驱动力”。这种东西中国学生身上是最缺少的。我不知道这是为什么，是他们从来就没有？还是被扼杀掉了？

问：我相信有些孩子在争第一名的时候，不知不觉就失去了一些东西。但是你能肯定你说的“优秀的代价”是普遍的有规律的现象吗？

答：有的小孩子特别聪明，虽然在这种巨大压力的环境之中，但他用80%的智力就把这些压力都消化掉了，那么他还有20%的时间去干别的，也就有一些空间来塑造自己的品格。比如开复、亚勤、向洋、宏江，就是这样的。他们也许用一半的聪明就可以对付考试的压力，然后他还有一部分精力去应付别的事情。但大多数孩子需要用全副身心来承受分数的压力，这样他就不知不觉地损失了自己的情商。

问：我能理解你说的“全副身心”，因为我亲眼看到过一个高三学生读书的情形。那是真正的“闭门读书”，你一定不能想象，就是用报纸把窗户玻璃贴上，整天不往窗外看，也不让窗外的阳光射进来。

答：这就是与世隔绝了，弄不好就会养成一种孤独的性格，不愿意跟人打交道，不愿意分享，只愿意自己在那里做来做去。

问：你觉得中国的孩子快乐还是美国的孩子快乐？

答：中国的孩子是全世界最受宠的，父母为他们做了一切，但我总觉得他们不快乐，至少不如美国孩子快乐。这也是“优秀的代价”。他们为了满足父母的期望、社会的期望，先是付出他们的童年时期，接着付出他们的少年时期。没有童年的一生能说是完整的一生吗？你有机会可以问一问那些优秀的学生，看他们是不是快乐。

你别看我是个好学生，其实我不快乐

美国一位大学教授说，中国的孩子从生下来就很压抑。我不愿意相信这种说法。但如果是真的，那是很悲哀的事情。

——朱文力

谈到快乐不快乐，朱文力的叙述是从一个她最不愿意提及的话题开始的：

“美国一位大学教授说，中国的孩子从生下来就很压抑。我不愿意相信这种说法。但如果是真的，那是很悲哀的事情。”

人的情商是与生俱来，还是后天形成的？这是大家一直在研究的问题。朱文力也说不清楚人性的压抑到底是怎么回事，但是她知道，中国大多数孩子都是在压力下生活的，总是在跟别人的比较中成长，总是在试图超过别人，考试要比别人好，名次要在别人前面。表面上看他们都是“小皇帝”“小太阳”，要什么有什么，其实他们一点也不快乐。比不过别人的时候不快乐，比别人好了还是不快乐，因为总是怕下一次别人超过他。这种教育文化是不会让孩子放松的，孩子自己也不会去放松，觉得放松一个晚上都是在浪费时间，看电视也好，看小说也好，都是在浪费时间。朱文力说：

> 我自己就是这样的。你别看我是个好学生，在赞扬声中成长起来，其实我始终生活在一种紧张的状态中，始终被一种无形的力量推着朝前走。我也不知道前边是什么，所以我从来不觉得快乐，不管自己学得有多好，都嫌不够，老是觉得自己还不够努力，也没有那种真正发自内心的轻松和快乐。

这跟中国的教育制度有关系，但恐怕不只是制度，还有文化。其实在美国的中国家庭，也有那种望子成龙的心态，也要上名牌大学。这会影响人的一生，贯穿一辈子，然后还会影响下一代，就像朱文力对待自己的儿子。儿子现在9岁了，她经常在想，绝对不能让儿子重复自己的路。“压力实在太大了！我不想让他形成像我这样有些畸形的心态。”她从来不强迫儿子学什么，或者不学什么。她说，她不愿意让孩子受这个罪。不管他想学什么，她都会全力支持他。

可是有一天，儿子告诉她，自己将来要“当个士兵”。当时她就随口敷衍一句，后来就忍不住总是想儿子的话：“如果他到了18岁，真的还要去当士兵，那我可能就要犹豫了。我可能也还是希望他当个科学家之类的，听上去比较体面，挣钱也多一些。我觉得华人可能都是这种心态，没有办法。”

新发现

1. 我们的研究对象中，有80%的人是从小地方一步步地走到大都市里面来的。

2. 情商比智商更重要的观点，在我们研究的对象中，无一例外地得到证实。

3. 把E学生和其他层次的学生区分开的最重要的因素，几乎都属于情商，而非智商。

4. 大多数按照传统标准评判的“好学生”，都在为智商的成长付出情商的代价，而且他们并不一定快乐。

第八章

大师在哪里

现在，我们来看看 E 学生的第八个也是最后一个秘密：在他们成长的道路上，每逢关键时刻，都有杰出的老师在身边指点迷津。

关于“人品第几”的辩论

我对中国的中小学不是很了解，但我对中国大学的老师很失望。

——李开复

名人一旦离开公众视线，用不了多久就会被人忘记。可是李开复离开中国回到雷德蒙微软总部就任副总裁已经一年了，在北京这边的大学校园里，他的影响依然挺大，他和他的中国伙伴们的那些故事，依然被很多学生挂在嘴上。人们提到这个名字，就会说微软和别的西方的公司不一样，他本人和那些纯粹的西方老板也不一样。这倒不是因为他是华人，黄皮肤黑眼睛黑头发，而是因为他对中国学生的那种特别强烈的关注之情。

也许正是这个原因，当他在 2001 年夏天再次来到中国的时候，中央电视台邀请他到《对话》节目上去谈一谈，话题是围绕“当今中国需要什么样的人才”展开的。这话题在李开复心里盘桓已久，本来就是不吐不快，于是他欣然从命，来到电视台的演播厅，去之前还特意换了一套笔挺的西装。

《对话》通常都是两个人的舞台，今天，另外一个人是北京大学的副校长陈章良。陈是很多中国学生熟悉的生物学家，现在又有一个教育者的名分，他今天穿了一件红色的 T 恤衫，色彩鲜艳。

于是，一个正襟危坐、满脸认真的美国公司老板和一个衣着随便、满脸带笑的中国大学校长，在主持人的撮合下开始“对话”。一大群学生坐在旁边倾听，他们看到媒体上把这两人都叫作青年才俊，就以为他们是一样的，但是没用多长时间，所有人都发现，除了“少年得志”这一点，这两人就没有什么共同之处了。

两个人的辩论首先从“人品第几”开始。令人惊讶的是，这个美国老板把“人品”排列在人的所有素质的第一位；而中国的大学校长不以为然，他坚持认为“创新第一”，而“人品”在他的素质排序中，被列在前三名之外。

“如果一个人的人品有缺陷，从公司的立场来讲，是不可以雇用的。因为我要把公司重要的钥匙交给你，所以我必须信任你。”李开复如此阐述他的“人品第一”的想法，“我并不认为每个人都要做圣人，我也不认为我们要做圣人公司，这是为了公司的利益。而且，我个人也不喜欢人格不好的人。至少我们不能犯基本的道德规范的错误，不能做违背良心的事情，这是最重要的。”

“我现在关键是看这个人能不能干活。”陈章良反驳道。这位校长虽然承认人品也重要，但他相信，培养孩子的人品是父母的事情，而学校的责任是让学生更聪明。有人故意把“聪明”和“人品”这两种素质分割开：如果一个人不够聪明但人品很好，另一个人很聪明但人品不好，该选择谁呢？陈的回答既坚定又含糊：“我还是重视这个很有创造力的人。”

两个人的分歧在很多方面都很大，但是，显然李开复对“人品第几”的这段争论印象最深。“关于这次对话，我感觉很糟糕。”他后来这样评价这次对话，“我表面上很平静，实际上心里很不平静。我本来以为学生在学校应当受到正面的影响，可是我发现他的想法会误导中国学生，幸亏他的很多话在节目播出的时候被剪掉了。”

“对话”之后的很多天里，李开复的心里始终不快，就好像被一片乌云压着，不免把自己在中国的经验回顾一遍，结果发现今日中国的学校里，教师的问题相当严重：

> 我对中国的中小学不是很了解，但是我对中国大学的老师很失望。你刚才说中国软件产业发展缓慢的第一个原因是被盗版挡住了，虽然你是对的，但是这不是我的第一反应。我的第一反应是，如果决定中国技术发展方向的人是这么无能的一个阶层，那它为什么会有希望呢？

人人皆知中国的教师有很多毛病，尤其大学教授令人失望。事实上，我们一直认为这是学生成长之路上的一个大问题，想要揭示，可是现在面对如此尖锐的批评，还是觉得意外，忍不住打断他的话，问道：“是不是有点绝对了？”

他的回答语气平和，态度坚定："不，一点也不。偏激是偏激，但这是实话。中国为什么要容忍一批无能的人占着位置？这个我无法理解。"

尽管他说自己无法理解，但还是绞尽脑汁试图去理解：

> 我觉得有些东西和教育有关系，跟文化也有关系。中国自古以来，都是考状元什么的。在那一刹那，这个人是有能力的，人们就认可了他，让他有了举足轻重的地位。也许一个人做了一个比较好的东西，也不是世界级的，只是中国最好的，从此他就有了势头，从那以后就不再管他的人格、知识、能力、成果是怎么样的，他反正一辈子都是举足轻重。从古至今都是如此啊。

有时候你听李开复说话，会忘记他是一个西方大公司的老板，也不觉得他是一个科学家，你会强烈地感觉到你对面是一个满腔热血的中国学生。张亚勤曾经说他"是一个疾恶如仇的人"，他自己也承认他"对一些事情的容忍是有限度的"。

现在，在与北京大学的副校长对话之后，他就强烈地感觉到，有很多想法如鲠在喉，不吐不快，忍不住打开了电脑。

给中国副总理写封信

三流的老师，不可能调教出一流的人才。

——李开复

李开复在自己的印象中搜索着中国主管教育和科技的最高领导人。他打算写一封信，把自己的想法说出来。

他在电脑上用中文写第一行："尊敬的李岚清副总理"。

写了这几个字，心里稍稍冷静，想了想，又写：“这封信，纯属私人身份，不代表微软公司的意见。”

在中国工作两年，总听到人们在讨论中国的创业环境、中关村的条件、中国的民族软件企业、中国的创投环境、中国与印度的差别、大学该不该办企业等。但是，我总是认为这些问题只是表面的问题，真正彻底需要解决的基本问题是中国的教育。中国若希望成为科技强国，中国的下一代一定要赶上外国。而若想有一批出色的下一代，中国一定要有一流的教育体系。

在中国，我曾做过上百次的演讲，有数万学生参与。让我最感动的是中国学生的求知欲，就像一块块海绵，渴望把知识的海洋吸尽。但是，让我最痛心的是中国教育的不足，导致这些学生无法得到他们所需要的知识。中国的学生无比聪明，但是有些学生以为他们知道很多，其实他们吸取的都是过时的知识。更有些学生完全迷失方向，甚至不知道自己已知道什么、该知道什么、该学习什么。

中国大学的师资与美国的师资相比有相当大的差距。在美国的一流学校，老师的知识绝对比学生丰富，而且越年长的老师知识越丰富，绝没有赶不上科技演变的情况。老师不但教学生新的知识，而且能够启发学生创新。老师拥有学生的信任，老师是学生所仰慕的。在美国，一流大学的一个助理教授职位，有上千名青年博士申请。而一半的助理教授将被大学的“终身制度”淘汰掉，只留下最优秀的，成为副教授。在美国，大学教授有很高的社会地位，有良好的待遇。大学教授是一个知识分子梦寐以求的职业。

相对而言，在中国，虽然改革开放后师资曾有进步，但是近年来新老师的质量每况愈下。出国和企业的诱惑，加上教授的待遇低，造成人才严重外流的现象。我到中国的大学时，校领导都向我抱怨留不住人。最好、较好甚至中等的学生毕业后，出国的出国，就业的就业，都不愿意留校任教职。有些较偏激的学生认为，年长的老师是过时的老古董，回国的洋博士是在外国混不下去的，年轻的老师是找不到好工作的三流人才。虽然有“长江学者”等计划，但是最终回到中国的教授很少是一流的学者。简单地说，三流的老师，不可能调教出一流的人才。中国必须大幅度地提升老师的资格、待遇、形象，才能挽回师资下降的趋势。

他一一列举中国学校制度的弊端：教育方法僵化、知识老化、学风浮躁、学生只知道个人奋斗而缺少团队精神，等等，一共六条。然后又写：

> 见到这么多问题和这么多有潜力但是没有希望的学生，我曾有过冲动，考虑改行成为教授，更直接地去帮助学生。我也曾写过一篇在《光明日报》发表的文章《给中国学生的一封信》。但是，一个教授只能够改变数百学生，一篇成功的文章只能够影响数千学生，而中国需要改变未来数亿学生的命运。只有经过教育的彻底改革才能够给他们成才的机会，给中国成为科技强国的机会。

他在信的最后说："希望这封信对岚清总理有所帮助。"想了想，觉得还不能表达自己的期望，又补上一句："若有需要开复帮助的地方，只要是能帮助中国的下一代的事情，开复义不容辞。"

信写出去了，一天又一天，没有回音。他相信副总理一定会对他的想法感兴趣，"也许会派个什么专员和我见一面"。

不久，李开复再次来中国，果然有机会和国务院的一位官员坐在一起吃饭。他还惦记着这封信，那位官员回答："总理很喜欢你啊，他已经把信批下去了。"

"批下去了？"这个从美国来的华人不明白"批下去"是什么意思。

官员又说："你能不能给我们一些具体的看法？要是你来做，你怎么改革中国的教育？"

"要让我来做，最好的方法是彻底改造中国的教育体制。"

官员听了就说："这很难做到。"

"我知道有很多因素决定了这想法是不现实的，"李开复继续说，"所以我说个实际一点的办法。我们就办一所新学校好了，可以让比尔·盖茨投资，或者让别的什么人投资，不拿国家的钱，只要你们批准就可以。这个学校可以很特殊，比如办成香港科技大学那样的。从国外引进老师，用国外的教材，甚至用英语教材，让学生申请入学，证明为什么自己是个人才，当然也要考试，也要推荐信，但是不要参加高考。"

官员听着就乐了。

李开复依然慷慨陈词，兴致勃勃："今天我有个演讲，题目就是教育方面的。有个人问我微软怎么办学校，我的主张就是绝对不能雇一个资格不够的老师。有的老师同意我的观点，他们对我说，现在是一流人才到外国，二流人才进企业，三流人才做老师，你没有好老师怎么能出好学生？”原来他的最关键的办法，是找来好老师。

谈话就这么结束了。越来越多的迹象表明，那官员不是随便说说的，副总理的确看到了他的信，还把信转送给教育部门的官员去处理。很多大学的校长和教授也看到了信。一个消息在网上不胫而走，消息说，李开复给副总理写信，推动中国的教育改革。

“我觉得一定是夸张了。”李开复说，“我没有再和相关的人联系，也不知道发生了什么事。”

从时间的顺序上看，也许真的发生了一些事，至少人们在重新估价大学里的“办公司热”。但是李开复所期待的更大范围内的教育改革，无声无息。

到了 2003 年 3 月，李开复看到“政府换了，李岚清也不管事了”，于是意识到，“这件事也就这么不了了之了”。

大师风范

> 我在自己的道路上历经无数起伏跌宕，唯有 1984 年和导师的那次对话始终不能忘怀。
>
> ——李开复

李开复认定教育的关键在老师，这种看法有他自己的经历做基础。当他还是一个学生的时候，导师便给了他多次刻骨铭心的体会。

当初，李开复在卡耐基梅隆大学追随他的导师罗杰・瑞迪研究语音识别系统。罗杰・瑞迪是美国总统特别顾问委员会的一个成员，后来还成为图灵奖获得者，因为拥有远见卓识而受到政府尊重。但他不喜欢任何社会活动，只一心沉浸在计算机的世界中，中午也不正经吃饭，通常是叫人家送来一个比萨饼，一边吃一边和大家讨论。作为导师，罗杰・瑞迪最杰出的所在，与其说是他的学问，倒不如说是他的眼光和品格。他似乎有一种天助神佑般的感悟力，知道通向未来的道路在哪里。作为科学家，他并非全知全能，即使在他熟悉的领域中，情况也在迅速变化，为他所不能掌握，但他知道怎样去看待一个自己不懂的领域，知道怎样用一些最困难的问题去激励学生的热情和想象力。如果他的学生李开复向他说出三个研究题目，他能够十分肯定地回答，其中一个问题根本无用，不能做；另外一个虽然有用但价值太小，不值得做；第三个才是精彩的想法，但若实现这想法至少需要 10 年时间。

李开复敬佩和信任自己的导师，但是他仍然对导师的研究方法产生了怀疑。他去找导师，直截了当地说，他不相信导师主张的“专家系统”是计算机语音识别的正确方法，打算使用统计学的方法另辟新路。于是，一位享誉世界的大师和一个尚未毕业的学生之间出现了分歧，导师的第一反应让学生一辈子都不会忘记。

罗杰・瑞迪说：“我不同意你的看法，但我可以支持你用统计的方法。”

这样的场面在我们国家的学校里面可曾出现过？实际上，在我们的老师和学生之间，更经常出现的是这样一种局面：

1. 学生即使不同意老师的想法，也不会说出来；

2. 老师如果不同意学生的想法，就不会支持他。

这个故事的结果证明，如果没有罗杰・瑞迪在好多年里不遗余力的支持，李开复就不可能取得如此巨大的成功。

现在，李开复就要进入学生时代最辉煌的阶段了。

专家们仍然不赞成他的“胡闹”，罗杰・瑞迪也不能认可，但他与别人不同，他始终告诫自己的学生：“你如果有信心，就坚持做下去。”

他为自己的学生提供最好的机器，寻找最新的资料。到了暑假，学生要到公司去打工挣钱，罗杰・瑞迪说：“你们到外面打工，不如在这里继续你们的研究。人家给你们多少钱，我也可以给你们。”

李开复和他的合作者，一个来自台湾名叫洪小文的年轻人，一同工作在语音识别领域。每天工作大约 16 个小时：上午 9 点起床，到学校完成自己必须做的事情，中午回家，从 1 点钟工作到凌晨 2 点。每天如此，每周 7 天，一直持续了大约三年半。他和洪小文写了很多论文，还写了至少 10 万行程序。

1987 年 5 月，年轻人的世界出现了曙光。李开复把语音系统的识别率，从原来的 40% 一下子提到 80%。罗杰 · 瑞迪惊喜万分，立即决定把这个结果带到国际会议上。李开复奓着胆子说："这是我做的结果，我自己去讲好不好？"瑞迪说："当然可以，我让秘书给你订机票。"

不消说，李开复的成果在会上引起了轰动。他的工作不仅具有技术的价值，还把全世界语音研究领上一条新的道路。多年以后，里克 · 雷斯特说："他是一个领域里面的先锋、开拓者。这件事情已经过去了 10 年，到今天，全世界所有语音识别的研究，都是在他的开拓性工作的基础上继续的。"

不过，在 1987 年初夏的会议上，李开复对这一切还不能满意。"我还有一个重要想法没有实现呢。"他说。他回到自己那间寂寞的小屋，继续每天 16 个小时的工作。

真正激动人心的时刻，发生在 1987 年圣诞节前的那个早晨。李开复起床，照例去看电脑，语音识别率居然达到 96%。他不信，以为是计算机搞错了，再做一次，还是 96%。他飞快地跑出去告诉洪小文，又飞快地跑回来告诉妻子。直到十几年后，回忆起那个早晨，李开复还是抑制不住自己的兴奋，"这是我从事研究以来最高兴的一天"。妻子为他高兴，提议中午二人到饭馆去祝贺。那时候他是个穷学生，夫妻俩很少出去吃饭，可这顿饭，两人花了 20 多美元。

这个早晨的确具有划时代的意义——不仅是对这个家庭，也是对计算机语音研究的整个世界。直到今天，全世界研究语音识别的专家们，仍在使用李开复和他的搭档洪小文当年开创的方法。李开复在自己的道路上历经无数起伏跌宕，唯有 1984 年他和导师的那次对话令他始终不能忘怀。刻骨铭心的程度，甚至超过了那个激动人心的早晨。与其说他在为自己的成功高兴，不如说他在庆幸自己遇到了罗杰 · 瑞迪。

很多年以后，我们有机会和罗杰 · 瑞迪一起回忆当年发生的那些事情。大师由衷地赞叹学生当初的睿智以及敢于反对他的勇气：

问：几乎所有成功者的记忆中都会留下一个激动不已的瞬间。李开复总是念念不忘，他当年设想用统计学的方法研究语音识别系统的时候，你不赞成他的方法，但支持他继续做，以至于"不赞成你，但支持你"成为他今天指导其他人的一个信条。你认为在科研领域中，这样的理念的确很重要吗？

答：这个理念是非常非常重要的。这样的事情在我迄今为止的生涯中发生过两次，一次是开复。他要用统计学的方法去做语音识别研究的时候，我当时不同意。事实证明，开复是正确的，他成功了。另外还有一个学生，也要做一个东西，我当时也不同意，但我说你要是坚持，就去做。事实证明，也是那个学生对了。他们两个的成功都是很了不起的。我很高兴我的学生当时没有听我的，很高兴他们能有那样的成功，很高兴看到他们的成果。

问：我很奇怪一件事情。当学生比老师正确的时候，在很多情况下，会让学生看不起老师，但是我发现李开复对你的尊敬依然非常强烈。这里有一个问题，他说你的方法虽然不正确，但你给他指出的方向是非常正确的。我想知道，当方向正确，而找不到方法的时候，作为一个研究的指导者应该是怎样的呢？

答：在这个问题中，没有学生和老师的界限。他们是合作者，是共同的研究者，他们应该去鼓励各种各样的思想。做研究，没有人能保证你一定成功，所以要非常灵活，应该鼓励去尝试各种可能性，宽容各种思想。开复这件事情，正好证明了这个道理。

我看到了真正的大师

你和高手在一起，就会觉得世界越来越大。

——张亚勤

1986年，张亚勤也来到美国，他在中国科大读完本科，又取得硕士学位，然后来到美国的乔治·华盛顿大学。

“实际上，他有机会去麻省理工学院，”他的导师瑞曼德·比克赫尔茨博士在 14 年以后这样回忆当年的学生，“可是我和他相处不到一个星期，就意识到他非常特殊。他极其聪明，异常勤奋。他的知识远远超出自己的专业，这一点从一开始就十分明显。我立刻让他参与图像项目，试图将他留住。”

张亚勤就这样留在瑞曼德·比克赫尔茨博士身边了。后来发生的事实证明这是明智的选择，不仅因为瑞曼德·比克赫尔茨是美国电气电子工程师学会院士、一位杰出的科学家，在全世界都享有盛誉，更因为他对待一个杰出学生的那种态度。他了解张亚勤，在张亚勤的身上倾注了无数心血，师生之间的很多细节，直到很多年以后还留在老师的记忆中：“毫无疑问，他是最好的学生，给他讲课和提供指导，对我来说是一种愉快。在我的记忆里，在获取博士资格的通信考试中——这是非常难的考试，他是唯一获得满分的。”

张亚勤有一次对记者说，他的导师是“对他影响最大的人”。那个记者后来把这话告诉了瑞曼德·比克赫尔茨。瑞曼德·比克赫尔茨回答说：“如果说我对他产生了影响，那只是把我对所有学生和自己孩子说过的话也告诉了他。”

“你对他说了什么？”

“我说，一个人的职业生涯中最重要的东西是，要做就要做到最好，去追求你真正喜欢做的事情，不是因为它时髦，而是因为你将在这个领域出类拔萃，独占鳌头。不要担心找不到工作，在任何领域，只要你是最优秀的，就一定能找到工作。”

几年之后，亚勤获得博士学位，到桑纳福研究院去工作。就像导师说的，最优秀的人不用担心找不到工作。但桑纳福给予他的不仅仅是工作，还有更重要的。

“我遇到了一位大师，”他说，“那是真正的大师。”

一个人的一生中能遇到一位大师级的人物就是幸运，而张亚勤居然有机会遇到第二个。

他说的大师是桑纳福研究院的老板：

> 你和他谈话，时刻能感觉到一种大眼光、大胸怀。我和他在一起聊天，讲的都是大事情，他说的都是人类将来会怎么样，新技术将要朝什么方向走，科学研究将要做什么，让你觉得自己心里那些琐碎的烦恼都不值一提。那些小事情，你都不好意思讲。有时候一次聊天，就可以改变你的一个思路。有时候一次晚饭，就让你知道了应当朝哪里走。有时候你费了

好大劲做出一个东西，他会说："啊，你做这个？这东西我早做过了。不行。"然后告诉你为什么不行。你和这样的高手在一起，就会觉得世界越来越大，想法就不一样了，脑子里面的兴奋点也不一样了。

共 性

在关键时刻遇到了好老师，这是我们这群人的一个共性。

——张宏江

我们调查E学生的求学经历，发现他们在不同时代和不同环境中，总会有一些不同的经历。但是这些人在自己的道路上都有像李开复和张亚勤一样的经历，那就是，都曾在关键时刻遇到了好老师。

"这是我们这群人的一个共性。"张宏江说。

我们建议老师们每天走进教室的时候，千万不要忘记一件事情：你的学生在未来的某一天里想起你的时候，将会说出什么？

学生是不可能不回忆老师的，每个人都一样。黄学东在回忆自己的老师时，总是说："一个人能成长起来，要有贵人襄助。这太重要了。没有湖南大学的老师，就没有我的今天；没有清华大学的那位硕士导师，就没有我的今天；没有爱丁堡大学的那位博士导师，也没有我的今天。"

张宏江在提到大学时代的老师时，总是说他有两位好老师。一位是教光学的，一位是教电子的，教得特别好。又说他最讨厌老师只会拿着一本书，照书念，让你觉得坐着上课完全没有价值。给他留下最深刻印象的，并不是课堂上的那些场面，而是另外一些事情：

人这一辈子总要经过导师的指点，所谓导师，就是在关键时刻可以给你指出一条路的那种人。他们总是在你成功之前出现，在你成功之后就隐退。

我回想自己的经历，总觉得有两个人对我的影响最大，一个是我在叶县读中学时的班主任，她总是在鼓励我，让我觉得我跟别人不一样。她总是告诉我，不应该有任何畏缩，应该一直往前走。我现在做事情，总要做到最好的程度，就和她当初对我的鼓励有关。另外一个是我在新石家庄研究所做学问时的那个总工程师。我那时候并没有什么出色的成就，就在我觉得自己很平凡的时候，他挑选了我，是从4000名研究人员里挑选了我。他让我又觉得自己与众不同了。

这两个人给我的影响，甚至超过了我的父母。第一个给了我自信，第二个给了我机会。你在自己的学生时代要是遇到这样的人，就会发现你的精神世界完全不一样了。假如你到今天还没有遇到，那就赶快去找。不过，好导师真的是可遇不可求的。如果你能进入名牌学校，遇到好导师的机会一定会多一些。

可遇不可求

中国名牌大学的校长敢不敢说“20年之内我的学生中有人可以拿诺贝尔奖”？麻省理工学院的校长是一定敢说这个话的。

——沈向洋

沈向洋也同意张宏江的说法：“好导师可遇不可求。”但是他又说自己非常幸运，因为他“在一生的每一个关键时刻，都能遇到好老师”。直到今天，你和沈向洋在一起谈话，可以发现他是把“大师”当作口头禅的。

他读过南京工学院（现东南大学）的研究生，读过香港大学的研究生，又读了美国卡耐基梅隆大学的博士，所以自认为对中式的、英式的、美式的研究生教育都很清楚，“我甚至觉得我可以写一本书，叫作《如何成长在研究生院》”。

他最重要的“成长体会”如下：

我觉得中国的研究生教育真是非常失败的。可以这样说，中国大学本科的教育与美国大学来比，差距还是比较小的，美国大学教的知识先进一点，大学教授也多一点，但是和我们的水平相差也不是很大，但中国研究生的教育确实很有问题。研究生的教育从理论上讲，是培养中国科研的主力军，但事实上没有做到这一点。你用中国一流名校培养出来的研究生，跟美国一流名校培养出来的研究生相比，差距是不可逾越的。我不相信是中国的学生差。像清华这样的学校，能够进去的学生，无论如何都是非常了不起的一群人。可是中国名牌大学的校长敢不敢说“20年之内我的学生中有人可以拿诺贝尔奖”？麻省理工学院的校长是一定敢说这个话的，所以差距还是很大。有人说是因为中国穷，不如人家那么有钱，但我觉得更重要的差距在师资上。中国的大师在哪里啊？没有大师，你怎么培养顶尖学生？所以大学里是一定要有大师的。

我们已经叙述过，沈向洋在11岁那年独自到县中学读书，第一天就遇到一个和蔼可亲的人——钱桂兰。她后来是他的班主任，也是向洋平生最景仰的老师。她曾经保证会把向洋当自己儿子一样对待，后来果然说到做到。

“她真的就像慈母一样。”多年以后，向洋回忆起来的时候这样说。

这笑容让向洋喜欢学校、喜欢老师，后来的事实证明，这对一个孩子的成长来说至关重要。

不过，这孩子当时年龄还小，不能明白“成长”的含义，但是老师们知道。那是恢复高考的第一年，这件事在全国的中学搅起万丈波澜，所有的父母和老师都为之激动不已。在这所重点中学里面，老师的眼睛整天在学生身上转，看到谁是个好苗子就兴奋得两眼放光。

学校里有位物理老师名叫胡尧轩，是全国特级教师。他不仅教学有方，而且还很有眼光。有一天，他给向洋的父亲打电话，请他到县中学来一趟。

父亲坐汽车跑了一个多小时赶来，领着儿子去拜访老师。三人在老师家门口坐下，就听老师说：“你儿子来了两个星期，我观察了一下，我胡尧轩能够保证你儿子能考上大学。”

父亲看看老师又看看儿子，将信将疑："他只是个乡下孩子啊。"

"如果他用功一点，是重点大学；不用功，是普通大学。"老师继续说。

一番话说得父亲两眼放光，可孩子还没有什么感觉。后来年纪大些了，他才明白当时这种事情的重要性，"这老师可真是了不起啊，我才读了两个星期的高中，他就敢给我打包票"。后来的事情证明，这老师的确说对了。

12 年以后，沈向洋不仅大学毕业，而且还进入美国卡耐基梅隆大学计算机系攻读博士学位。他的导师正是罗杰·瑞迪，这又成为沈向洋一生的重要转折。

像李开复一样，沈向洋一入学便拥有自由选择导师的权利。导师尽力地在学生面前表现自己，刻意讨好学生，希望优秀的学生能够聚集在自己身边。学生也不一定非要找一位在专业上符合自己方向的导师，倒是更加在意哪一位导师更有远见，以及更能激发自己的潜力。那时候，罗杰·瑞迪是该校计算机学院院长，也是图灵奖的获得者，这奖项在计算机领域的地位相当于基础理论领域的诺贝尔奖。当然罗杰·瑞迪的名声之大，并非仅是获奖一说，更由于他的远见卓识。

沈向洋入学伊始，满耳朵听到的都是李开复和许峰雄，这两个人不仅成为华人的骄傲，也成为卡耐基梅隆大学借以炫耀的资本。沈向洋在心里说："努力 10 年吧，一定也会做得那么好。"那时候的沈向洋，就如同今天研究院里那些刚刚毕业的中国博士，满腔热血，却不知道洒向何处。他耐下心来听课，三个月里听了 100 多位教授的演讲，终于明白了一件事："在别的地方，是要你做什么，在卡耐基梅隆大学，是你要做什么。"后来发生的事情证明，正是这样一个简单的转变，让沈向洋的精神世界豁然开朗。

他就去找罗杰·瑞迪。那是这对师生第一次见面。

"跟着你，可能是要做语音识别了？"学生对教授说。他知道教授是语音识别的专家，手里还有李开复在几年前实现的重大突破，但这毕竟不是自己感兴趣的方向。

教授听出学生话中有话，就问："你是什么意思？是不是觉得'语音'不重要？"

学生说："'语音'当然重要，但我认为'视觉'更重要。"

"为什么？"

"因为人类接受外界的信息，95% 来自眼睛。"那时候"视觉"还没有引起人们的注意，但沈向洋坚信，这是计算机科学通向未来的一条必由之路。

"啊！这没有问题，我们就做'视觉'好了。"教授说，"你拿一台照相机，出去把周围的环境照下来，重现出来就算成功。”

事实上，罗杰·瑞迪的确不是视觉领域的专家，但他的远见告诉他，计算机视觉的研究早晚有一天会为人类所需要。

一向对自己的悟性很自信的沈向洋，在教授的那一句话后却完全没有顿悟的感觉。“我当时对那句话根本摸不到边。”他说。

学生和导师每个月只能见面一小时，其余时间则完全要靠自己去悟。但仅仅这一个小时，对于聪明的学生来说已经非同小可。教授根本不会告诉你怎样去做，只是说这个方向正确而那个方向错误。对于沈向洋来说，这恰恰是关键的所在，他说他在每一分钟里都会受到激励和启迪。

第一年，沈向洋在茫然的状态中摸索，毫无所得，但他感觉到教授对他抱有足够的信心，如同李开复和洪小文在语音识别研究最艰难的时刻遇到的情形一样。这样的情形一直过了五年，直到 1996 年，沈向洋终有所得。第二年，他的研究成果在计算机图形学年会上发表。这是全世界计算机图形学领域的最高殿堂，在这个大会上发表论文的价值，有如下事实为证：在这里发表一篇文章，就有资格在美国任何一所大学任教授。1999 年，沈向洋在同一个大会上发表了他的第二篇论文。他的论文题目正是多年前罗杰·瑞迪说的那句话：“用照片重建电脑三维世界。”

沈向洋可谓“五年不鸣，一鸣惊人”。

视觉和图形学研究也如罗杰·瑞迪的预见那样在计算机领域热起来，每年有上千名教授和学生投身这个领域——每个学校都有两三位教授，每位教授又带着几名学生。每年在这个会议上发表的文章不过 60 篇，所以这些文章全都反映了这个领域研究的最高水平。在以后的 5 年中，沈向洋率领的研究小组再接再厉，在这个大会上又发表了 11 篇论文，他也成为世界计算机视觉领域中人人皆知的人物，但是他认为，真正应大书特书的人是罗杰·瑞迪。

这时候教授已经退休，也还记得当日师生之间的那番对话。他说：“我当时只不过相信这是一个有前途的问题，也是一个最困难的问题，所以挑出来给他做。”

学生也记得那天的情景。“他就说了这么一句话，决定了我后来 10 年的研究方向。”沈向洋说，“大导师就是不一样。凡人在困难的时候就会动摇，大导师之所以了不起，就是相信自己的判断，放手让自己信任的人去干。”

力量的源泉

一个人能走多远，取决于谁与你同行。

——朱文武

朱文武现在是微软亚洲研究院的主任研究员、一个研究小组的领导者，四年发表了上百篇论文，还取得了一些国际专利。全世界的同行都知道他，都说他是计算机数据传输和处理方面卓有成就的专家。他自己回头看看走过的路，说：“一个人能走多远，取决于谁与你同行。”

然后，他就在心里把那些往事一幕幕地回想起来：

> 我爸一米八，我妈一米七，所以我从我爸我妈那里继承了这么一个高个子。除此之外，我的智商，我的性格，差不多都是后天培养的，都是从老师或者周围的环境来的。如果上中学的时候没有遇到吴老师，如果上大学的时候没有走进北京城，遇到那些目光四射、心胸开阔的科学家，如果在美国读博士的时候没有遇到张亚勤，我现在就不可能走到这里来。所以我说，这三个关键环节决定了我的命运。

父亲是个钳工，特别老实，是把什么委屈都憋在肚子里的那种人；妈妈原来是个农民，后来进城，成了食品厂的工人。他们没有什么知识，连报纸都不怎么读，就是写写简单的信。所以朱文武总说，他是那种典型的工人家庭出身，与知识分子不搭边，也不可能有什么广泛的兴趣或者优越的学习条件。

上初中的时候，他遇到了吴老师。她是教物理的，二十三四岁的样子，只是大学专科毕业生，并没有什么高超的教学经验，但是她非常关心这孩子，就像姐姐一样。看到他在打扫卫生，就和他一起做；看到他还没吃饭，就带他去职工食堂吃。只要看到吴老师在讲课，文武就觉得暖洋洋的，就有一种冬日里阳光晒在身上的感觉，所以总想让自己在她面前表现得好一些。“现在想起来，那是我人生道路上的第一个关键时刻。最细微也最明显的迹象就是，我开始喜欢学校了，总往学校跑。”

那时候“文化大革命”还没结束，学校里虽然在上课，却不鼓励学生读书，整天只是学雷锋什么的。文武是班长，还是齐齐哈尔红卫兵代表大会的代表。吴老师对他的要求很高，可是他做的往往超过她的要求。比如打扫卫生，他每天早上在全班60多个同学到学校之前，就把教室打扫干净，这让吴老师非常惊讶。到了1977年冬天，恢复高考了，她常对文武说：“我们那一代没有考上大学的，都是推荐的，你们真是幸运。”口气一点也不像老师，然后又借给他很多书。

那时候，文武并不理解老师的话。但几乎所有的孩子都是这样的，父母的话听不进去，你信服的人说的话，你却不由自主地照着去做。他那时也是这样，吴老师只要督促一下，他就发愤图强。

初中毕业的时候，吴老师叮嘱他要好好读书。他去读高中，吴老师不再教他了，因为学历不够，不能教高中。但她还经常去文武家，告诉文武的妈妈如何教育这孩子，其实是在代替妈妈来教育他。然后，文武考上了大学，坐火车离开这座城市，也要离开吴老师了。分别的时候，吴老师还是对他说要好好读书。“现在想想，她那些话，别的人也对我说过，但只有她的话最中听。所以我总觉得，一个人对你产生影响，常常不是取决于他的水平或者他的话有没有道理，而是取决于他和你的关系是否融洽。”

文武本来想去哈尔滨工业大学，结果去了长沙，到国防科技大学去读雷达电子对抗。大学第一年，他的成绩不怎么样，也就是中上水平。好在他读书很自觉，不用什么人管。有些人说，一个学生原来排在什么位置以后就会一直排在什么位置，他就不这样看。他的一些同学，那时候考上了清华、北大。他开始觉得他们真是了不起，可后来发现他们也是成就平平。所以他相信，人的位置会发生变化，关键在于自己不停地努力，不断地往前走。当然，还要有人指点，让你明白你应该往哪里走。

他那时的问题是眼界太窄，他本来就是小地方出来的，长沙又不是个发达敏感的城市。他当时并不知道这是一个很大的问题，直到读研究生的时候，有一个机会让他到北京去做论文，才发现这个问题。

他在北京住了一年半，每天骑自行车去清华，去北大，去中国科学院，看了很多国外的文章，认识了当时的中科院电子所所长柴振明教授，认识了世界著名的几位美国学者和教授，和他们讨论很多事情，和那里的学生交流彼此的体会。你要问他看到了什么、讨论了什么，他现在都说不清了，但他发现自己的眼界不一样了，思维也不一样了，嘴里说的和心里想的都不一样了。等到回长沙的时候，老师、同学都说他变了，看问题的广度和深度都不一样了。大家从此都相信了"环境改变人"。

他自己本来并没有那么强烈的感觉，现在想一想，这是真的。但是环境能否改变人，还在于这个环境是否拥有足够的力量。他从齐齐哈尔到长沙就没那么大的变化，变化是在从长沙到北京之后发生的。

北京的经历让他相信，"一个人要想让自己更优秀，就一定要往前走，一定要去寻找高手"。

他后来的发展就和张亚勤有很大关系。

他和张亚勤是在美国认识的。那时候，他在美国读博士，常常看到张亚勤的论文，觉得那都是视频压缩领域最优秀的论文。他从张亚勤的文章中悟出了不少东西。那些文章不仅好，还很多。看到那些有名的杂志上隔两个月就有一篇，他很奇怪，心想："这人怎么那么厉害？"过了好几年，他终于有机会找到亚勤。两人一谈就很投机，然后就开始讨论一些研究题目，还合作一些项目，一起发表文章。亚勤的年龄其实比他还小些，但是和亚勤在一起的时候，文武总觉得："他又是老师，又不是老师，因为我们就像朋友一样，可能这就是良师益友吧。"

自从认识亚勤，两人之间的相互交流就再也没有中断过。人这一辈子，最重要的转折关头可能只有一两个，最多也不会超过三个。文武一直觉得自己很幸运，因为每个转折关头都有好的老师在身边指点：

> 你和最好的人在一起，肯定也会越来越好的。你周围有这么一个人影响着你，你会不知不觉地往他那里靠。你会有一个更远大的目标，遇到困难不会沮丧，有了成就也不会张狂，你会朝着你的目标一直走过去，而且不走弯路。举个例子吧，做一篇论文，如果我自己独自去干，可能要用三年，如果和亚勤讨论以后再干，可能只要一半时间。

我喜欢数学，因为喜欢那个老师

那个老师不经意地表扬了我一次，我就很受鼓舞，信心足了。

——沈国斌

朱文武由于喜欢老师进而喜欢学校，那种感觉其实相当普遍地存在于孩子们心里。你若仔细调查，就会发现，很多孩子之所以喜欢一门课，是因为喜欢那个老师；之所以讨厌一门课，是因为讨厌那个老师。

我们已经叙述过，沈国斌是怎样一步步地从偏僻乡村走向世界科技的最前沿，这一过程差不多贯穿在过去的20年里。现在让我们再来看看其中的一个细节，它能让我们知道，有时候一个细节就能决定一个人的大历史。

初中一年级的时候，沈国斌的数学非常好，几乎每次考试都是满分，还是班里的数学课代表。别人问他如何能够学好数学，他说很简单，"喜欢数学老师，就喜欢这门课"。

到了初二，他喜欢的数学老师考上师范大专，走了。班里来的新老师给沈国斌的"第一个感觉就很不好"，满脸阴沉，说话严厉，开口就问"谁是数学课代表"。沈国斌心里发怵，也不起身答应。老师连问了好几声，见下面还是一片沉默，不禁怒容满面。沈国斌终于意识到自己无法躲避，战战兢兢地起身迎接老师的目光，接着就有一阵训斥劈头盖脸而来。

"第一次见面我就不喜欢这个老师，"沈国斌说，"后来我的数学成绩就下来了。"

老师批评他，说他的数学不行，当数学课代表是徒有虚名。这让他更加沮丧，沮丧的结果是数学成绩更差。如此一来就成了恶性循环。有一次数学考试只得了40多分，还牵连其他课程也不如从前了。

就这样到了初三。有一天又是数学课，老师在黑板上出了一道题，是一道平面几何题，让大家回答。班里有个同学数学第一，平时总是他抢先举手回答老师的问题。可是这一次，也许是题目太难，或者有别的什么原因，反正当时好一阵沉默，无人应答。恰在这时，沈国斌脑子里灵光一闪冒出答案，又鬼使神差地举了手，结果证明他是对的，而且解题方法特别巧妙。老师看他举手，已经有些意外，现在看了他的答案，很惊讶地望着他，不经意地说了一句："很好，很聪明的方法。"

"在这之前，我的平面几何一直很差，就是这一句话让我大受鼓舞，信心一下子就足了。"以后的一个月里，沈国斌把全部精力都投入平面几何中。从此以后直到博士毕业，数学都是他的强项。

"真的就是那一句话，我就有了动力。"他说，"我不是学不会，只是觉得老师好，才有动力去学，否则就没有兴趣。"

"神奇小子"的苦恼

我们国内的教授跟踪世界的潮流是不紧的，谈的都是老一代的东西，等到国外高潮过去了，国内才热起来。

——李劲

16 岁那年，李劲免试进了清华大学。看上去一帆风顺，然而这个天赋极高的年轻人遇到了难以排解的烦恼。

他选择了电子系的图像专业，就像在中学一样，他在大学仍然是最优秀的学生，用三年半时间学完了本科和硕士七年的课程，又用三年半获得了博士学位。像他的同学说的，也像报刊上广为传扬的，他是"清华园里的神奇小子"。可是他发现，他的一连串"优秀业绩"不过是关起门来自说自话。

严格说来，让李劲烦恼的，不是有了什么麻烦，而是没有什么麻烦。直到大学毕业，他还没有看到一篇像样的关于图像的论文。"大学毕业了，可是如果有人要问我：图像编码是什么东西？你在研究的是什么？我会说，我不清楚。"

他认为他的博士论文非常好，但他又说："我知道，我的论文不是世界一流的。但最要紧的问题是，清华不是站在世界前沿，只不过是我们国家的前沿。所以我在这里永远只是国家级的，不是世界级的。"

当时报刊上面依然只是在宣传李劲的辉煌，他把自己的苦恼藏在心里，也没有引起任何人的注意。多年以后，他成为微软的研究员，也有了更多的阅历，终于和记者谈到了这个话题：

问：你在大学是一个最优秀的学生，但你在毕业的时候，还不知道你的专业做的是什么，我不懂这是为什么。一个不知道自己做什么的学生却是一个优秀的学生，这是正常的吗？

答：又正常又不正常。要做研究，本应掌握大背景：别人都在做什么，没有做什么，做到什么程度了，将来可能是什么。可是我们的学校很少让学生知道这些更广阔的东西，我们很多教授也没有了解这些东西。老师喜欢听话的学生，学生喜欢能让自己毕业的老师。老师的东西学生很快做出来，老师就满意。但这个东西人家是不是做了，来龙去脉是什么，全都不知道。老师是糊涂的，学生是模仿的。所以，一个学生可以把自己的事情做得完全符合老师的"优秀"标准，但也可能根本不知道自己做的是什么，也不知道自己做的东西有没有用处。

问：你的意思是不是，在国内做研究，由于环境的问题，你个人的努力无法弥补这种差距？

答：一个是环境的问题，还有一个是缺少领头人。我们国内的教授跟踪世界的潮流是不紧的，谈的都是老一代的东西。

问："老一代"的意思是什么？

答：老一代的意思是落后10年。国外的热点起来的时候，大家不知道，等到国外高潮过去了，国内才热起来。

问：你是不是由于这些原因才出国？

答：是的。我在做博士论文的时候就已经感觉到，我做的东西和国际的先进水平还是有一段距离的。

问：你为什么没有尝试把你的论文提高？

答：很想，但做不到，我没有样本，没有见过人家是怎么做的，把自己的论文提上来，太难了。有时候，不是你不会做，而是那一层纸没有人给你捅破，告诉你怎么做上去。

问：仅仅是一层纸？

答：我觉得是。有时候，导师只要在小的问题上轻轻推动一下，告诉你这个方向是对的，那个方向是不对的，然后举出一些例子，什么样的东西是一流的，什么样的东西不是一流的，学生就会明白，并不需要手把手地教。

问：你说的这个情况，对越是有才能的学生，损失就会越大。因为只有最难的问题，才能把一流和二流的学生区别开。

答：对。但我不相信学校的教授不知道这些问题。中国有很多问题，大家都可以说出来。我可以说出清华的100个问题，但是你让我当清华校长，我也没有办法解决。很困难，超过我的能力。报纸上都能一针见血地告诉你问题在哪里，但不能告诉我们怎样解决。

问：因为很多问题发生在校园里面，但原因在……

答：校园外面。

“清华太老了”

清华太老了。这样下去，压制了年轻人，也耽误了整个国家。

——黄昌宁

像王坚那样离开名牌大学的教授岗位来到微软的人，还有一个，那就是黄昌宁。他曾经是清华大学教授。

1999年，黄王二人双双离开自己的学校，投奔微软研究院。在希格玛大厦见面之后，有一段对话谈到他们在学校做老师时的体会，真是满腔怨气，愤愤不平。我们在《追随智慧》中已经说到，现在重新提起，是因为它与本章所论主题密切相关。

黄：鼓励学校去办公司，鼓励教师去兼职，这在国外不可想象。

王：这和军队经商的性质是一样的，危害也一样，把科研人员都毁了。

黄：也破坏了学校的培养人的环境。

王：这不是个例，是普遍的。

黄：把科研所划给公司，打个比方，就像“文化大革命”中工农兵走进上层建筑一样。这种东西叫创新？我不知道创新在什么地方。

王：北大方正对北大有什么好处？没有好处，就是给学校上交一笔钱。

黄：在清华同方，我们叫“上贡”。

王：现在有点“逼良为娼”的感觉。包括老师办培训班，也是一样。

黄：如果让你当总理，你可能第一条政策就是不许学校经商。

王：人家说，基础研究对富人是保险，对穷人是赌博。可是在学校，不能这样说，因为学校最重要的目的是产生人才。

黄：教授不是把目光注视于国际学术的最前沿，而是要花很大力气争取资助，维持课题组的生存。研究的是生存，不是前沿。首先是管肚子，是饭菜票，是改善用的和住的，然后才是做什么研究。

“拿中国的学校和外国的学校比，中学比他们的好，大学不比他们差，研究生就不如人家了。硕士还勉强，博士就差得太多。”黄昌宁用一种过来人的口吻说，“差在科研水平上。你的科研在世界范围怎么样？如果是同一个水平，可以说，出来的博士也是同一个水平。但如果差了 10 年，你的博士怎么会比人家的好呢？总体科研水平差，培养出来的人就差，这是可以推算出来的。”

邓立也知道这种说法，而且毫不犹豫地表示赞同。他从中国科学技术大学毕业之后，又在加拿大一所大学获得博士学位，然后留下来教书。他在那里教了 10 年书，由助教到副教授，再到终身教授。几年前，他辞去终身教授的职位，来到微软，做了一名研究员，不再带博士生了，可是每当闲下来的时候，还是喜欢回忆自己的教学生涯，拿中国比外国。“国内的老师很关注学生，整天盯着学生。国外的老师放任学生，学生喜欢做什么都可以。但是到了研究生阶段，情况就不一样了。国外的教授在学生的论文选题上非常仔细。他们认为，选好一个题目，就等于你的论文完成一半，所以要帮助你广泛涉猎，反复推敲。要确定你的选题很有价值，有新意，过去没人做过，而且你努力一番之后能实现它。可是，国内的教授到了这时候反而很随意。比如语音信号处理这个研究领域，每年国际会议上发表几大本论文，中国的教授们就把论文抱回去看。有些教授是一边打太极拳，一边看人家的论文，看好几个月，然后挑出一个人家已经做过的题目，拿去补充一点什么东西。你搞研究总是跟在人家后面，怎么超过人家？”

现在回头来看黄昌宁。他是我们国家最优秀的计算语言学专家之一。60多岁，一头白发，两道眉毛又浓又黑，显得异常突出。一副黑边眼镜，一件花格衬衣。人家都说计算机的世界是年轻人的天下，但黄昌宁是个例外。1999年春天，他从清华大学教授的位置上退休，立刻成为很多学校和公司追逐的对象，香港大学还给他发来了聘书。黄昌宁最后接受了李开复的邀请，来到微软研究院担任自然语言处理小组的经理之职。在希格玛大厦，大家全都叫他“黄老师”“老黄”或者“汤姆”，他也觉得自己就像眼前这些年轻人，事业的历程刚刚开始。但他毕竟和他们不同，他是“过来人”。他承认自己“有一些很痛苦的经验”。他这大半生，就是中国知识分子人生的一个缩影。读大学的时候，饿着肚子“大跃进”。搞核反应堆，搞原子弹和氢弹，又在清华大学做教师。然后是“文化大革命”，批判自己和批判别人，思想改造和下乡劳动。到了20世纪80年代，他开始学习计算语言学的时候，已经是40多岁的人了。这门学问既是计算机学又是语言学，说到底就是让计算机懂得人类的语言。虽是半路出家，但他特别有兴趣。不过，作为一位教授，他始终不能全力以赴，“我要花费70%的精力去跑政府跑企业跑什么基金会，求爷爷告奶奶地要经费”。眼看着那些拿到钱的人不做研究，做研究的人拿不到钱，他就生气。清华大学有很多课题组，就因为没有经费解散了。那些打着政府招牌的机构，可以永远不做课题，但永远有钱，也不会解散。他把一肚子的气憋了几十年，一直到他进入希格玛大厦的时候才吐出来。看到周围都是年轻人，他不是感叹自己太老了，而是感叹“清华太老了。这样下去，压制了年轻人，也耽误了整个国家”。

人们的思想和看法，毫无疑问受到自己经验的约束。我们注意到，张亚勤、张宏江和沈向洋对于国内教育的切身感受，是在20世纪80年代中期以前形成的。李劲就读清华大学是在1987年到1994年之间，王坚和黄昌宁也在20世纪90年代后期离开了大学。与此同时，我们还发现，年轻一代的学生，比如张黔、童欣这一代人，他们拥有90年代中期的学校生活经验，还有谢幸、沈国斌这一代人，他们拥有1999年到现在的大学教育经验，这些人对学校的评价似乎更加正面也更加积极。这些事实似乎证明，自从90年代世人争说学校弊端，教育改革的确让高校发生了一些变化，有些问题解决了，但有些问题更加尖锐了。

谢幸1977年出生，2001年夏季毕业于中国科学技术大学，获得博士学位。在微软亚洲研究院里，他是最年轻的研究员之一。他对大学教育的看法，也许更加接近现在的实情：

> 现在国内的教育也在改革。不过，博士的教育仍然有很多东西要改进，我自己在中国科大的时候就看到很多缺点。最大的问题就是导师实际上不像导师。他们在自己的学术领域往往还没有学生做得深入，就是给你一个题目，随便你怎么做，做出来以后他挂个名字而已。导师比较注重其他事情，比如和上层领导开会，拉项目，这种事情很多，没有专注于学术。
>
> 不过，我在读研究生的时候，导师对我的影响是非常大的。他做事情非常认真，一丝不苟，每篇文章他都会认真看，注意很多细节，甚至错别字也不放过。你在文章里引用文献，他就要求你一定要写上作者、标题、发表年份、页码等，否则他就不能忍受。我觉得他这种严谨的行为方式给了我很大影响，而且他自己也不看重在外面的名利，我觉得他就属于真正做学术的人。

我为什么不做院长

我最受不了两件事：一个是学校让我“当官”，一个是学校让我“开会”。

——王坚

微软亚洲研究院刚刚组建时，李开复到处寻找王坚，两人一见如故。王坚不喜欢他在浙江大学的工作环境，于是他不再做他的教授，不再做他的系主任，还婉言谢绝了理学院副院长的任命，跑到北京希格玛大厦第五层，做了微软的一名研究员。现在有必要重新回顾这一段经历，因为它可以证明，我们的教育环境不仅不能教出有创造性的学生，而且正在失去有创造性的老师。

根据王坚的回忆，当年他和李开复在网络上面频繁往来，李开复至少写了五封电子邮件给他，每一次都约他见面，还到杭州来找他，但失之交臂。后来他们在北京见面，一见如故。王坚原本以为李开复只是一个语音方面的专家，对人机界面并不在行，现在发现不论自己说什么，李开复必能听出其中要害，还能一语中的，心里暗自叹服，感到遇见真正的知音。“我从没有见到一个人对人机界面的理解像他这样深的，”王坚后来对他的朋友这样说，“他本身不是搞人机界面的，但他很理解这个东西，理解这个东西的价值在哪里，困难又在哪里。真不容易。”尽管如此，他依然没有打算离开浙江大学去加盟微软。

可是他回到杭州，回到自己的教授岗位上才几天，就改变了主意。他给李开复回信说，他要到微软中国研究院来做访问学者。

导致王坚改变主意的原因说来挺奇怪，一个是学校让他“当官”，一个是学校让他“开会”。那是浙江大学扩大规模之后一次很重要的会议，涉及学科建设一类话题。在学校的不少人看来，这是一个探讨学校大政方针的会议，因而异常重要，但在王坚看来，只不过“说了很多没有用的话，真没有意思”。他实在不愿意把自己的时间用在开这种会上。过去但凡开会，他就要别人代替他去，但自从这个学期开学之后，事无巨细都要开会，并且都要系主任去参加。他发现他正在为这顶“乌纱帽”付出代价，“一坐又是一个下午”！

大家轮流发言，慷慨陈词，不是说“为科研服务”，就是说“替科研人员排忧解难”。王坚却在心里盘算：“美其名曰他们替我们做事情，其实是我们替他们做事情。我们有什么必要开这个会呢？是他们需要做某一件事情，却要我们来捧场，好像是为我们做的。我们不要他们管的事情，他们要来管；我们需要他们管的事情，他们管不了……还有那个理学院，让我当什么副院长。我已经说了不愿意，他们就是不信，居然就宣布了任命，怎么这样不尊重我的意见呢？”

别人说“不想当官”也许是谦虚，王坚这样说，一定是真的。他常说，他这个系主任“是名不副实，做不了任何决定，也不能负任何责任，甚至不能判断一些最基本的事情”。你对自己系里一名老师的学术水平的评价，还顶不上人事处发下来的一张业务考核表。你的想法如果和上级的想法不一样，那就不会发生任何作用。

他心里这样想着，不禁愈加失望，当场决定“找个地方躲一躲”。那天开完会，他对人事处处长说，他要出去做访问学者。处长问为什么，他说：“就是为了做一些事情。”处长说，只要系里没有意见就行。王坚心里说：我自己就是系主任，当然不会有意见。他连个报告也没有写，就给自己“休了长假”。

中国的知识分子真是奇怪，他们最看重的事情，就是人家对他们的理解和尊重，也即所谓“士为知己者死”。逃避了“乌纱帽”和会议的王坚，在希格玛大厦找到了“知己”。他不喜欢自己大学里的会议，却喜欢希格玛大厦的会议。平心而论，希格玛大厦里的会议比浙江大学多。但王坚说，在杭州开会，说的都是没用的话，在这里开会，全是学术讨论，开门见山，谁也不会拿废话来浪费时间，“这才是真正的讨论”。他还发现，希格玛大厦第五层的这些人，个个绝顶聪明，又很务实。天天和这样的人在一起，感觉就是不一样。“在学校，也有很好的人，但你一年不一定见上一次。”

新发现

1. 尽管 E 学生的典型特征是自主，但他们在自己成长的关键时刻，也需要优秀老师的指点。这在我们的 30 个研究对象中，无一例外地得到证实。

2. 对 E 学生来说，老师的深刻而持久的影响力，非因师道尊严和一本正经，而因温暖如春和循循善诱；非因知识渊博，而因洞察力和远见；非因教给学生如何应付考试和竞赛，而因教给学生如何做人做事。

3. 总的来说，能够让 E 学生敬佩的老师太少了。我们的研究对象从小到大遇到的老师超过 1000 位，能够让他们钦佩并且感到终身受益的老师，只有大约 50 位，不到 5%。

4. 在他们提到的优秀老师中，知名教授和学者出奇地少，拥有“特级教师”或者“劳动模范”头衔的人就更少了。

5. 有迹象表明，我们的学校不仅正在失去优秀的学生，而且还在失去有独创性的优秀的老师。

结束语　救救我们的孩子

2003年秋天，本书即将结束的时候，我有机会去访问美国的一些学校。我看到了史迪文森小学的毕业典礼。毕业班的孩子们在舞台上表演自己的节目，他们的父母坐在下面观看。这场面在全世界的小学校都能看到，并不新鲜。让我感到新奇的是舞台两侧悬挂的大幅招贴画，上面写着这所学校面对所有毕业生家长的声明：

这就是我们给予学生的一切——

自尊、信誉、态度、责任、公平、宽容、诚实、关心他人、公民意识、领导能力

学校位于华盛顿州雷德蒙市郊外的重峦叠翠中，被一大片红杉树林环抱着，幽静而又富有生机。教室里张贴着不少格言，用各种颜色和各种字体写成，让人感到亲切，还耐人寻味。其中有几幅是这样写的："学校就是快乐""享受学习""做你自己喜欢的事"。

走廊里挂着一些孩子的大幅照片，每张照片旁边都有老师写的赞语："今天，罗丝学会了用一个新方法来表达她自己"；"今天，查利学会了在放学之后让自己更安全地游戏"。还有一幅画贴在室内篮球场的墙上，上面是一首小诗，作者名叫丹·佛格，诗的题目是《谁最快乐，谁就赢了》：

在比赛的时候，
如果你不是为了名利，
如果你只是为了快乐，

那么你就已经赢了。
如果你每一天都能从赛场上学到一点，
那么你将是你自己的最好的“追星族”。
在比赛开始之前，
想一想吧，
然后说：
“是的，我很快乐。”
谁最快乐，
谁就赢了。

我没有看到老师表扬学生如何刻苦学习，也没有看到学生的成绩表。这种种情形让我想起国内的学校，想起长春市第五十三中学的14岁的学生周晓旭。这个漂亮、聪明、刻苦、好强、品学兼优的女孩子，在2003年3月5日凌晨突然觉得头颅疼痛，还想呕吐，几分钟后昏迷过去，8天不醒，不治去世。

医生的诊断令人震惊：长时期的过度疲劳和精神压力，促使脑血管畸形，进而引发脑血管动脉破裂。这等于说，周晓旭是累死的。

父母和同学的回忆证明医生说得不错。晓旭8岁上学，从此每天早晨4点多钟起床，晚上10点以后才能睡觉，醒着的时间几乎全都在学习。除了学习规定的课程，还要学习下一学期的课程，这叫“超前学习”；还要学习音乐、绘画、书法，这叫“第二课堂”。她的一个同学说，上初中之后学习特别紧张，每天的休息不到7小时。“晓旭是班长，睡眠时间肯定更少了。”

根据《城市晚报》的报道，这孩子甚至在暑假期间也没有娱乐。当她去世之后，三位记者来到她家，想要寻找什么，结果看到她的书桌左侧贴着一张“假期安排”，上面写着：

每天早上6：30起床
8：00～11：00写作业
下午1：00～2：00做《数学全能训练》
2：00～2：30预习初一下学期英语书
2：30～3：00看《名著导读》

3：00～4：00看课外书
每天背一首古诗
每天做一个单元的《海淀金牌》
每天做数学与英语的《课堂新思维》
每天坚持练字
每周写一篇作文和英语作文
周六周日自学《目标英语》

也许不能把周晓旭之死完全归咎于“过度疲劳”和“精神压力”，但是，有充分的证据表明，这一悲剧与孩子的学习生活有关。是什么导致她为自己安排了一个这样沉重的童年？在她的日记中，我们可以找到清晰的答案。2002年9月，她经历了上初中以后的第一次考试。那天凌晨3点钟，她突然醒来，再也无法入睡，起床写道：“不知道自己能考得怎么样，心里很紧张。”考试成绩公布后的第一个星期天，她写道：“我虽然在班级排第三名，可是和第一、第二的同学成绩差很多……让成绩第一的同学成为我的目标。我一定要加油，再加油！”两天以后，她又写：“老师把全校同学前400名的名单贴到了我们班的墙上。我看了以后，心里马上就凉了。我们班第一、第二的同学都排进了前50名，而我只排进了前100名。我决心要赶上他们。”

我们仔细观察她的那张“假期安排”，还可以看到一些迹象，意味深长：周晓旭用她学到的绘画技巧画了个可爱的女孩——那显然是她自己。女孩的头上，是稚嫩、认真的笔画写下的六个大字——“战胜自我”“成功”，女孩的一对大眼睛则望着另外四个字——“永远胜利”。这本日记和这“十字誓言”给予我们的震撼，一点也不逊于晓旭之死。

晓旭死了，除了“假期安排”，这孩子还留下很多我们曾经为之自豪，而现在为之心痛的东西：她是“三好学生”，还是“十佳少年”，从小学到中学，她获得了各种奖状，奖章、金牌和银牌共有20多枚。

毫无疑问，晓旭是个非常好的孩子，是非常优秀的学生。但是，我一直在想，如果我能早两年写出这本书，如果晓旭能读到这群E学生的故事，那又会怎样呢？

2003年10月1日，也即晓旭去世6个多月后，是我们国家的国庆节。我离开美国华盛顿州史迪文森小学，回到家里，打算为本书撰写最后一节，一路上脑子里面全是我们自己的学校和我们自己的孩子。我对美国孩子的物质生活并不在意，但我羡慕他们能有这样的体验：学校就是快乐！我还羡慕他们从来不担心自己的考试成绩被贴到墙上。

救救我们的孩子吧！至少不要再用大人们向往的那些教育标准和教育文化去束缚、压迫他们了！

附录一　我看到很多中国学生被浪费了，真可惜

——与微软公司副总裁李开复的对话

凌志军：我知道你写过一些文章，批评中国的教育体系。

李开复：是写过一些东西。我认为中国的年轻人很有才能，但是中国教育制度的缺陷，造成了一些后果。改革从大学做起，也不是不可以，但是中学小学都有问题。有一次我大概是批评大学教授不务正业去开公司，把大学生当廉价劳工。这篇文章得罪了不少人。

凌志军：因为大学办企业是一个很大的潮流。

李开复：其实我也不在乎大学办不办企业，我是看到很多学生的生命被浪费了，觉得很可惜。我还写过一封信给李岚清副总理，谈中国的教育问题。

凌志军：后来呢？有结果吗？

李开复：我听说信后来被转到教育部去了，然后我就不知道又得罪了多少人。（笑）

凌志军：你不过是一个美国公司的老板，好像比我们教育部的官员们还要着急似的？

李开复：这个跟我的工作确实没有关系，甚至你可以说它有可能创造出一个对微软有威胁的公司。我只是很希望对中国的教育有些帮助。

凌志军：有人说美国的中小学教育不如中国，是这样吗？

李开复：我不认为美国的中小学教育比中国要差很多。美国的教育是强调自由发展的，中国的教育比较注重打知识的基础，最好的教育应该是把两者的强项结合起来。杨振宁曾经说过，中国的教育适合普通的学生，美国的教育方式适合聪明的学生。我不能很确定他说得对不对，我觉得聪明学生用美国方式来教育绝对是对的，普通学生用中国方式来教育对不对我就不是很确定了。

凌志军：中国的老师都很努力，但是基本都是把功夫用在应试上。

李开复：什么？

凌志军：应试，就是应付考试。

李开复：啊，我懂了。

凌志军：一些好学校，其实就是很会应试，而且中国的教育方式总体上就非常适合考试。比如托福可以考满分，GRE 也是。

李开复：GRE 考满分我觉得很了不起，让我今天去考，我也考不了满分的。

凌志军：每个人都想上大学，上好大学。大家都对这种竞争深恶痛绝，但是大家又不得不去参与这种竞争。

李开复：台湾原来也是这样，后来建了好多大学，每个人都可以上大学。其实教育体系还是错误的，大家都没有那么大的压力了，很多学生进了大学就不那么努力。所以还是要靠自己。

凌志军：在中国大陆也会有这种情况。大家考上大学以后，就开始放任自己。苦读 12 年，终于熬出头。有一句话叫“18 岁奋斗到头”。

李开复：这样就是没有增加他的智商，还降低了他的情商。

凌志军：美国家庭对孩子的期望值是不是也像中国这么高呢？

李开复：有一些人会，比如犹太裔的、印度裔的、韩裔的美国人，还有华人家庭。纯粹的美国家庭不太讲究这些。

凌志军：一般中国的父母都非常操心，都希望自己的孩子像自己希望的那样成长。

李开复：我是不会限制孩子的，我倾向于让她们自由发展。当她走上一条路的时候，我不会刻意把她带到另一条路上去，那样就会让她成长得不太健全。

凌志军：你刚才提到情商，能说得详细一点吗？

李开复：最重要的是有自知之明，就是说你会就是会，不会就是不会，做人谦虚，勇于认错，虚心学习。第二个是要有自律的能力，别人不同意的时候，要用平和的方法赢得人家对你的信任，要把感情和逻辑分清楚，而不是说因为生气就和别人吵起来。第三点是理解别人，就是说设身处地为别人着想。你讲话的时候我会很用心地听，很重视你，很尊敬你，而不是去抢着讲话。第四个是非常有热情，做事情很有感染力。第五个是社交能力，很容易建立关系，得到别人的信任，能够影响别人。

凌志军：这些东西在中国的教育体制中，不仅不能培养，而且有时候还要抑制。

李开复：再举一个例子，在公司，我们非常重视团队合作。但是在学校，你要合作，那叫“作弊”，在学校就是要比谁得第一名，不能退步到第二名，大家都被教育成“我要击败所有人”，而不是我和所有人合作。说实话，这个心态我在台湾就有，到现在还没有完全脱离。在美国，我每次去见女儿的老师，都要问她是第几名啊，老师就不告诉我。美国人是不问这个的。

凌志军：如果在中国，老师可能要把你女儿的成绩贴到墙上了。

李开复：是啊，台湾也会彼此交换成绩的。我女儿在美国入学的时候有一个考试，后来分成三个班，起的名字叫黄班、蓝班、绿班，但是哪个班比哪个班好，谁都不知道，也没有人关心这个。美国的学生不知道自己的名次。每个月成绩单发回家，上面的评语都是正面的。美国老师觉得，你要是骂了小孩，反而会让小孩失去自信心，那么成绩会更差。

凌志军：在学习知识的时候，比如学习英文，是有最佳年龄段的，那么有没有提高情商呢？

李开复：有啊，父母可以做的事情就是鼓励小孩的一些兴趣，交一些朋友，自由发展，不要太自闭，同时还要尽量让他们有自律自主的能力。

凌志军：可是在中国，大多数父母都会为孩子的教育头疼，他们很难把握让孩子自由发展与让孩子自律之间的分寸。

李开复：我有时候也不知道该怎么办。有一次我跟一个美国朋友说，我的两个女儿老是打架，我就把错的一个给批评了。他说他从来不这么做，他会让两个孩子自己去解决。我很奇怪：她们一个5岁，一个7岁，怎么可以自己解决呢？他也很奇怪，说：你怎么可以替别人判断谁对谁错呢？我说，我也想让她们自己解决，但我不相信她们可以做到。他说，如果你不相信，那么她们就真的永远也不能解决。我只是受了美国的教育，但家庭还是中国式的，所以我还是不太理解。这完全是美国人的做法。

2003年2月28日

附录二　改变我们的教育文化

——与微软亚洲研究院院长张亚勤、副院长张宏江和沈向洋的对话

给什么样的学生写推荐信

凌志军：你们受了那么多年的教育，中国的和西方的都有，现在又是科学家又是教授，还接触了那么多中国学生，一定有不少直接和间接的感受。

沈向洋：前段时间，有个学生要出国读书，把写好的推荐信拿给亚勤，说你来给我签名吧，你签名比我的导师签名有用。亚勤说，就是因为签名有用，所以我才不可以给你签。

张亚勤：我们写推荐信，本身是要有信誉的。人家越是相信我们，我们也就越是要有信誉。有些大学教授不管这个，心想我就做个好人嘛，所以连推荐信的内容都不看，就签名。我们不能这样做，这是对自己负责任，也是对学生负责任。

凌志军：你们推荐出国读书的学生很多吗?

张亚勤：我们推荐的人很少，沈向洋那里有个标准。

沈向洋：被推荐的标准，一定要真正觉得这个人好，而且至少要和他工作一段时间，他的成就在哪里，他为什么了不起，要这样写推荐信的。通常我们一年只写两三封推荐信。我写一封推荐信要花三四个小时，真要斟酌一下的。刘策就是我向麻省理工推荐的，我说这家伙是个天才，然后就解释为什么他是天才。像亚勤和宏江，写推荐信特别有信誉，所以绝对不可以乱写。

凌志军：这种推荐是建立在你的信誉的基础上，还是建立在通行的规则之上?

张亚勤：我想这在美国是一个共识。

沈向洋：其实美国人虽然也看托福，看 GRE，但最重要的是看推荐信。为什么他们不相信中国学生的推荐信？因为大家都自己写，格式都一样。这种推荐信实际上也是一个社会成熟和透明程度的反映。

凌志军：从你们研究院走出国去读书的学生多吗？

张亚勤：有 200 多个，大多数是好学校。

凌志军：你们对学生的评价到底是什么标准？凭什么说一个学生是好是差？

沈向洋：如果一个人要去美国读博士，我的标准是，你是不是真的喜欢这个东西，是不是真的下决心献身于做学问；另外一个就是聪明不聪明，这是可以看得出来的；第三，你在工作中的想法是自己想出来的，还是别人想出来的。这些都是有客观标准的。

凌志军：但是你说的第一条，看上去没有客观标准。

沈向洋：曾经有一个非常非常好的学生，是中国最著名的大学某某系的第一名。四年大学下来，她的平均分数是 94.8 分，这是非常了不起的成绩啊。但是我对她面试以后，把她排在最后一名，因为如果我是导师，就不会收她。

凌志军：为什么？

沈向洋：她到美国去，绝对不会认真地在那里念书。我问她打算干什么，她就是打算去美国享受生活，完全不是去读书的。美国的教授不相信我，打电话来问我，然后还是收了她。

张宏江：这样的例子很多。有些中国学生去了，没有读完就走，弄得美国的教授很头疼。人家投入经费，招收一个学生，你半途走了，人家要重新找。

张亚勤：所以我面试的一个很重要的问题是，你能不能读完？我当时在美国读书的时候，也可以换个更好的学校，但是这样导师的项目就会很困难，所以我不能离开。这是双方的承诺，你不能失去信誉。

凌志军：看来你们不是担心智商，是担心情商？

张宏江：都很重要，我觉得智商和情商同样重要。首先是承诺很重要，就像朋友一样，朋友之间就是一种承诺，大家都要负责。你做学问，也是一种承诺，你做生意也是承诺。

张亚勤：看一个学生的好与差，如果是研究，有三种。第一种，你给他讲得很清楚，他还做不好；第二种，你讲得很清楚，他很快就可以做出来，而且做得很漂亮；第三种，你讲个大概，他自己来定义自己的课题，还能做出来，这就叫悟性。

凌志军：后面这种人比较少吧？

张亚勤：有不少学生还是有悟性的，只不过程度不一样。就好比《射雕英雄传》，有些人像郭靖，反应很慢，但是很深；有些人像黄蓉，反应很快，但是比较浅。

假如我们没有出国

凌志军：谈到悟性，我能理解这是个综合的能力，但这是天生的，还是教育出来的？

张亚勤：我一直认为天生很重要，尽管你现在是在研究后天的教育。

沈向洋：有些东西，比如音乐或者体育，是一定要有天赋的。但是做科研的话，你先天差一些，可以在后天的教育中补上来。

张宏江：如果有一个很开放的环境，人的悟性就更加容易产生。

张亚勤：小孩子刚出生，很多事情和大人不一样。比如看东西，他是反过来看。然后在成长的过程中，有两种商——自己智力的商和外部信息量的商，两个东西不断交换，他就成长起来。如果他的环境是封闭的，外部信息量的商不增加，他本身的智力商无可交换，也就不能成长，或者成长得很慢。另外一种情况是开放的环境，那么孩子周围信息量的商在增加，他可以不断地交换，这样就刺激他的智力的商不断成长。

凌志军：但是还有一种情况，在同样的教育环境中出来的人还是有区别。

张亚勤：教育系统如果很固定，人与人之间的区别就很难形成，如果教育系统鼓励你形成个性，你的区别就容易形成。

凌志军：我们都同意中国的教育制度在总体上不利于学生形成个性，但它还是造就了一些有个性的人，比如你们三个人，很难说你们现在的成就完全是西方教育的功劳吧？我们假设一下，要是你们没有出国读书，现在会怎样呢？

张亚勤：如果不出国，我不知道会怎么样。

沈向洋：我要是不出国，可能当老师，也可能……

张宏江：他可能是经理。（众大笑）

沈向洋：做一个研究员还是做一个农民企业家，很难说哪个更好。

凌志军：宏江，你如果不出国……

张宏江：有人提到我的一个同学，说："人家没有出国，现在是老总，你要是不出去，这老总肯定是你。"但我的想法是，我现在这样更好些。

沈向洋：我想，这样说能代表大家。至少我们三个人走到这一步，都感觉自己在做一些自己喜欢的事情。如果回头去看，很难，但是让我们重新选择的话……

张宏江：恐怕还是现在这个选择。

凌志军：你呢，亚勤？

张亚勤：我不知道，我应该是……

沈向洋：应该是上海市副市长吧？（众笑）

张亚勤：你怎么老让我当官？

凌志军：我还问过开复。他说，他要是不留学，也会很好，但一定不会像现在这样好。

沈向洋：这个我也相信。

凌志军：我原来总是试图指出教育制度的弊端，但后来我和你们仔细地谈过以后，更倾向于认为，现在的教育制度虽然有弊端，但毕竟还是培养出来了一些很优秀的人，很难全部否定它。关键是你能不能在这种教育制度中拥有自己的选择。我在你们三人身上看到一点希望，似乎有可能在这个教育秩序中保持自己的东西。不知道这样想是不是对？

张亚勤：杨振宁讲过，美国的制度是培养精英的，中国的制度是培养通才的。

凌志军：有道理吗？

张亚勤：有道理。西方教育鼓励人发挥个性，中国教育更讲究统一性。你看美国人里有几个人会做代数的？但是美国确实有一些人非常棒。最好的和最差的都在美国，中国人基本都是在中间。

张宏江：中国的教育是想让每个人都成数学家，美国不是这样的。

凌志军：你们几个人在大学以后都在国外受教育多年，我想知道，你们对中国的教育是什么感觉？是叛逆、摆脱了之后才能成功，还是的确从中国的教育中得到了益处？

张亚勤：如果我在中国，我也可能读博士，但我可能不会选择做研究，因为无论做什么一定要做到最好，而在中国做研究，没有办法做到最好。在美国，我会选择做研究，但是我的知识基础、做人的性格，都是在中国形成的。

沈向洋：美国给了我们一个机会。如果我们在中国念博士，不会有今天的成就，这是没有疑问的。但是在国内，肯定有人比我们更优秀，只不过他们没有得到一个机会。做学问的基础是在中国打下的，走出去，最重要的是机会。

张宏江：在中国，大部分人做的事情并不是自己选择的，而是大家都在走的一条路，是责任。在美国，做事情是自己的选择，是一种乐趣。

凌志军：这个问题也许太机械了，但我还是想知道：你们能把中国教育和西方教育对你们的影响划个百分比出来吗？

张亚勤：我自己认为，中国教育给我的影响要大些，超过50%。

沈向洋：我的感觉一样，也是超过50%。

凌志军：宏江一定在想自己的比例？

张宏江：我不认为有那么多，可能是国内一半、国外一半。

凌志军：那么在同样一种教育制度下，还是有区别的？

沈向洋：对，有区别。

是什么原因让你们和大多数人不一样了

凌志军：现在我想确定两件事：第一，中国的教育是不是真能造就出不同的人才来？第二，如果能，那么是什么原因让一些人和大多数人不一样了？比如，亚勤……

张亚勤：啊，对不起，我突然想起“东邪西毒”。（众笑）

凌志军：你上大学的时候，你周围有很多聪明的孩子，但是后来你们就不一样了，比如宁铂。是什么原因让你和他不一样？

张亚勤：这很难说，可能还是性格。有很多因素可以说明一个人的情商怎么样。我举个例子，就是考研究生的时候，宁铂有三次想去考，可是没考，在最后一分钟决定不考了。他担心如果考不上怎么办，如果失败怎么办，所以压力很大。

凌志军： 只是担心失败，不是不想考？

张亚勤： 他都体检了，拿了准考证。其实他的聪明程度不比班里任何一个人差。对我来说，就没有这样的压力。我高考那年，5 月份得了急性肝炎，住院了，离报名只有 10 天。母亲说："你也没有复习功课，就别考了。"我说："去试一下。我要不去，不就肯定不行了嘛。"你把结果看轻一点，心态相当重要，不在乎别人怎么讲。成功也是一种选择。一个人的一生，从 A 点到 B 点，要有很多决定，有些决定是你酝酿很久的，大部分决定只是一念之差，很自然地由你的每一个习惯来决定。

凌志军： 但是大多数中国孩子并没有自己的选择，他们只能做别人替他们选择的事情。

张亚勤： 按照别人的选择做事情，也是一种选择。比如那一年我才 12 岁，完全可以不参加高考，这也是我的选择。我当时就是想试一试，根本没有想考上。

凌志军： 我明白了。你和宁铂都曾面临考试，要做选择。不在于你考还是不考，而在于你自己的感觉。

张亚勤： 我和宁铂是好朋友，我的智商不比他高，可能也不比他低。我知道他要是做出正确的选择，他会比任何人做得好。我不是说他现在做得不好，但是他本来可以做得更好。

凌志军： 是啊，起点都是一样的，但后来不一样了，好多人都有这样的感觉。

张亚勤： 人生的大转折点，每个人都有。在中国，这些大事情都是人家决定了，但很多小事情就不一样。你的不同选择就影响了你的道路。人有很多能力，最重要的是判断力，它比别的能力可能重要 100 倍。你判断错了，别的能力都没有用；如果你的沟通能力很强，那就更错，因为你能把你的错误判断传达给别人。

成功是一种习惯

沈向洋： 一两年前，亚勤还说过，成功是一种习惯。

凌志军： 习惯？

沈向洋： 对，习惯。你去看看真正成功的人，每一步都很正确，而且是……

张亚勤：是一种很自然的、不用那么费力气的事情。所以说，成功是一种习惯。

沈向洋：这就回应你刚才的问题。中国的学生觉得没有选择，他们总是遵循社会的秩序、父母的选择。但这种情况最多只是大学之前，到了大学以后，做正确的选择应该是你自己的事情了，不能再说是别人给你选择了。

张亚勤：真正成功的人，会把别人认为很了不起的一件事情，看成很小的事情。他不会在意的。有些人像火一样，很厉害；有些人就像水一样，很柔和，很自然，源源不断，但最后水可以扑灭火。

沈向洋：宏江特别喜欢谈悟性。我理解，这个东西也是不断变化的。我相信先天很重要，但是很多事情你慢慢经历了，才发现其中的道理，然后恍然大悟。

凌志军：比如亚勤，成功都是一种习惯了。这要多少年、多少事情才能悟出来啊。（众大笑）

为什么优秀的学生会发生问题

张宏江：在考试导向的教育环境中，所谓没有选择，是因为有社会的压力，其实人们并没有想明白，什么是自己想要的，什么是适合自己的。

凌志军：我和小宁聊过，他说，中国是所有人都在做一件事情，好比一个很大的苹果园子里，只有一个苹果是最好吃的，大家都去抢。

张宏江：大家开始是一步步地做，到最后，就成了一种秩序、一种规范。

沈向洋：但是我一定要讲一点，就像宏江说的，大家都过独木桥，急急忙忙去冲。很不幸的是，这个社会在很多情况下真的就是一座独木桥。竞争毕竟是必不可少的，小孩子还是要不怕竞争。

张亚勤：竞争很重要。

沈向洋：学会克服压力，不要怕失败。别像我小时候一样，一到考试就拉肚子。（众笑）大多数人在某个阶段都会有畏惧心理，最重要的是你能不能克服。你的环境是让你越来越恐惧，还是让你站起来……

张亚勤：有个调查说，很多中国学生都很优秀，但他们在美国的问题很大。

凌志军：什么问题？

张亚勤：他们在小学中学是“考试健将”，到了大学就有问题。到美国以后，不是考试制度，它不是看你的考试分数。很多学生总觉得按分数自己应该是第一名，但他可能是最后一名，他就不知道什么叫最好。

张宏江：他考了100分，结果不是最好的，他就很奇怪：“怎么没有一个尺度来量我？”

凌志军：我听说，现在的学生通常不佩服第一名，他们可能更佩服第三到第十名，觉得这些学生更好，而第一名通常有很多毛病。

张亚勤：你说，99分和98分有什么区别？我看没有什么区别。

沈向洋：但是，100分还是有区别。

凌志军：如果真是像你们说的这样，可能就是“第一”不一定是“最好”的一个证明。

张亚勤：他们总是把分数作为成功的第一标志，为了达到这个目的可以不择手段。

沈向洋：不过，能得第一，当然还是要得第一。（众笑）

凌志军：那当然，成功是一种习惯嘛。我得第一是很自然的，不第一就不正常。

张亚勤：这不是我的意思……（众大笑）我的意思是，成功是很自然的事情，不应该是把自己的所有的、整个的心思都纠缠在里面，孤注一掷地……

沈向洋：应该是潇洒地……

凌志军：就好像喝一杯茶一样普通？

张亚勤：那就是真成功，成功不一定是你考了第一，你是第二名也不一定不成功。

凌志军：你不吃不喝，玩儿命，即使得了第一，那也不是真的成功。真的成功就像吃饭当中的一杯茶。你到了这种程度，那成功和失败就不矛盾了，即使失败，也不一定就不成功。

沈向洋：大家都有饭吃，你偶然一次没有吃饱，也没有关系，（笑）对不对？（众笑）

张亚勤：偶然一次，没有关系。（众笑）

凌志军：智者千虑，必有一失。

张宏江：所以说不怕失败。

张亚勤： 要有长远眼光，要有耐心。战略上要有好的心态，很潇洒，但是战术上针对每一件事的时候要十分认真，精益求精。在你一生中的大部分时间，你也许不是第一，是第二，或者第三。其实在一个团队里面，别人也很重要的，也很难。那种默默无闻、不计功名的境界，比争第一还难。

沈向洋： 像你这样一个人，说成功是一种习惯，人家会说，你在说风凉话。（众笑）

张亚勤： 其实失败也是愉快的，这种境界很不容易，它的含义包括在“成功是一种习惯”里面，你看周伯通不是很愉快吗？他想争第一，但老不是第一，他还是很愉快。

大城市里的“优越综合征”

凌志军： 我发现一种现象，真正具有你们说的这些素质的学生，出生在大城市的比例很低。大城市里的孩子都很聪明，但是那种韧性、狠劲、百折不挠的意志就差一些。我不知道这种看法对不对？

张亚勤： 人也不能太聪明了，有一种人，一看出做事情要付出代价，马上就退。

张宏江： 他很快看到问题的难处，但还不是一眼看穿。另外一种人是一眼看穿，看到难处，也看到这里面的价值。

张亚勤： 这种人叫大智若愚，那种人是大愚若智。（众大笑）我上学的时候，班上很多学生很聪明，老师想讲什么，他先讲出来了。

凌志军： 也许是“大愚若智”。（众笑）

张亚勤： 有个调查，世界 500 强企业的老板，从好大学毕业的不多。这很有意思。身处逆境的人才会奋斗。

凌志军： 因果关系很难讲，是因为学习不好才奋斗当老板，还是因为他有另外一些素质，所以不把精力用在学习上？

张亚勤： 这个很难讲。

凌志军： 我们再来说说“大城市的优越综合征”。

张亚勤： 一个人一定要从小养成独立的能力。我 7 岁的时候，从太原回老家。本来有人到火车站接我，但没有来。我就自己找家，走了一个晚上，还下雨。我也没有感觉到有什么问题。所以，在没有人帮助你的时候，你也要把事情做完，而且不会抱怨。

沈向洋：我很小就离开家，家庭的影响就越来越小，能够一步步走出去，当初也许是有人指引。

凌志军：你有好的导师，这是运气，但独立性是你自己的能力。

沈向洋：我还是觉得家庭教育很重要。做人的态度、性格等，到今天都是家庭的影响。

凌志军：可能还有你的家庭所处的环境的影响。不然，为什么大城市里的孩子会有不同的特点？在美国是这样吗？

张亚勤：美国人也是一样，有一些很优越的孩子，喜欢恶作剧。纽约那个大城市很拥挤，人不善良，很苛刻，爱占便宜，这叫“吝”。海滨的人心态平和一点，中西部的人很善良，和蔼，很开阔，西雅图就是这样。

沈向洋：所以美国男人喜欢讨中西部的女孩子做老婆。

太穷了也不行

张亚勤：但是如果家里太穷，也不行。

沈向洋：真正的乡下，心态也会有先天不足。

张亚勤：我 14 岁的时候回到家里，碰到十七八岁的孩子，掰手腕子，他们不行，不是没有力气，是不会用力气。中国的农村实在太压抑了，人的思维在那个环境里很难释放出来。我觉得两种人都有问题：一种是自卑，这是不能要的，尽管他的学习好，但这种感觉也会影响一生；另外是自傲，也不行。

凌志军：太自卑、太优越，都是后天造成的。

张宏江：对，自己没有选择的。

张亚勤：小时候要吃一些苦，但不能太苦。如果太苦，你和周围的环境就不和谐，就是对抗的。你长大之后，本来应当和谐了，你的心态还是不对的，还是对抗的心态，你就是成功也不愉快。你也许学问做得不是很好，但你和周围很和谐，那也是成功。如果你一切都很吃力，如果你和周围是不和谐的，即使做了一些事情，你对周围还是一种负面的能量。

凌志军：你指的是，一个人能给周围什么东西？

张亚勤：你和周围交换信息的时候，从你这里出去的信息是正面的还是负面的。你给别人的是善良和快乐，你就是成功的，达到了与环境和人的和谐。也许你也做了一些事情，但是你把周围搞得很辛苦，很不开心，那也不是成功的。首先，能量交换是正面的，然后才是多和少的问题。

2003 年 5 月 3 日

附录三　听听孩子的呐喊

——本书读者与作者的书信摘登

这就是我的转折点

凌伯伯：

我是山西省太原市一所普通中专的学生，我是在一次逛书店中无意看到您写的《成长》（本书第一版，以下同）这本书的。当我翻开这本书的第一页的时候，我就被其中的内容深深地吸引了，好像不知道从什么地方突然来了一种冲动，更确切地说是动力。然后我跟同伴商量了一下，竟出奇地一致同意买下这本书！

直到看了这本书，我才对自己有了一个更全面的认识，这是以前绝对没有过的。上学的这十几年，我从来没有认识到按照自己的兴趣去做自己喜欢做的事，去做一个最好的我自己。尽管父母、老师苦口婆心地劝我要好好学习，为自己的将来努力，但我就是没有感受到那种动力。我受不了那种整天埋头做习题和老师在上课时的照本宣科。我们现在中专上这种课，简直就是在浪费学生的时间。老师在上面“念”书，底下的同学却趴倒一片，早就找周公去了，哪里还能谈得上学知识呢！我就是这一片趴倒的学生中的一员。这本书改变了我对学习的看法，是跟着兴趣，向着前面迈步。

初中毕业时，我本来是想再复习一年考高中的，但我还是选择了中专，因为家人希望我将来能够出来找个好工作，有一份稳定的收入。那是我第一次不情愿但又不得不做的一个选择，现在想起来真有点后悔。我现在已经是中专四年级的学生，即将毕业，在选择工作还是继续对口升大学的问题上我踌躇着。在看了这本书以后，我坚定了对后一种选择的信心，我要读大学，我要学我想学的东西，我要做一个最好的我自己，做一个E学生。我相信曾经的一切都将过去，这本书就是我的转折点，我的未来将会由我自己创造。真的！要是没有伯伯的这本书，我还真不知道我现在应该干什么，应该怎么去学习，怎么才能最大地发挥自己的潜力，很可能我这一辈子就这样被毁了，我真的感激不尽。

巩××

2003年11月18日

我到底要什么

凌志军叔叔：

您好！

我是在看了您写的《成长》之后才决定给您写这封信的。您可以想象，作为一个您书中描写为C等与D等之间的大学生，在长期彷徨之中，在苦于找不到自己将何去何从的答案之后，看到了这本书，我会是怎样的激动和喜悦！用“欣喜若狂”来形容丝毫不为过。

我是一个现在高考制度下典型的大学生，虽然曾经高考失败了两次，但仍然不悔，总算在今年到了心仪已久的殿堂！而这一切在现在的我看来是多么愚不可及！我已经22岁了！多少有点黑色幽默的味道吧。

可能是苦于找不到方向吧，所以这半年来的大学生活对我而言，从长远来看无疑是种浪费，而且浪费得毫无价值。我一直以来都在为考大学忙碌着，可真正到了大学，却茫然不知所措。我曾反省过自己的内心：到底需要些什么？可没人可以告诉我，我只有在原来的轨道上继续滑行，而前途于我，几乎成了绝望的代名词。

而您的这本书对我来说，无异于可以脱胎换骨的“奇药”！我开始在这些天里慢慢地学会关注起自己的内心来。我不断反问自己：究竟我是怎么样的一种人？我需要什么？我的人生会不会因为我自己的观念的改变而发生一些改变？我的这些改变值得我去为之付出我的青春年华吗？还有我的方向到底在何处？等等。而我现在最大的变化是，我发现自己越来越喜欢沉默。有些人沉默是无言，有些人沉默是更加积极地思考，我想我应该是后者。

说真的，我是从一个落后的小地方考到这个大城市的，眼界的扩大、外界的诱惑使我浪费了许多时间和精力，但当我决心已定的时候，所有的东西都在迅速地褪色！我开始慢慢地变得自信起来。我所学的专业我一点都不喜欢，觉得真的没什么意思，最关键的是，它没有什么前途。

志军叔叔，我想问您一个问题：我都22岁了，再想把以前十几年的思维习惯和一些观念改过来，这实际吗？可行吗？我是学文科的，我想自学理科专业，这实际吗？可行吗？我真的只想选择自己所喜欢的东西，但是来得及吗，志军叔叔？麻烦您了，在您那么忙的工作中还希望您能抽出时间来给我这个微不足道的大学生回封信，指点我何去何从，好吗？

再次感谢您！您写的书真的十分实用！

此致

敬礼

一个普通的大学生　陈×

2003年12月14日

陈×：

志军将你的来信寄给了我。我想他会给你很完整的回答，所以在此我只建议你一句：在这个世纪里，沉默不再是金。一个有思想的人不会沟通、表达，便和一个没有思想的人一样。

有什么问题，尽管来信给我。（你的英文如何？如果你的英文不错，我用英文回会更快些。）

开复

2003年12月30日

我不想拿孩子童年的幸福去赌人生

凌老师：

您好！

我是您的一位读者，也是一位母亲。当读完《成长》这本书的最后一个字时，我最想说的一句话是：谢谢您，真心地谢谢您写了一本令人受益匪浅的好书。相信这本书不仅会改变很多人对教育的看法，更重要的是由此将改变许许多多孩子的命运。

如果您有时间和兴趣，我想跟您聊聊现在幼儿园里的孩子们是怎样为正式进入人生竞技场而做准备、打基础的，因为我有生活，更有感想。

再过两个月，我的孩子就满六周岁，且秋天就要上小学了。自从他去年9月进入幼儿园大班以来，我更深切地感受到了那个非常时尚的“早期教育”在我们的幼儿园里早已是有过之而无不及了。

孩子每天早上8点到幼儿园，先吃早饭，然后上课。因为要学的东西太多，出去玩的时间根本达不到幼儿园承诺的每天两小时户外活动，大概只有半个多小时。与其说这是户外活动，不如说这种“放风”真是太难为我们的孩子了。他们的整个上午几乎都是在学习中度过的。接下来中午11∶30吃午饭，饭后马上上床睡觉，因为老师还急着吃饭。2∶30起床，吃水果，然后报兴趣班的孩子继续学习。这时其他孩子才有一点时间跟老师做一些别的活动，下午几乎不出去玩。4∶30吃晚饭，5点开大门。接孩子的家长都急着往里挤，一位家长说：“快点，先解放孩子。”出了教室的孩子们像冲出牢笼的小鸟一样，争抢着往楼下跑，在操场上疯了似的你追我闹，一蹦三丈高。看着重获“自由”的孩子们的那个高兴劲，真是别有一番滋味在心头。

这是日托幼儿园，如果是全托幼儿园，晚饭后的时间也被安排好了。一位去考查全托幼儿园的家长回来说，这哪里是幼儿园呢，这更像现代化养鸡场。

据报道，意大利科学家发现，猪也有七情六欲，并且会哭。如果猪缺少关爱，那么健康状况就会下降，很容易生病。于是欧盟决定改圈养式为放养式，并规定到2012年如果还在圈里养猪将是违法的。而且德国更有人情味，鼓励饲养员最好每天与每头猪有20秒的接触时间，还要发给它们两三种玩具，以避免它们吵架。

本来，人和猪是不具可比性的，但写到这里，就一下想起了这条新闻。

我们这一代人，常常羡慕现在的孩子。他们真幸福，尤其是城里的孩子，要什么有什么，可他们真的幸福和快乐吗？学习、考试和升学这三座大山已经压得他们喘不过气来了。他们的童年远离自然，色彩单调。他们生来就是一部学习的机器，整天生活在别人的评价里，宝贵的生命除了为别人的梦想做嫁衣裳，还有什么是属于自己的？

想想一个才五六岁的学龄前儿童，不仅在幼儿园要学汉语拼音、英语、珠心算，还有画画、书法、围棋、游泳……听着都累心。当然，除了汉语拼音，其他都是自愿报的。更准确地说，不自愿也得自愿，而且除了每个月720元的托儿费，还要另外缴纳不低的学费，教育真是产业。我只给孩子报了英语和画画，因为我觉得语言应该早点学，画画是孩子自己要报的，他非常喜欢画画。于是老师说：

“孩子上小学是要考20个数以内的加减法的，不学珠心算，他能会算吗？你不给他报画画班，也该报珠心算。”

我不明白学珠心算和会不会加减法有什么必然的联系。我说：“我看过一篇专家写的有关孩子学习珠心算的文章，上面说特别有天赋的孩子才能在四五岁的时候开始学习珠心算，一般的孩子要到12岁以后学习比较好。再说孩子自己也不愿意学。”

“你怎么能听他的。”老师的声调明显提高了，而且满脸的不高兴。

我心想，孩子是学习的主人，我不听他的听谁的？但怕因此更加得罪老师，才没有说出口。其实有的家长也不太想给孩子报，但怕老师有想法，也就报了。难道我就不怕老师有想法吗？只是我更怕自己的孩子生活在别人的想法里。老师说我是个很有“主见”的家长，这个“主见”后面不知道有没有老师的“偏见”。但我自知不是个人云亦云的人，不是认为专家比老师的水平高，就一定照着做，而是觉得专家说的有道理。我觉得早期教育不仅有个“度”的问题，同时还有一个“心智”的问题。

朋友知道我喜欢文学，就批评我不教孩子背唐诗，让我好好看看人家的孩子是如何倒背如流的。可我以为，一个从来没有离开过家、一个从来没有独处异乡生活经历的人，怎么能深刻理解和体会“举头望明月，低头思故乡”的心情和意境呢，更何况一个只有几岁的孩子？想来没有一位家长或老师糊涂到请位恋爱专家来教一个10岁的孩子如何去吸引异性，可在孩子的功课上却“时不我待”。对于一个孩子来说，有些课程的学习是需要生活积累的，比如作文，比如历史，比如政治。

凌老师，我总想不明白，我们的民族是个古老的民族，可为什么偏偏有个非常不成熟的习惯，那就是“跟风”和“攀比”。就像您在书里写的那样，“我比不过你，难道我儿子还比不过你儿子吗？”你儿子学电子琴，我儿子就学钢琴；你儿子报两个兴趣班，我儿子就报三个兴趣班，我又不比你穷，凭什么落在你后面！跟风和攀比的结果是，一到双休日，院子里根本没有孩子玩，孩子比大人还忙，忙着上各种兴趣班。我家离人大附中和人大附小都非常近，深感学习的气氛是可以聚集和传染的。许多家长不怕花钱，不怕路远，更不怕乘车和住校，“千里迢迢”送孩子到中关村上学。在人大附小附近有个专门开办各种兴趣班的学校，好像很有一些名气。每到双休日，送孩子上兴趣班的汽车会把我家楼前那条马路堵得满满的，孩子们拿着算盘、背着画具、带着乐器……肩负着家长们的无限希望，走进了能让他们在未来实现梦想的“梦幻”学校。那真是一道最具中国特色的教育“景观”，借用现在一句最时髦的感叹词就是：“哇，真酷。”

算算这所学校离我家只有五分钟的路程，可这五分钟的路程竟让我和丈夫望而却步。除了幼儿园的学习，我的孩子没在外面报过一个兴趣班，在没有经济因素影响的情况下，这好像多少有点“另类”。面对亲友和邻里的询问，我说：“我不想拿孩子童年的幸福去赌人生。”

我邻居的小女孩今年上小学二年级，她妈妈说她学习挺好，就是缺少创造性。想想她连星期天都没有，整天忙着赶场子，没有闲暇去思考，没有发散性思维的形成和发展，她哪来的创造性？前些天，她妈妈对我说：“我可不敢让她学习了，她说了，‘你要再总让我学习，我就自杀，要不你就弄死我’。”听听孩子们绝望的呐喊吧！

凌老师，最近我常常想，我们的社会发展了、进步了，现在的家长不再包办婚姻了，但开始包办学习、包办前程、包办未来了。您说，这是社会的进步还是社会的倒退？！

人们都说现在的孩子是父母的掌上明珠，父母爱他们胜过爱自己。可惜我们这些做父母的“爱”极必反，在赋予孩子生命的同时，还要加上自己的思想和意愿、理想和抱负。

有句真理，“哪里有压迫，哪里就有反抗”。鱼肉般任人宰割的孩子们在忍无可忍的情况下，也要抗争，也要造反。然而“弱势”面对“强权”，他们只能选择逃避。孩子们现在的远大理想，已不再是考第一，进重点学校；已不再是乞讨一点时间，能多玩一会儿；他们要的是真正的自由，他们要像爷爷那样退休回家，想干什么就干什么，真是可悲而又可叹。生活的序幕才刚刚开启，他们却要提前退场了。

和许许多多的父母一样，我和丈夫也有望子成龙的心态，希望自己的孩子最聪明、最优秀、最出类拔萃。但这是“上层建筑”，我们对孩子最基本的希望是先有一个健康的身体和健康的心理，然后再去奢望别的。

凌老师，我觉得您书里有一句话说得非常好，“我们既然无法改变教育，那就改变对教育的看法”吧。这句话真让人豁然开朗。如果我们这些普普通通的老百姓都能改变对教育的看法，并把我们应对教育的方法付诸行动，那么这种巨大的合力，必将反作用于教育，最终必将推动教育的变革。

为此，我真想写篇童话，童话里我要请那些极富有爱心的“微软小子”用他们的天才和智慧，为孩子们研制一种专门应试的液体软件，用它取代原来的笔芯。这种流动的液体软件通过笔尖的感应识别系统便能审题和答题，而且绝不会被监考老师发现。这种被叫作“应试笔”的软件涵盖了题库里所有题型，一经上市便大受欢迎。从此，孩子们再也不用花费宝贵的时间去应付那些没完没了的八股考试了。考试时只要使用这种“应试笔”，人人都能考出好成绩，令家长高兴，让老师开怀。从此“应试笔”成了微软公司最畅销的产品，滚滚财源使比尔·盖茨比世界首富还富有。但好景不长，微服私访的教育官员终于发现了这种分不出高下的考试实在没有意义，于是下令立刻废除所有死记硬背的考试，从此要考智慧、考能力，并严禁设立题库。这下“应试笔”没了市场，库存积压，销路永绝。由此引发全世界的新闻媒体评说教育、关注微软，并猜测比尔·盖茨会否因此成为世界上最穷的穷人。但比尔·盖茨到底是比尔·盖茨，当年敢炒哈佛的大学生，毕竟有他的与众不同之处。面对如此严峻的形势，他竟然西装革履、满面春风地在世界最豪华的五星级饭店举办庆祝“应试笔”滞销酒会，他的祝酒词是：“为千万个成长中的比尔·盖茨干杯。”

“哗——”来自全世界的掌声经久不息……

从此，孩子们没了压力，有了自由。大把大把的时间由自己支配，他们想干什么就干什么，由着自己的兴趣开发自己。有一天，当他们沿着天才们成长的脚印走下去时，突然发现那些走下神坛的天才其实离自己并不遥远。原来，自己也是一块天才的坯子……

一下写了这么多，笔随心走，"胡"想连篇。相信凌老师一定能理解高山流水、一吐为快的心境。

最近，电视广告总在播放"过年送礼送 ××"，于是我和丈夫商量，给有孩子的朋友送本《成长》。

值此新春佳节到来之际，衷心祝愿凌老师身体健康，合家幸福，并盼望您在新的一年里写出更多有思想、有品位的锦绣文章。

姜 ××

2004 年 1 月 17 日

姜 ××：

谢谢来信。

你给自己选择的教子之路是很难走的一条路，如果你坚持，你和你的孩子都会面临很大压力，而且还有风险。你想好了吗？

无论如何，我觉得作为母亲，你很了不起。你的孩子将来一定会庆幸有你这样一位母亲。

你说你不想拿孩子童年的幸福去赌一生，我特别有同感。我儿子曾说我是天下最好的父亲，我想又是因为我能理解他的需要，并且鼓励他去做自己喜欢做的事情。现在他已经长大了，我最高兴的事就是，他有一个快乐的童年。我相信，没有童年的一生无论多么伟大，都不会是完整的一生。

凌志军

2004 年 3 月 6 日

凌老师：

您好！

在三八节到来的日子里，看到您对我的称赞和鼓励，我很快乐。不管今后我能不能成为一位了不起的母亲，我都会凭着母爱的驱使而努力去做。

我想，我选择的教子之路和您所提出的问题，不仅仅是我一个人，而且是现阶段每一位对应试教育有些想法的母亲应该共同面对和思考的课题。

面对这个课题，我不得不第一次认认真真地想一想，我为什么要选择这条教子之路，一定必要吗？一定行得通吗？

在乱纷纷的思绪中，我好像理出了一点头绪。

我想，人生的教育大致可分为两个方面：一是来自学校的正规教育，二是来自家庭和社会的教育。当我把自己的教子之路分成两个阶段——学龄前和上学后时，就一下发现，其实，家庭教育更多地表现在学龄前阶段，也就是一个孩子的童年时期。对于这个时期的家庭教育，我同样有些自己的想法。

说到家庭教育，实际上就是父母教育。

和您一样，我也认为父母对孩子一生的影响至关重要。父母是否合格，不在于他们受过多少教育，有多高的文化。您说，取决于他们和孩子的关系是否融洽，我赞同。而且还取决于他们的聪明程度（这跟学历和文化没有直接关系），取决于他们所具有的战略眼光，并能在孩子还没有选择能力的情况下，运用这种眼光帮他们做出了正确的选择。

这大概也该算作一种情商吧。

这种情商来自爱心，来自智慧，更来自责任。

我们不难想象，一个没有责任感的人自然没有诚信，一对没有责任感的父母自然不是一对合格的父母。

可在人生激烈的竞争中，我们的有些父母早已忙丢了那份责任。当他们在事业上获得了成功，想用金钱找回那份责任的时候，突然发现自己原本那么小的孩子，怎么一夜间就长大了。他们对父母爱的呼唤，远不像童年时那么唯一，那么不可替代了，于是便留下了许多永远无法弥补的人生遗憾。

这便应了那句话，失去了才觉得珍贵。

有时我就想，我们这些做父母的，能不能在浮躁中静下心来，在一个月光如水或者繁星满天的夜晚，在深蓝色夜幕的包围下，满怀深情地注视一下我们身边那个熟睡的孩子。此时，或许你会怦然心动，感悟到，原来父母温暖的怀抱和关爱的眼神，才是孩子童年里最好的阳光雨露。这种阳光雨露，会滋润孩子的一生。那么，我们做父母的为什么不能紧紧抓住这稍纵即逝的美好时光，为他们上好人生开篇的第一课呢？

随着儿子上小学日子的临近，看着学习的夹板马上就要套在他那还很稚嫩的肩头，而且如果想要读到最高学历，这一套就是20年，比十年寒窗还多了一倍，所以我便想抓住学龄前这段时间尽量带他先“走万里路”，然后再“读万卷书”。我想，两千多年前的孔子都知道带着学生周游列国，一个现代母亲有必要带孩子看看大海，于是带他登上了开往大连的火车。

那是去年9月初，正是高校开学的日子。卧铺车厢对面正好是一家三口，父母送儿子去大连上学。那个比他母亲还高的大学生，好像感冒了，于是他妈妈一会儿摸摸他的头，一会儿给他倒杯水，一会儿又问他吃不吃药，当她又伸手去替儿子整理头发时，那个大学生烦得马上把脸转到了一边。我猜如果不是在火车上，不是在众目睽睽之下，他一定会打开母亲的手臂。作为旁观者，当时我真是感触颇多。我就想，当孩子小的时候，你千万要忍住，不要烦他们整天像个跟屁虫似的，甩都甩不掉。这个时候，你应该将自己的爱倾尽所有送给他们。当他们上了初中以后，有一段时间特别烦父母，那时你千万收起你婆婆妈妈的爱，最好离他们远点儿。等他们长大成人以后，理解了父母对儿女的那份亲情是永远割舍不掉的时候，你怎么释放你的爱都无所谓了。再等到他们结婚有了自己的孩子时，“不养儿不知父母恩”的古训，还会使你心安理得地收获他们对你的爱。

实行了快30年的计划生育，确实控制了人口数量。孩子倒是越生越少，可问题却越来越多。现在的一个孩子，比过去的10个孩子都难养。千顷地一棵苗，谁都输不起。就像有人说的那样，这一个孩子要是培养不好，那就等于全军覆没。因此父母唯一的期望指数一路上扬，创下历史新高，就连起个名字也要涵盖对未来的梦想。哪像过去，老五老六、小七小八，多么简洁明了。初为人母，我也同样不能免俗。我给儿子取的名字“江山”，远不像母亲给我取的名字那样婉约含蓄，加上他爸爸姓洪，这个名字就容易让人往大了想。儿子爷爷单位里有位说话一向入木三分的女教授竟幽默地调侃：“要江山，要不要美人呀？”其实，我本不是这个意思，何况坐江山的人未必幸福。我对儿子说：“妈妈给你起这个名字，是想让你自己坐自己的江山。一个人如果能够把握自己的命运，这本身就是人生的成功，不管这种成功是平凡的还是伟大的。”只是他还太小，等他到了我们这个年龄，生活的阅历会使他明白，平平淡淡的生活和惊天动地的壮举，同样能在命运交响曲的旋律中谱写出最华采的乐章。

由于有了这些想法，我便在自己还有能力把握孩子童年命运的这几年里，尽量让他生活得快乐一点。再过10天，他就满6周岁了。虽然他今后的人生之路还很长很长，作为母亲，我不敢说自己今后会做得多好，但至少现在，我觉得自己能像您一样欣慰而高兴地说，他有一个快乐的童年。

在为儿子第一阶段的教育画上一个还算圆满的句号以后，我就想，他要上学了，我该怎么办。自然规律决定我必须退居二线。作为母亲，我要从“主角”变为“配角”，要为正规的学校教育让路。可我对这个将要出场的“主角”还有那么点想法，还不那么放心。我甚至想过，如果我有好几个孩子，他们互相有伴儿，我也许就不让他去上小学，因为小学的课程除了英语，我还能教。可只有一个孩子，就万万不能这样做，因为天底下再“了不起”的母亲，也取代不了“小朋友”的作用。

正在我一筹莫展、无计可施的时候，我读到了《成长》。

作为一个还不太笨的母亲，我觉得自己一下子就学会了您在书中教我的那些办法。这也是我喜欢《成长》的另一个原因，既提出了问题，又有解决的方法。对于“先干必须干的，然后再干喜欢干的”这一招，我自认为已经做到了心领神会。我想，面对这个强大的、惯性十足的教育体制，我没有能力改变它呆板、乏味的大环境，那就努力为孩子营造一个最适合他成长的小环境吧。再看看我们现在的人才标准，如果没有一张大学文凭，连人才市场的第一道门坎都迈不过去。你不适应这个社会，你就没法儿在这个社会上生存和发展，更谈不上与时俱进了。

凌老师，看到这里，我想您会感到一点欣慰。因为我觉得一个能写《成长》的作家，不应该只具有才气和水平，在他心灵深处，一定还珍藏着一份责任感和使命感。在他创作的过程中，他一定想过，这本书只要能被一位母亲认同和接受，只要能使一个孩子从中受益，那么自己就算没有白写。我说得对吗？

想想一件事的成功，一般不能缺少想法、办法和自信这三个因素。而当我有了想法和办法以后，我又找到了那么一点点自信。

这种自信，不是来自我本人，而是来自天下所有母亲对自己孩子的那种本能的爱。这种爱，就像春天土地里发芽的种子一样，不管什么东西都阻挡不了它要破土而出的强烈愿望。凭着这种普通但能释放出极强能量的爱，还有什么困难能阻挡一位母亲带领她的孩子去实现心中的理想呢？何况，这种理想的起点本来就很低，既可望又可即。

这种自信，来自孩子本人。

我们这一代人，几乎到了结婚，才真正了解了生命孕育的奥秘。我们的孩子，在千千万万个细胞中，以最敏捷的速度，以最有实力的竞争，获得了生命的权利。他或者她，已经经过了人生的第一道筛选，这足以证明他们是优秀的。他们带着这种优秀来到我们的世界上，出生时的健康，便决定了他们都可以被划入“孺子可教”的阵营。难道这不是母亲们应该有点想法的资本吗？

这种自信，来自外部环境。

我们的孩子，能够出生在和平时期的中国，这本身就是一件幸事。他们虽然没有豪门权贵的家庭背景，可生下来就不缺吃少穿，这该算作第二件幸事。那么第三件幸事就是他们生活在一个温馨和睦的家庭里，既拥有父爱又拥有母爱。难道这么好的条件还不够一个孩子健康快乐地成长吗？

把我罗列的这些理由累加起来，抛开事物不断变化的因素，难道我还看不到一点点希望的曙光吗？

有位朋友这样评价我：“我告诉你，你很难干成一件你想干的事情，因为这件事情还没开始做，你就先把退路想好了。不把你逼到绝路，你永远不会孤注一掷、破釜沉舟。你呀，真是聪明反被聪明误。”我的这个朋友真是看我看到了骨子里。这一次我之所以敢往前走，恰恰是因为我没有看清压力和风险，或者说，我已经被逼到了绝路，因为生命不能重来。

三八节里，祝您同样快乐，因为围城里的丈夫快乐了，妻子才会幸福。

姜××

2004年3月8日

姜××：

你好！

看到了你的第二封信，而且还把你的两封信（第一封和这一封）转给在美国的李开复了。他回信给我说，他特别喜欢你的想法，还说，我应该为有你这样的读者感到自豪。你一定知道，他是《成长》和我此前写的《追随智慧》的主人公之一。他对教育的热情，一点也不亚于对计算机技术的热情。

他说得对，你也说得对，即使只有你一个读者，我也已经对自己的工作有了很强烈的满足感。当然，我明白不是所有母亲都会同意你的看法。比如昨天有个读中学的孩子给我来信，说他把这本书推荐给一个同学，而他的同学看了这本书后的第一个想法，就是给母亲看，因为母亲那种望子成龙的强烈愿望让他受不了。但他母亲看了以后对他说："这是在误导。"

那孩子很无奈，来信问我应该怎么办。我真想把你的信转给他的母亲，但我没有这样做。我告诉他，去理解母亲的愿望，也给母亲机会来理解孩子的愿望。还给他讲了我记忆中的妈妈。现在我把给他的信给你看看。我真的觉得，我们做父母的，不仅仅是在看着孩子成长，而且，自己也应当和孩子一同成长。

凌志军

2004年3月15日

怎么解决兴趣与必修课之间的冲突

凌叔叔：

你好。请你在百忙之中读完我的信，好吗？

我是江苏无锡的一名在校大学生。放寒假前我幸运地买到你的《成长》，花了一个寒假慢慢地品读，觉得书中的很多话深深地震撼着我的心灵。心中有很多的话想对你说，想请教你，请教书中每一位我崇拜的人。

我的大学是在平淡中开始的，没有激动，没有兴奋。因为我以前的成绩很好，而进入大学后，高手如云，我的成绩平平。但我并不在乎这些。大一和同学们一样，平平淡淡、迷迷糊糊就过来了。到了大二，忽然对计算机产生了浓厚的兴趣。电脑的神奇大门在我的面前敞开，深深地诱惑着我。

老实说，我并不喜欢我目前的机械专业，是家人让我这样报考的，说将来好找工作。我当时也同意了。这样一来，成绩表上的很多课程都挂了红灯，唯有计算机课是班里唯一的“优秀”。

可是我现在有很多苦恼：1. 自己不喜欢的课与自己喜欢做的事之间有很大的冲突，常常为考试忙得焦头烂额。作为一个大学生，我觉得这很悲哀。2. 自己现在学的这些电脑知识，学的这些软件，将来能不能派上用场？为了实现自己的梦想，现在还应该做什么样的准备工作？ 3. 现在考研似乎成为一种潮流。同学们不管三七二十一，不管有没有考虑过，不管愿不愿意，都脱口而出：“我要考研！”将来我毕业就找工作，还是继续奋斗？看着《成长》书中个个都是博士、硕士，我陷入了思索……

凌叔叔，如果你能收到这封信，请给我回复，好吗？哪怕只有一句话。

一个迷惘的大学生　孙 ××

2004 年 2 月 3 日

孙 ××：

你好！

无论如何，让课程挂红灯是不行的。据我所知，那会让你拿不到学位甚至不能毕业，那你就失去了最基本的东西。

如果我遇到应该做的事情和喜欢做的事情之间的冲突，我会给自己安排一个时间表，每天在规定的时间里完成应该做的事情——时间表能激励你集中精力并提高效率，然后去做喜欢做的事情。

李开复的《给中国学生的一封信》，你可以找来读一读。

凌志军

2004 年 2 月 4 日

凌叔叔：

谢谢你的回信。其实我知道，生活的线索掌握在自己手中。再次感谢。

祝凌叔叔工作顺利！

孙××

2004年2月6日

自信和潜力从何而来呢

凌志军：

您好！我是一名高一的学生，是读了您的《成长》才决定给您写这封信的。《成长》是我的一位物理老师介绍给我们的书。我现在虽然只看了仅仅90页——您这本书的1/4，但我还是决定跟您说一说我的感受。

您在书中介绍的30位“微软小子”的成长经历，我看后很钦佩他们在面对困难时的坚强和毅力、他们学习时的刻苦，同时惋惜他们家庭中的不幸。我在您的书中多次看到自信和“做最好的自己”，但是自信和潜力都从何而来呢？

我在学校是一个很普通的女孩子。长相平平，学习在十五六名晃荡，所有的学科没有一科特别突出，也不像同班同学那样有一技之长，和老师的关系也很一般，同学之间的关系也只是打打招呼，只有三四个朋友而已。所以我站在我们班非常不起眼的位置上，假如我有一天从人间蒸发，可能同学们也不会留意的。我讲这些不是在和您抱怨我的人生，而是想让您帮我发掘出我身上何处藏有所谓的潜力。

我看得出，您在书中很注重家庭环境的描述，无论是李开复教授还是其他人，他们都有一个非常好的家庭环境，这里的家庭环境不是指贫富贵贱，而是指家庭的气氛，和家长对于子女的熏陶、教育。而且他们的父母都是非常开明的，像他们说的那样，你是“属于全世界的”。而在现在的社会中，这种现象是很少见的。

我的母亲也是一位很好的母亲，她虽然只有高中文凭，不能说知识渊博，但是她做人处世的态度和做法是我一辈子也学不完的。所以我从她身上也学到了不少做人处世的态度，这可能是我唯一骄傲的地方了；而父亲给我的教育几乎可以说是一点都没有。所以我在这种家庭中生活，不可能像“微软小子”他们那样从小就受到很好的熏陶——我现在都16岁了，领会得也太晚了。而且他们生活的年代都是“文化大革命”前后，社会还是很动荡，学校和社会没有那么多的精力去管理他们的生活，但是现在大不一样了，我们不可能像他们一样自由，也没有那么多的时间去做自己想做的事。而且我知道，他们都是受到一定的挫折后才成长起来的，而我们这一代都是家中的独生子女，虽然我的家庭管我很严厉，但是也没有让我得到多大的锻炼，所以我感受不到受到挫折之后的心理变化，也不知应该怎样选择我今后的人生。

我希望您读我这封信后，可以在百忙之中帮我解决一下，我怎样才能找到自信，怎样才能发现我的潜力。而且我也不知道自己想要的是什么，所以我现在正处在人生的分岔口，希望得到高人的指导——不说您的学位和您现在的地位，就说您能采访到这么多伟大的人，可想而知您的伟大有多少。

您的前言中提到一位女孩子，介绍她读完您的作品后给您的一封来信，我也希望我的这封来信可以给您带来灵感，让您再次创作出更好更多的作品。

一位郁闷的女孩

2004年2月13日

“郁闷女孩”：

你好！我能想到的树立自信的最好的方法，是尽量不要和别人比，只同自己比。试一试，在哪一件事情上，或者在哪一门功课上，能不能比过去的自己做得更好一些。如果能，你就会很开心，而且会有做得更好的激情。

可以先从你最喜欢的事情或者最喜欢的课程做起。

每个人都是一块金子，只需把外面的泥土洗去。我相信你也是。

祝你进步。

凌志军

2004年2月15日

叔叔，我该怎么办

志军叔叔：

你好！

我是一名来自湖南的中学生，在看了你写的《成长》之后，我有好些困惑与烦恼，希望你能帮助我！

今年，我要初三毕业了，所以功课相当多。除了星期一到星期六正常上课外，我星期天上午要进行数学、物理、化学的奥赛的强化训练，下午还有专门的数学课程。一周排得满满当当，丝毫没有空闲时间！忘了，我晚上还要学习二胡（要考级）！由于每天的作业都很多，因此睡眠时间十分不足！今天是星期天，我多睡了一会儿——迟到了！班主任居然打电话通知父母，还在课上狠狠批评了我。我感到很委屈，而老师说："你是班长，又是学生会主席，更应该严格要求自己……"当场我就落泪了！

叔叔，我该怎么办？

小学的时候，我是班长、大队长，成绩好、工作棒，是大家的骄傲，活泼开朗的性格逐渐形成！（特此声明：我不是那种"死读书"的人。）可进入初中后，我发现我们学校属于那种只注重成绩、丝毫不管其他的"成绩梦工厂"！显然，我很不适应！但为了保持小学高高在上的感觉，我只好选择妥协——学习！学习！再学习！小学的特长更是无用武之地！讨厌这种恐怖的学习环境！

于是我变得有些叛逆……

不过，我无力改变现状！所以我总会不时流露出对这种教育制度的不满！但老师警告我：现实社会就是这样，你必须这么做，否则……

那天我看了《读者》上你的那篇文章《做最好的自己》，我被震撼了！我马上赶往长沙（我住在望城）买到了《成长》这本书！经过比对，我发现在10条成长条件中，我符合9条——

我现在还没有在外面奋斗的经历！那一刻，我更加坚信：我是有能力成为像"微软小子"那样的天才的！

困惑与矛盾也就来了，面对现实和自己的梦想，我该怎么做呢？？我总不能现在出国去接受自己渴望的教育吧！

志军叔叔，希望您能帮帮我！由于时间问题，我只能说这些了！

谢谢您！

安 ×

2004 年 2 月 22 日

安 ×：

你能有这么多想法、这么多困惑和这么多矛盾，不是坏事，是好事。说明你不是个读死书的人，更不是一个除了分数什么也不要的人。你应该为自己感到自豪，你的爸爸妈妈和老师也应该为你感到自豪。

我想告诉你的是，分数还是很重要的，只不过它不是你的“唯一”。在某一段时间里（比如你现在要考高中了）考试成绩也许是最重要的，这是大环境造成的，你没有办法逃脱。所以还是要让自己集中精力，用最短的时间去争取最好的结果。重要的是，你心里有没有你自己？有就好。同时也要明白，任何美好的梦想都不是一下子就能实现的。需要一点一点去做，也包括去做一些自己不喜欢的事。

希望你能成功！更希望你能快乐！

凌志军

2004 年 2 月 23 日

志军叔叔：

首先感谢您！昨天、今天我们已经进行了初三的第一次月考。虽然不知道成绩怎样，至少自我感觉良好！

在给您发过那封求助信后，我自己也冷静地想了想，也许，当时的我太冲动了，以后应该不会了！

和同学谈起此事，大家都是茫然而无助地看着我。这足以证明，发生在我身上的问题同时存在于其他人的身上。我知道，以我一个人的力量去改变这个国家的教育制度是不可能的，但我真的希望像您这样在教育界有一定影响的专家能再次呼吁：真正施行素质教育，别让更多的下一代成为应试教育的牺牲品！！

安 ×

2004 年 2 月 27 日

人的最大差别真的不在于聪明不聪明吗

凌老师：

您好！

很高兴看到您的《成长》一书，前几天逛超市时，我也很幸运地买到了一本。不过还没看完，我就觉得自己有很多问题想寻求您的帮助。不知您是否有时间？

我还是一名大学生（大专），就读于福建师范大学，今年大二，学的是软件专业。我的问题是：像我们这种水平（大专生），适合做这方面的工作吗？这个问题困扰我很久了啊！我一进入大学就想了这个问题，毕竟这种工作要求脑力水平比较高嘛！所以我不解的是为什么统招我们这些人来学这种专业啊！我虽然也很自信地说：这有什么啊，勤能补拙嘛！对吧？所以我一直很努力的啊！但也许是我太急了啊，我总觉得到现在好像什么都没学到，因为我们都不能把我们所学的东西变成实际的什么东西啊，比如变成一个小软件！哈哈。是不是我不现实啊？但我觉得一年半了啊，我们的学费都很贵，父母的钱又不是那么容易赚的啊！

《成长》一书中的主人公有好几个都是很早就受过西方教育啊，可以说他们是在西方的教育环境中慢慢长大的吧，到底是什么使他们有今天这样的业绩呢？我们总听到一句话："师傅领进门，修行在个人。"有时我觉得是啊，的确是这样的，但有时我又怀疑这样的说法。因为什么样的师傅教也是很重要的啊，因为他能激发人们学习的兴趣，我觉得这比什么都重要啊，我就有这样的经历啊！如果这个老师我觉得好，我就学得非常好，但如果我讨厌这个老师，不管我怎么努力都达不到理想的结果！

我很迷茫，人真的不是由于聪明程度的差别学习成绩才有差别的吗？就像张亚勤所说："人的最大差别不在于聪明不聪明，而在于怎样使用自己的聪明。"

说实在的，我很不喜欢那些成功人士成功了之后大谈特谈一些理论，为什么总是那些成功人士有权发言呢？难道没有更努力的人吗？但他们没有获得人家那样的成绩啊，即使他们也很努力，有时甚至比成功人士更努力！我只是说说我的心里话，也许我真的不能这样讲，对吧？所以我看到第52页的那句"不过这都是后来的话，在当时，他没有想那么多”有点亲切感！哈哈！

此致

敬礼

郭 ××

2004 年 2 月 23 日

郭 ××：

很高兴你能喜欢这本书。你能想这么多，我也很高兴。我在写这本书的时候，最强烈的感觉是，这些成功人士的确都是像我们一样的普通人。所以，不要因为感到自己普通就沮丧。你可以继续读完这本书。如果有任何问题，请让我知道。

凌志军

2004 年 2 月 23 日

你的来信让我想起我的妈妈

凌志军先生：

我是一个内蒙古的初二的学生，前几天读了您写的《成长》，它对我的影响确实很大，我对学习的态度也改变了很多。

我有个同学，平时和我关系很不错，他的家长实行的是典型的“强迫型”教育，每天他都有做不完的练习册，根本就没有属于自己的时间，更没有时间交朋友，当了他的朋友我也很意外。他这样努力到现在，成绩一直在中上游，总比我的成绩低一些，他甚至羡慕地说：“看看你，每天那么轻松，还能考那么高。”他对此也很困惑。我看了《成长》以后启发很大，决定让他也看一看。他看后第一个念头就是：“一定要让我妈看这本书。”第二天早上，我问他和妈妈说了吗，他很失望地说：“我妈说，这是媒体在误导学生。”我想，您也希望更多的中国家长了解那些“天才”的成长之路后会有所改变，但也有很多像我同学的母亲这样的家长，他们很执着，希望孩子有所成就。因为这样的执着，他们去逼他们的孩子做那些做不完的练习题，而且是同一种题会出现 10 次以上的那种练习册。我身边就有很多这样的家长，所幸我妈妈并不是这样的人，我没有多少额外的负担，她认为理解最重要，理解后才能“背”会知识。现在包括我在内，我们所有同学都没有一个确切的、会使自己产生动力的真正的理想。我问到时，他们总把“考上重点高中”当成理想，现在我也在为理想的问题而烦恼，而又找不到自己的兴趣。我该怎么办？我那有个过度望子成龙的母亲的同学该怎么办？希望您在百忙之中抽出一点时间帮帮我的忙。

谢谢！

为了理想彷徨的中学生　贾×

2004年3月12日

贾×：

你的来信让我想起我的妈妈。

我的妈妈已经快80岁了，她总是为有我这么个儿子感到自豪。每当我看着她的时候，也总是想，她这一辈子为我做了多少事啊！可说起来真是奇怪，她为我做的无数事，在我的脑子里都变得模糊了，只有一件永远地留在我的记忆中，日子越久就越清晰。

那是我读小学三年级的时候，第26届世界乒乓球锦标赛在北京举行。我酷爱打乒乓球，也非常想去看比赛。妈妈为我买到一张票，但那一天我要上课，怎么能为看球逃课呢？我绝望极了。就在这时，妈妈到学校去了，找我的老师为我请假。老师问她为什么，她说：“孩子喜欢打乒乓球，我想满足他的愿望。”老师问误了课怎么办，妈妈说：“我相信他能补上。”就这样，我如愿以偿了。就在这一天，妈妈满足了我的一个愿望，还把她的信任给了我。

后来我长大了，也有了自己的孩子。在我的孩子面前，我常常想起自己的父母。我对自己说：“满足孩子的一个愿望，比为他做一百件他不需要的事情都重要。”我还对自己说：“你对孩子有很多期望，可是你知道孩子对你的期望是什么吗？”

我能理解你的朋友的妈妈，那也是很多妈妈的想法。我也很佩服你的妈妈，你应该为有这样的妈妈而自豪。

还有，我现在做了父亲，才渐渐对自己父母当初做的很多事情有了更多的理解。我想，你和你的朋友也会越来越理解自己的妈妈。妈妈对你们的期望没有错，只是你们应该让妈妈了解你们对她的期望。

凌志军

2004 年 3 月 14 日

交 流

凌志军老师：

您好！我是浙江的一名大一的学生。

我不知道您是否会看到我的这封信，但我还是想跟您谈谈我的感受。

读了李开复老师、张亚勤老师等人的故事，我受到了很大的鼓舞。我是一个普通大学的学生，我们学校很少有大师级的人物来做报告。我有时会觉得很迷茫，希望有人来指引我怎么做，我想这本书起到了这样的作用。

我以前在河南读中学。您可能也知道河南是超级高考大省。从我上小学起，老师就不断地向我们灌输高考就是一切的思想，而我似乎也已经习惯把分数看作评价一个人的唯一标准。直到后来读了韩寒的一些书，我才有了一些改变。但韩寒的那一套毕竟不具有普遍性，而且某种程度上又有些消极。通过您书中人物的故事，我觉得找到了方向。在此，我向您表示感谢！

祝您工作顺利！

王 ××

2004 年 3 月 13 日

王 ××：

你好！

你说得对，我们过去太关注名牌中学、名牌大学，太关注考试成绩优秀的学生。近来有很多考试成绩不那么优秀的学生给我写信来，讲述他们的酸甜苦辣。我才意识到，我们应该更多地关心他们的想法、他们的愿望、他们的快乐和忧伤，因为他们是我们国家的大多数。我写《成长》就是希望能对他们有所帮助。你看了以后觉得有所收获，我就很高兴，觉得自己没有白写。

凌志军

2004 年 3 月 14 日

这本书不是教给你怎样成功的，而是教给你怎样才能快乐

凌先生：

今天买了一本《成长》，不知能不能给我的好友带来帮助，她是一个复读生，请问一下你的意见。请及时回答我好吗？

谢谢！

一位大一的学生：曾××

2004年3月14日

曾××：

收到你的来信已经好几天了，很抱歉没有及时回复，因为我实在不知道该怎么回答你好。

我有一个朋友把这本书给她的正在复读的女儿读了。她告诉我，她的女儿从中受到鼓舞，但我仍然不敢建议你把这本书也给你的朋友看。我知道现在是你的朋友的关键时刻，她需要激励，但更需要理解。情绪上的任何一个负面影响都会造成很严重的后果。

我想，你可以等她结束考试焦急地等待结果的时候，把这本书给她看。那时候，你可以告诉她，这本书不是教给你怎样成功的，而是教给你怎样才能快乐。

凌志军

2004年3月22日

凌先生：

刚看了你的回信，非常高兴！我已经把那本《成长》送给了她，我不知道对她现在的学习有没有负面影响。也许你说得对，我应该在她高考之后送给她。

但愿《成长》这本书给我的朋友带来好运！请问我是不是太草率呢？我是不是不应该这么早把那书送给她呢？如果对我的朋友产生负面影响，我会内疚的。您认为我做错了吗？请告诉我！

一位大一的学生：曾××

2004年3月24日

曾××：

不论怎样，我都不认为你做错了。

我会和你一同为你的朋友祝福。

凌志军

2004年3月31日

想对您提一点小小的意见

凌叔叔：

您好！

我是清华附中高一的学生。如果您按照您的观点——有兴趣的话，请读一下我的信吧。

前些天我和爷爷在《北京青年报》上看到了您的《成长》的相关介绍，没想到刚才我爷爷就去买了一本给我。我迫不及待地随便翻了一页开始看，但看完后想对您提一点小小的意见。

那是关于中国黑客蝶雨的。

我相信故事的真实性。但是，您在“新发现”中的很多观点，我想提出质疑，希望您在以后的书中能采纳。

当然要注明，我只看了这一个故事，按理说应该还不能随便评价，但我真的很想告诉您——在很多青少年“听了您的话”的基础上。

1.E学生把兴趣看得更重要，而其他学生把分数看得更重要。一旦你把顺序颠倒，就可能成为E学生。

评论：兴趣的确很重要，但要注意培养，人的一生不能完全任其发展，否则我觉得成功的太少，悲惨的太多。

他们成功的真正原因不是只有兴趣，而在于兴趣恰好“正确”。如果您的小读者们的兴趣在于吃喝玩乐或不正确的选择，又恰按您的话只做有兴趣的事，会怎样呢？您的“新发现”不是权威，我也不会迷信权威，所以您的话是不是再负责任些呢？否则没有观点的读者就惨了！

2.对这些人来说，最重要的是超过别人，是第一名，是名牌大学。

评论：如果“这些人”真的是如上这样，他们早就是第一了，也早就在自己的向往中成功了！真正不成功的人是缺乏实干精神，而不是放弃第一！您这样说太误导小读者了。

3. 评论：赞同。

4. 抛弃了“不能偏科”的旧观念。

评论：首先，这种观念必然有它的道理，我觉得您应该想一想。其次，在大学之前，偏科的结果导致的一系列现象，对成长中的心理很不利。您难道只希望读者变成E学生，而不是快乐的人？“我不信任老师，也不信任父母”？E学生就那么好？

5. 评论：赞同。

6. 真正知道“我到底要什么”的学生，通常比那些学习成绩特别好的学生还快乐。

评论：看了这句话，我猜您在学生时期要么不是在数一数二的学校，要么不是名列前茅，因为您不明白学习的乐趣。我觉得我的成绩还好——至少我明白了真正学习好的快乐。知识多，观点则更明确，做事考虑更全面，同学友好，也很幸福。我很珍惜现在。您有没有想过，真正成绩特别好的学生，不是天上掉馅饼，他们可能在自己的兴趣中做得比E学生好得多，也更快乐。而您怎么能用“肯定句”，且不加“大多”“大概”，就说些“疑问句”的话呢？！

您是作家，作家应对自己的言行负责。您的例子很有启发，把大家引到了以前不曾注意到的一面。但在自己阐发观点的时候，是不是也应适当加上“我认为”之类的话呢？E学生不是最好的，只是参考，别误了观点不成熟、心理正矛盾的孩子们呀。

希望看到您的回信，但更希望您看到我的信，也会关注您的下本新书。（参考了大量资料，其实很辛苦吧。）我的建议是善意的，希望您能想想。

再见。

孙××

2004年3月19日

孙××同学：

感谢你能坦率说出你的看法。

我看了你的来信的第一句，就知道你有一个很好的家庭，有一个很好的爷爷。他不仅关心你的成长，而且还相信你有自己的想法，让你自由地表达你自己的想法。你慢慢就会知道，不是所有的爷爷都能这样做的。

我能理解你的看法。无论是赞同我的还是不赞同我的，我都能理解。有些看法，可能你在看完这本书后，也会理解我；有些看法，也许你始终都会与我不同。我相信你有足够的理由。你不仅学习好，而且能从学习中感到快乐，这真是非常难得的。你能适应学校的教育，同时又有那么多属于自己的想法，这是更加难得的。我很为你高兴。说老实话，我写这本书，就是希望所有的学生都能体会到学习的快乐，就像你一样。

我在像你这么大的时候，不仅不在“数一数二的学校”，而且根本就没有机会进学校。那时候是“文化大革命”。我16岁就到农村去了，白天干农活，晚上点蜡烛（没有电灯）读英文和数理化。没有表，就用香来算时间，烧完一根香就算一节课。我这辈子最大的遗憾是没有读中学，也没有读大学（我们这个年龄的人大多数都是这样的），直到30岁才有机会考研究生。但是缺了十年的课，靠三年研究生终究无法弥补，所以不得不放弃原来的兴趣——自然科学，做了现在这一行。因为有了这些经历，才特别羡慕你们，也才特别关注你们在学校里面是不是真的快乐和真的学到了东西。

祝你进步，也祝你快乐！

凌志军

2004年3月21日

凌叔叔：

您好！

我还是那个清华附中高一的学生。

看了您的回信（我本来以为您太忙，不一定会回信，更不会写这么多字），我终于明白《北京青年报》为什么把您写得那么好了。

我会把您的《成长》好好读一遍的，相信不仅会理解您，更会学到很多我难以学到的人生道理。

看了您关于读不了书而放弃了对自然科学的研究的那段话，我发现我真的应该珍惜。对不起的是，我把您的人生想成和我现在一样简单了。我是清华附中科技俱乐部的，正是做自然科学的相关课题，今天还去科技馆看了今年的北京青少年科技创新大赛。我会继续努力学习，做科研时不如把您那份也带上吧！希望成为您的朋友。

PS：也许我会帮您的书做广告，呵呵。

孙××
2004年3月27日

孙××：

你好！

祝你快乐！如果遇到什么问题，希望你愿意让我知道。

凌志军
2004年3月31日

我现在算是屈服吗？

凌老师：

您好！

我是北京邮电大学的大三本科生，主修通信，正准备考研。

在20岁以前，超级懵懂，从没想过自己想要干什么，自己的理想到底是什么。20岁以后的第一个月，开始想一个叫作前途的东西，决定考北大传播，跨校跨专业。当时在北京，然后回去和家里人商量，家人都是很开明的人，我知道如果我坚持他们不会反对，但我最后放弃了。北大太难考，我又是一个很讲求把握的人。耽误自己的青春不要紧，但因此给别人带来负担是我不愿看见的。不想做一个自私的人。我觉得我应该先考本校，毕竟现在的电信业还是一块肥肉。然后用一个北邮的硕士文凭来敲工作的门，然后转工作方向。一定要转。因为在我决定考北大的时候，清楚地知道了自己适合做什么喜欢做什么。我想转传播编辑出版管理类。我不知道自己的想法是否成熟。在北邮，光通信和移动通信是所谓的牛专业，我却决定放弃。我想考一个较冷的多媒体通信，只因为我觉得它的兼容性应该好一些，将来可以去网络公司或者期刊社，然后慢慢一步步接近自己的理想。这就是我给自己的安排。但我当时想不通，只知道我好像应该这样。

郁闷徘徊了半个月，那时已经回到北京。我知道我一定要说服自己，而且是彻底说服，否则我肯定完蛋。我每天拼命地想，我知道就算我现在决定，以后也一定会有反复的时候，我只能不断重复地想，让重复的周期短些、时间少些。现在我好像已经成功了，我非常心甘情愿地学多媒体，我非常心甘情愿地留在北邮。只是，我心里总有疑虑。这样的计划真的对吗？

我看了你的很多本书，最后一本是《成长》。要做自己喜欢的事情，要做最好的自己。那我现在算是屈服吗？还是算理智些绕个弯？

很期待你的回信、你的人生建议。谢谢！

静 ×

2004 年 3 月 21 日

静 ×：

您好！

你决定去学习自己喜欢的东西，这无论如何都应该得到鼓励。况且你已经大学三年级了，有足够的能力为自己选择。

如果你一定要听我的建议，那我会说，读研究生，第一要紧的事情就是去学自己喜欢的专业。

凌志军

2004 年 3 月 23 日

我也想过放弃，又实在不甘心

凌老师：

您好！

很冒昧地给您写这封信。

我是一名高三的学生，是因为家境不好而自卑的那种，活得一直很压抑，高二时开始玩电脑，一发不可收拾，后来被学校给弄“回去了”，一直到现在马上就要高考了。在家里，我很多次去试图自学，可惜……

我也想过放弃，可是又实在不甘心（我原来的成绩不错的，初中我的一个物理老师说我可以考上科技大学的）。不久前我在电视上看到对您的采访，我知道了《成长》，买回来看了之后很受鼓舞。

一言难尽……

可是到我拿起书本时，那些人和事又似乎离我很远，虚无缥缈的……

现在给您写这些隐约是想得到一个证实或者外面世界的呼唤吧？

如果您看了，希望能回，即使是“看过了”都好。

能力关系，信写得很烂（第一次），遗憾……

王××

2004年3月23日

王××：

千万不要想“放弃”。对一个学生来说，最可怕的不是“玩电脑”，不是成绩不好，甚至也不是考不上大学。最可怕的就是“放弃”。你看《成长》里说的那些人，大都有过失败的经历，有的也曾苦恼，但他们的共同的特点，就是不放弃。

你是不会放弃的，对吧？

凌志军

2004年4月5日

我是个充满热情的人，但我不知道自己想学什么

凌老师：

您好，不知能否这样称呼您？

在读完《成长》之后，就像遇到了一个好老师，所以我觉得这样称呼您更合适些。一口气读完后，掩卷沉思，《成长》确实教会了我如何建立自信，使我懂得做一个积极主动的人的重要性。在这里，我要先由衷地感谢您，请您接受我的感谢。

请允许我做一个自我介绍。我是郑州大学本科三年级的学生，现在的专业是高分子材料与工程，我是一个即将参加下次“国考”——研究生入学考试的学生。我也属于那种从重点小学、重点中学到重点大学一路平平安安走过来的人，从来不知道自己真正想要什么，老师、家长说什么就做什么，从没问过为什么。

不过，在读过此书获得如此大的激励的同时，也陷入了深深的困惑当中。扪心自问，自己的兴趣是什么呢？以后想做什么呢？顿时脑中一片空白。在此之前，我从没考虑过美国孩子从小就有自己的答案的问题。

我自认为一向是个做事充满热情的人，但就像书中说的那样，我没有把自己的热情和聪明充分利用和发挥出来。但这并不是我的本意。作为一个将考研的大学生，我想在以后的学习当中能够充分发挥自己的热情，可我在专业选择上遇到了困难。还清楚地记得，当初高考填志愿是根据分数和学校实力填报的（完全由客观因素决定的）。而现在呢？似乎对什么都没兴趣，又似乎对什么都感兴趣，说不清楚这是为什么。我该如何选择呢？该选择什么专业读呢？我想继续学习，但我不知道自己想学什么专业。在大一的时候也分析过为什么会对本专业不感兴趣，当时在考虑后得到的答案是：对专业的了解程度不够。但转眼间大学里的课程已经差不多结束了，我依然不甚了解这个专业让我学到了什么。老师讲的内容是陈旧的，在实际工作中毫无实际效用，但我不想把这个归咎于老师的不负责任或其他，那毕竟是客观的。我自己的问题在哪里？每当想到这里，就会感到特别的压抑。真的。

《成长》让我发现了自己的问题所在（我很庆幸能认识到这一点），但我不知该如何去解决。在这里，衷心地恳请老师帮我解答这个困惑。我想，凭借自己做事的热情，要做成一件自己想要做的、喜欢做的事绝对不成问题。我有这个信心！

我期待您的帮助！

何 ×

2004 年 3 月 29 日

何 ×：

你好！

看你的来信，就知道你是一个有热情、有追求的人。你遇到的问题是不知道自己究竟想要什么。这不完全怪你，不说像你这么大年龄的人，还有很多年龄比你还大的人，都不知道自己究竟想要什么。你知道了自己的问题，就是一个了不起的进步。不应该为此感到压抑，正相反，你应该为此高兴。

很多了不起的人，都是在大学时期的后半段学习中发现了自己的兴趣所在。有些是偶然得之，有些是很主动地去寻找。我想你可以扩大自己的涉猎范围，多和周围一些有见识的人交往，自己也尝试去做一些事情。这些都可以让你有更多的机会发现自己的兴趣。

凌志军

2004 年 3 月 31 日

我在深思自己18年来究竟做了什么

凌志军：

你好！希望这么称呼你，你不会介意。我是广东梅州市大埔县城重点中学的高一女生。今天我看完了你写的《成长》一书，从中受益匪浅。我很不适应高中生活，很矛盾，上课不能集中注意力，回到家也不能静下心来做练习。我很担心再这么下去就完了。我不甘心待在这个穷山区。爸爸总对我们说要把书读出去，在这里是不会有出息的。可是上了高中，一切都好陌生，好烦，我失去了很多兴趣爱好，变得很麻木。我不喜欢这样的自己。好想回到初中，那时的我充满激情和自信，根本没什么压力，感觉读书很轻松。我一直在问自己究竟在为什么而奋斗，究竟在追求什么。我不知道自己究竟要什么。你知道吗？在我做试卷的时候，知道题目很简单，真的很简单，但我就是不会做，那种感觉很讨厌，很讨厌。我喜欢摄影、漫画、唱歌、烹饪。可是上了高中，对这些我提不起兴趣了，一是因为压力大，二来爸爸妈妈根本不支持。在他们眼里，只要书读好了就行了，可我想要的是启发式的教育，我想开阔眼界，不喜欢他们限制我的自由，不喜欢做一只井底之蛙。我爱好英语、美术，我喜欢外国文化，喜欢政治历史。

好喜欢你的那本书，我在深思自己 18 年来究竟做了什么，我在找奋斗目标，可是我不知道怎么找，就像一只迷途羔羊一样。我害怕那种感觉。我不是不喜欢表现自己，而是觉得自己还太差。我喜欢观察别人，“取其精华，弃其糟粕”，我一直在完善自己，好让我在大学的时候能一展身手。可是中国大学何其多，我不知道自己该选择什么。我们这儿没有把英语当作一门选科，因为太难，而且高考制度的“3+X”已经包含了英语。你能给我一些建议吗？我的父母没上过多少学，我有烦恼也和他们沟通不了，高中的老师强调的是独立，很少建立什么感情。我感觉自己很无助。我期待你的回音！！

祝身体健康，天天快乐！

何 ××

2004 年 3 月 7 日

何 ××：

你能有这么多属于自己的想法，是很棒的一件事。不要因为一时的压力就小看自己。

我能说的是，寻找目标是一个长时间的过程，你刚刚读高一，不要着急。只要你保持自己的想法，不断地了解自己和了解周围，就能接近你想要的东西。另外，要做自己喜欢的事情，但是任何人都不可能不做自己不喜欢的事情。有很多事，也许不是你喜欢的，但是你应该做的，我想也需要集中精力去做。因为只有做好了“应该做的”，你才能愉快地做你“喜欢做的”。也许你的很多功课就是这一类的事情。

凌志军

2004 年 3 月 12 日

态度决定一切

凌伯伯：

您好，请允许我这样称呼您。我叫王 ××，一名广东的高三学生，一个喜欢忙里偷闲看闲书的学生。《成长》是我星期五在学校书店找出来的（它躲在一大堆参考书里）。我逛书店，从来就不会空手而归，而往往买书的冲动仅仅是因为喜欢书的名字。《成长》一下子就吸引住了我，一看，原来是一本关于电脑天才的书，就想买下送给我那个要考清华的好友。不看不知道，一看马上就给吸引住了。

没想到，这本书会给我带来那么多的新思想。正如您所提到的，我们学生的思想被禁锢得太久了，就连我也不得不承认我自己就在其中。两天了，利用课余的时间，看了一大半，我终于知道，为什么我的好友那么崇拜张亚勤了。

我的高三，说实话，一点也不紧张。高三为什么一定要搞得和地狱一样呢？我不喜欢整天都做着同一件事，每天都听老师讲废话。为此我旷了三个星期的物理课，因为我无法忍受物理老师的啰唆，更不想在自己不想学的科目上花时间。其实，我说这句话时是很矛盾的，因为物理是我的专业科。当时选专业时，也是因为自己喜欢才学的。可是，后来我发现物理老师让我太失望了，就决定学英语。然而这是不明智的，这一点我是不可以否认的，所以我现在又端正好了自己的态度，坐在物理班里，完成我计划里的任务，不听老师讲课。呵呵！

这么多年来，我学得轻松，自然学习成绩也就平平，没拿过什么第一。每次翻开政治书，我都庆幸自己当初没选政治。

Attitude is everything！（态度决定一切！）我一直都相信这句话，我会在自己喜欢的英语上花大量的时间，学上好几小时也不会觉得累。我觉得在自己喜欢的科目上花时间长些，同时缩短那些花在令自己心烦的科目上的时间就是真正的努力学习了。最起码我个人觉得这种感觉太棒了！

但事实并不是这样的，我得应付高考。现在每当拿起这本书，我都会热血沸腾。我也想像他们那样成为最好的自己，但这似乎和高考太矛盾了，我不得不去追求应试技巧。我从来都很自信，但在高考面前，我又有点不确定了，我不知道我这样的人通过高考能去怎样的大学。其实在高三，更多的时候，我是无奈的。

下星期一就是广州一模，最关键的一次考试了，我希望还有机会。

书还在看，思想还在继续交流，我还会给您发 e-mail，祝您一切顺利！

王××

2004 年 3 月 21 日

王××：

你好。

打破禁锢是需要的，新的思想也是需要的。但对你来说，现在最重要的还是集中精力完成高考。

你说得对，态度决定一切。相信自己能对付考试，就像相信自己要打破思想禁锢一样。

祝你顺利。

凌志军

2004 年 3 月 31 日

是不是越贫困落后的地区，教育就越落后

凌志军先生：

你好！我是一名中专学生。我有个问题想问问你。

我们这里是一个国家级贫困县，教育水平很差。我看了你的那本《成长》，感触很深。请问是不是越贫困落后的地区，教育就越落后？

&nb

2006 年 4 月 1 日

&nb 同学：

按照一般规律来说，的确是的，越是贫穷落后的地区教育就越是落后。照我本人的看法，最重要的问题还不是没有钱，而是消息闭塞，以至学生们在书本之外所能接触的知识和信息太少。

如果你能有意识地弥补这方面的不足，相信你也有机会赶上发达地区的那些学生。

祝你快乐！

凌志军

2006 年 4 月 3 日

什么叫成功呢

老师：

你好！我看了你的一本书，所以想跟你聊一聊，可以吗？我是一个语文很不好的学生，所以你看过这封邮件之后，可以不回复我。不过那本叫《成长》

的书的确对我有很大的启发，我想一个成功的人也就是这样过来的吧，我也想做一个成功的人，但是那种可能是很小的，所以我还是想做一个平凡的人。这样并不是说我不想去创造未来，你觉得一个人应该怎么样才算是成功呢？如果她有一个这样的想法，就是很想当一个有名的人，你觉得她是不是很无聊、很没用呢？希望你能给这个女孩子一个发自内心的回答。

一个学生

2004 年 4 月 2 日

××同学：

你好！是啊，什么叫成功呢？我想，仅仅有名望不一定是真正的成功。一个成功的人，首先应该是一个快乐的人，其次，他（她）周围的人因他（她）而感到快乐。一个人如果能做到这样，那么即使他（她）很平凡，也是成功的。有些人虽然做了很大的事情，很有名，或者很有钱，但是他（她）并不真的快乐，也不能给周围的人带来真正的快乐。这样的人，我不认为是真的成功。

所以，我总觉得，在平凡和成功之间是有一座桥梁的，任何人都可以走上去。

凌志军

2004 年 4 月 5 日

穷人的孩子永远是穷人吗

凌老师：

您好！看了您的《成长》，我深受启发。我该怎样做最优秀的自己？我该怎样做最好的 E 学生？

我是一个迷茫的孩子，就读于江西教育学院（现名南昌师范学院），专业是电子商务。由于这个专业比较新，我们的专业老师原来都是教别的的，我们所谓的专业课基本就是老师照书抄黑板的课。我总是反问自己，这两年来我到底学了什么？将来出来我又该怎么办呢？我对着黑夜中的星星发呆，到底哪一颗能照亮迷失的我呢？

我的哥哥更惨，用“惨”形容一点都不过分。我的家在一个偏僻的村庄里面，我的哥哥初中毕业便没有读书，在做学徒，由于老板的苛刻和自己的压抑，他变得很自卑，甚至跟陌生人说话的信心都没了。我的一个堂哥小时候很聪明，可是由于父母的不理解和自己的贪玩，他小学毕业就辍学了。这是为什么？穷人的孩子永远是穷人吗？

我们都想成功，可就是差点什么，是钱？是家庭？是运气？

迷茫的孩子：雷××

2004年4月4日

雷××：

你好！看了《成长》这本书，你就一定可以知道，无论是成为"最好的你自己"，还是成为E学生，最重要的东西不是钱，不是家庭，也不是运气，而是"不要小看自己"。穷人的孩子不一定永远是穷人。不过，按照我们社会今天的情况，他们的确要付出更多的努力。

祝你成为E学生。

凌志军

2004年4月5日

救救我们吧！

凌老师：

您好，我是一名17岁的中学生，再一次地品读了《成长》。三年后的今天，我想对中国当代的教育说一说我的看法。希望您看看。

李开复博士的《给李岚清副总理的一封信》，我看后，心如滴血。身为当代的中国学生，虽然拥有丰富的物质生活，精神上却无比麻木与空虚。当我用另一种角度思考问题时，老师会对我说："不要这样想这道题，按照我教你的方法思考，这样既省时，又不会错。"在考场上，成千上万的考生面对同一道题，得出的答案却几乎都是一样的。为什么？我们的思维方式是惯性思维，我们没有自己的想法。面对考题，我们是在条件反射的情形下，不假思索地写下背得滚瓜烂熟的正确答案。创新？我们真的有机会吗？没有！这是不是我们的悲哀呢？

当今的孩子，两耳不闻窗外事，一心只读教科书。我们的未来是什么样子的？中国的未来又是什么样子的？从小到大，我们只知道，只有好好学习才可以考上清华北大。只有考上清华北大，才可以找到好的工作。我承认，要想有好的未来，必须刻苦学习。可是，我很想知道，我们要学什么呢？怎么才可以触摸未来呢？我现在上高三，面临高考，我身边的同学恐怕真没有几个人知道自己适合什么专业！他们说："什么喜欢不喜欢，先考上一个大学再说吧。"而学习好的同学说："只要能考上北大，上什么专业都可以！"这就是中国的应试教育吗？

我在一本书上看到这样一段话："中国的学生真苦，教师真累，民族的未来真的很危险！救救中国的学生吧！"——还有三名教育工作者上书国务院领导时，大声地疾呼：再也不愿意看到学生在中、高考的旋涡中挣扎；再也不忍心看到基础教育漠视人的特点，在严重偏离国家教育目标的轨道上越走越远。

可是谁来拯救我们呢？

李开复博士在《给李岚清副总理的一封信》中写道："若有需要开复帮助的地方，只要是能帮助中国的下一代的事，开复义不容辞。"那么，就救救我们吧！我们需要创新，需要一流的教授，需要……

我的看法或许很幼稚，但是，我是真诚的。

谢谢您。《成长》，真是让我受益匪浅！

何 ×

2006 年 3 月 18 日

何 × 同学：

谢谢你喜欢《成长》。

以你现在的年龄，能想这些事，很不容易。如果你愿意坚持下去，一定会尝到甜头，当然也会吃很多苦。

我会把你的想法转告李开复博士的。

祝你快乐！

凌志军

2006 年 4 月 1 日

我像一个被关在铁笼里的人，可不知道该怎么做

敬爱的凌老师：

您好！雾蒙蒙的下午，雨水的蒸汽落入世界，灰蒙蒙的，如同我思想的泪水。我出生在 1987 年，父母是经历过“文化大革命”的人。我 13 岁以前的生命，如同中国大多数的孩子，无知，中规中矩。直到我知道了不能这样的那天，我开始了对人生和社会知识的探索。我知道了人应该学习很多知识以发展自身的能力，但最可笑的是我的教育不能让我这样。那我就看书吧，更可笑的是居然也没有这样的教材，而且这个社会对不同的观点和思想总是予以否定。

我讨厌像机器般别人说什么就信什么，我想去思考，我想去创造。我讨厌伪装的一切。我想疯狂地成为一切可以成为的。老师，您告诉我怎样才能做到呢？我像一个被关在铁笼里的人，被大锁锁住。我无所畏惧，我不想这么活着，我想去思考去创新。我憎恨一成不变，可我不知道该怎么做。老师，我甚至不知道这些话该对谁说，只是买了一本书后知道了您。

冯 ×

2006 年 3 月 29 日

冯 × 同学：

我在像你这个年龄的时候，也有一些和你一样的想法，比如“想去思考，想去创造”，而且我很庆幸自己能够坚持这样的想法，直到今天。不过，随着年龄越来越大，经历也多了一些，逐渐地增加了另外一些想法，比如，和周围的人交流，在表达自己的同时也注意倾听别人的想法，特别是倾听和理解那些自己不同意甚至不喜欢的人的想法。再比如，用更加阳光的心态去对待周围的人和事。一个人如果不能保持独立，那会是一件很痛苦的事，但是如果一个人过于封闭，那也会让自己不快乐。

希望你能在保持自己独立个性的同时也能善解人意，这样也能给人家更多的机会来理解你！

凌志军

2006 年 4 月 3 日

读行者

“读行者”是由中南博集天卷文化传媒有限公司精心打造的思想文化类图书品牌，主张“从阅读走进现实”，立意是为文本、作者和读者打造沟通交流平台，分享读书人对历史文化、现实人生的思考与感悟。以下为读行者出品的重点作品：

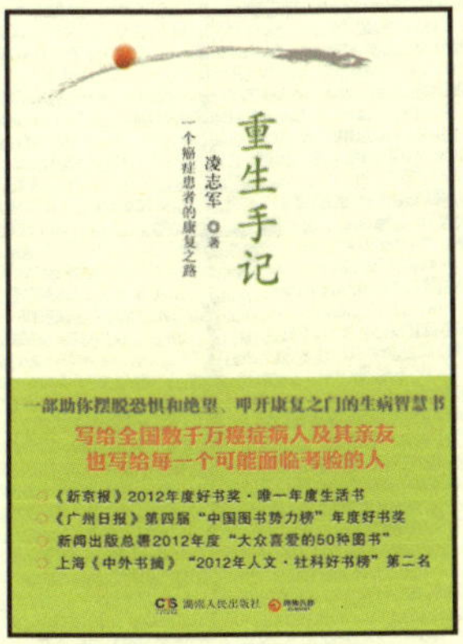

《重生手记》

（2012 年 10 月上市）凌志军／著

著名作家凌志军癌症亲历记

一部助你摆脱恐惧和绝望、叩开康复之门的生病智慧书

在当今医疗体制下，我们把性命托付给谁?

写给全国数千万癌症病人及其亲友，也写给每一个可能面临考验的人

本书荣获：

- 《新京报》2012 年度好书奖·唯一年度生活书
- 《广州日报》第四届“中国图书势力榜”年度好书奖
- 新闻出版署 2012 年度“大众喜爱的 50 种图书”
- 上海《中外书摘》“2012 年人文·社科好书榜”第二名

《青春，我们逃无可逃》

（2013 年 11 月上市）康 慨／著

北大雅痞半自传体青春成长小说，献给残酷世界里尚未放弃理想的你我

野夫、周濂、蒋方舟、张鸣、王小山赞誉推荐

那些曾经跌的倒、历经过的失败与彷徨，如果没有让我们陷入长久的黑暗，终究会让我们变得更强

真正的英雄主义，是认识生活的真相后依然热爱生活

读行者